河北省社会科学基金项目

察哈尔方志文献整理及数字化研究

项目编号：HB16TQ004

察哈尔行政长官传略

吕建新 张晓光 赵宇鹏 ◎著

中国社会科学出版社

图书在版编目（CIP）数据

民国察哈尔行政长官传略／吕建新，张晓光，赵宇鹏著．—北京：
中国社会科学出版社，2018.6（2020.6 重印）
ISBN 978 - 7 - 5203 - 2938 - 5

Ⅰ.①民… Ⅱ.①吕… ②张… ③赵… Ⅲ.①政治人物—列传—
察哈尔—民国 Ⅳ.①K827 = 6

中国版本图书馆 CIP 数据核字（2018）第 183624 号

出 版 人 赵剑英
责任编辑 耿晓明
责任校对 赵雪姣
责任印制 李寡寡

出　　　版　中国社会科学出版社
社　　　址　北京鼓楼西大街甲 158 号
邮　　　编　100720
网　　　址　http://www.csspw.cn
发 行 部　010 - 84083685
门 市 部　010 - 84029450
经　　　销　新华书店及其他书店

印　　　刷　北京明恒达印务有限公司
装　　　订　廊坊市广阳区广增装订厂
版　　　次　2018 年 6 月第 1 版
印　　　次　2020 年 6 月第 2 次印刷

开　　　本　710 × 1000　1/16
印　　　张　16.25
插　　　页　2
字　　　数　260 千字
定　　　价　78.00 元

序

每个地域都有属于它的时代，每个时代都有属于它的历史，察哈尔的民国时代，一段发生在黎明前夜的历史，因它的跌宕辗转而耐人寻味。

信息时代，历史时刻在向人们袒露着它的"本真"，包括每一段时光、每一寸土地和每一个时代人物。而作为历史探寻者的我们，纵然努力认知历史，便有义务揭示史实，以昭后人，这也正是此书著述的目的。

中华民国通常分为两段，1912 年至 1928 年为北洋军阀统治时期，这一时期中国军阀林立、社会黑暗、民不聊生；1928 年至 1949 年为国民党统治时期，前期挑起内战、后期抗战又起，再加上经济通货膨胀，大官僚、大地主剥削贪污，使得政局极其动荡。察哈尔地区作为当时京畿北部重要的军事要塞，每每政局变动，察哈尔必然很快受到牵连。因此，民国时期的国家危机、时局动荡和社会变迁在察哈尔地区均有迹可循，可以说，察哈尔地区的民国史也是整个中华民国历史的缩影。

虽然说察哈尔地区现在只是一个存在于史书中的概念了，但是历史上的察哈尔地区确是闻名遐迩的。在清代，该地为蒙古族察哈尔部的游牧地，察哈尔部是蒙古族的重要部落之一，是成吉思汗的后裔，在林丹汗时曾盛极一时，为蒙古最大部落。到近现代，至 1928 年，国民政府改察哈尔特别行政区为省，自此察哈尔省便是我们无论如何也绕不开的行政区划。在近代，这一地区不仅是军事要塞，兵家必争之地，还是一座商业城市，称作"皮都"，著名的"张库大道"便是从察哈尔省的省会张家口出发。抗战时期，这里不仅出现了著名的察哈尔抗日同盟军，张家口还是我国人民从日本手里夺回的第一座大城市。由此，中共中央晋察冀相关政府均驻今张家口地区，一度成为当时的文化、政治、经济中心，有"第二延安"之称。

鉴于察哈尔这一地区在历史上地位的重要性，作为察哈尔的行政长官也不可避免地备受关注。行政长官不仅能反映一个地区的现状，更能影响一个地区的发展，本书就是以民国察哈尔行政长官为线索，以期窥探察哈尔地区变化发展之貌。

由于察哈尔近代历史动荡，致使许多史料散佚各地，而察哈尔地区的人物资料更是散碎不堪，再加上历来学者对这个地区的研究较少，所以仅是资料整理这一步就很艰难。

史料整理最要紧的有两点：年代和数据。首先，由于时间跨度较广，本书涉及人物生平中非重要的年代，简要一笔带过，这既保证人物的完整性，又避免在非重要年代多作停留，浪费笔墨和读者精力；其次，文本中涉及大量"边缘"数据，比如难民具体人数、资金变动具体金额，同样，这会使得文本真实可靠，但趣味性差。以上两点也反映了我们整理此书的方法原则——真实客观，当然其中的史料整理也无不遵循这个基本原则。

正所谓"昭昭前事，惕惕后人"，我们追溯察哈尔的历史脉络不仅仅是将史料进行堆叠，聊对民国察哈尔的历史研究以补白，且借《旧唐书·魏徵传》之名句与诸君共勉："夫以铜为镜，可以正衣冠；以史为镜，可以知兴替；以人为镜，可以明得失。"

此书从资料收集到编撰出版已届两年有余，中间耗费的人力物力自不必多说，在此谨以诚挚之心感谢河北北方学院图书馆察哈尔历史文献研究项目组以及参与支持该项目的机构与个人。其中章节，更是得力于张晓光、赵宇鹏、王媛媛、刘艳、杨超、王梦迎、莘子阳等同志的辛苦付出而树节成章。

至此，此书历经项目组多次揣摩校对，力求客观，还原史实，但是笔者深知学无止境，因此后续研究仍将不断努力以求史料丰富，书中欠妥之处敬请各位专家、学者以及广大读者批评指正。

吕建新

目　　录

察哈尔历史沿革

　　察哈尔地区是一个历史名词,随着历史的变迁,这一地区的区划曾多次发生变化。在清代,该地为蒙古族察哈尔部的游牧地。察哈尔部是蒙古族的重要部落之一,是成吉思汗的后裔,在林丹汗时曾盛极一时。清康熙十四年(1675),康熙皇帝平息了察哈尔部首领布尔尼叛乱,并将其部众迁往宣化、大同边城外。此后,清朝又将察哈尔部按满洲八旗建制正式编为朝廷直接控制的察哈尔八旗并附四牧群。康熙二十九年至康熙三十六年(1690—1697),察哈尔部在清朝平定噶尔丹的战争中有功,"康熙诏增其军饷,复以来降之喀尔喀、厄鲁特部落编为佐领隶焉"。察哈尔八旗中,"镶黄、正黄、正红、镶红四旗驻张家口外,正白、镶白、正蓝三旗驻独石口外,镶蓝一旗驻杀虎口外",八旗四牧群均由在京都统兼领。① 清乾隆二十六年(1761),清廷在张家口设立察哈尔都统,统辖察哈尔八旗、四牧群,分管察哈尔八旗四牧群旗、民的民政、刑名等具体事务,因所辖民人不多,故不设府、州、县。

　　民国初年,察哈尔仍沿用清末旧制,设都统,主要掌管军政和蒙旗事务。民国三年(1914)设察哈尔特别区,"领县十一:张北、多伦、沽源、商都、宝昌、康保、兴和、陶林、集宁、丰镇、凉城",行政长官仍称都统。直至1928年,察哈尔任都统者计16人,首任都统何宗莲,末任都统赵戴文。

　　民国十七年(1928),国民政府将察哈尔特别行政区改为省,"划出兴和、陶林、集宁、丰镇、凉城等五县隶绥远省,其原属张北等六县及锡林郭勒盟暨左右翼八旗因区域狭小,将河北省口北道属十县划入,共十六县,为察

---

① 宋哲元等修,梁建章纂:《察哈尔省通志》卷1《疆域编·沿革》,文海出版社1986年版。

哈尔省"①。由此,察哈尔作为一个省级行政区划被正式确定下来,下辖口内外 16 县,18 旗、4 牧群。其中,万全县为首县,察哈尔省政府和万全县政府都驻在张家口,行政长官改称为主席。自此一直到新中国成立前,任省主席者共计 16 人,首任省政府主席赵戴文,末任省主席孙兰峰。新中国成立后,根据需要对省级行政区做了适当的调整。1952 年撤销察哈尔省,其行政区域分别划入山西、河北 2 省及内蒙古自治区。察哈尔作为一个行政区划的历史由此尘封进了历史的档案。

---

① 宋哲元等修,梁建章纂:《察哈尔省通志》卷 1《疆域编·沿革》,文海出版社 1986 年版。

第 一 章

北洋军阀时期
（1912—1927）

军阀统治是旧的封建政治瓦解、新的政治形态尚未完全建立时的一种过渡形态，是我国近代社会中的一种特殊的政治现象。同时，军阀割据的存在也是各方面政治和军事势力博弈的一种体现。

北洋军阀的统治，1912 年至 1927 年，历时 15 年，在这期间力量变化、此消彼长、不断更迭。从袁世凯死后，又经历了皖系、直系、奉系三个派系的轮番统治。北洋军阀的统治自始至终一直处于人民反抗怒潮的包围之中。轰轰烈烈的国民大革命，基本上推翻了北洋军阀在南方的统治。在最终的角逐之中，国民党政府顺应了历史潮流终于摧毁它的残余势力。1928 年，张学良宣布"东北易帜"，国民党在形式上统一了全国。但由于产生军阀的社会基础并未从根本上改变，国民党作为新军阀的统治也便无法从根本上改变察哈尔的社会、经济结构及模式。

第一节　袁世凯统治时期

袁世凯统治时期（1912—1916），是中华民国统治的初期，也就是北洋军阀在中国统治的开始。在袁世凯的统治之下，经历了破坏民主革命、复辟帝制等一系列闹剧，基于此，中国的有识之士也继续为反抗封建主义和发展资本主义而奋斗。察哈尔地区也出现了许多为民主革命奋斗的进步人士。

一 首任都统何宗莲

何宗莲（1864—1931），字春江，号澄溪，山东省平阴县人①，少时家贫，投奔淮军当兵，与袁世凯同伍，成为莫逆之交。后被推举入天津武备学堂深造，毕业后，派充奉军炮队教习。后来，袁世凯在小站编练新军，何宗莲成为小站班底的重要成员。辛亥革命后，何宗莲被委以中央陆军第一师师长兼察哈尔副都统之职，署理都统之职，在其任内，铁腕镇压了张家口兵变。何宗莲因不附和袁世凯复辟帝制，退出政坛，返回原籍山东，兴办实业，致力于慈善事业。1928 年五卅惨案后，何宗莲迫于日军压力曾担任济南治安维持会会长，也因此毁誉参半。1931 年，何宗莲病逝于山东济南，终年 73 岁。

（一）练新军，露头角

晚清内忧外患，为镇压太平天国，在曾国藩的指示下，李鸿章招募淮勇，仿照湘军营置，组建淮军。在镇压太平天国运动之后，淮军逐渐成为国防军的主力，之后以此为班底兴建北洋军。

何宗莲早年因家境贫寒，投奔淮军吴长庆的"庆"字营当兵，与袁世凯同伍。光绪八年（1882）朝鲜发生"壬午兵变"，清政府派吴长庆率兵赴朝鲜镇压，何宗莲随军前往。事平之后，吴长庆受命班师回国，袁世凯留驻朝鲜总理营务处会办朝鲜防务。何宗莲随袁世凯留在朝鲜，成为袁世凯的心腹。

光绪十一年（1885），何宗莲随军从朝鲜撤回国，恰逢李鸿章创办的天津北洋武备学堂招生，而被推举入该学堂深造。光绪十六年（1890）学业期满，"派充奉军炮队教习"。甲午中日战争中，何奉命驻守海城，率数百名士兵与日军在摩天岭激战，并数次打退日军进攻。清光绪二十一年（1895），袁世凯在小站编练新军，接管定武军。何宗莲也在此时成为小站班底的重要成员。任定武军左翼步兵前队领官，后又被"调充定武军后营管带，官兼全军总教习。光绪二十一年（1895）改编新建陆军，

---

① 敷文社：《最近官绅履历汇编》，《近代中国史料丛刊》第 45 辑，文海出版社 1970 年版，第 53 页。

派充领官训练，三年期满"，"二十五年（1899）保以把总拔补。二十六七等年剿办直东一带土匪，迭保千总守备"①。

图1　何宗莲

光绪二十八年（1902）袁世凯奏请清廷建立北洋常备军，并于五月成军，这支常备军可以说是中国陆军走向正规化的开始。何宗莲在常备军中逐渐崭露头角，"二十八年调充新练前军管带，旋改编陆军第二军管带官，因在近畿善后，暨剿办直隶南境逆匪，迭保都司游击，留直补用"，"二十九年（1903）调派总办各省弁学堂事务。三十年（1904）委赴永定河查验大工，保以参将补用。是年派北洋陆军教练处总办，因办理将弁学堂出力，业内保以副将补用"②。

光绪三十一年（1905），袁世凯陆续将新军编成北洋六镇，何宗莲仍旧是其中的骨干力量。"三十二年（1906）创练陆军第二镇校阅，业内保以总兵。记名简放。是年调补陆军第二协统领官，三十三年，升署陆军

① 秦国经：《中国第一历史档案馆藏清代官员履历档案全编》（第八卷），华东师范大学出版社1997年版，第434页。

② 同上。

第一镇统制官。三十四年奏派宿卫营统领。宣统元年（1909）二月十八日奉上谕，甘肃河州镇总兵员缺，着何宗莲补授。"[1]

（二）入行伍，升总兵

清宣统三年（1911）九月，清廷任命袁世凯为内阁总理大臣，至此，袁世凯已将清廷之军政大权总揽一身。1911 年 11 月，清政府任命冯国璋为察哈尔都统，未及赴任，又奉命留京统筹京畿防务，兼任禁卫军总统，察哈尔都统一职由何宗莲署理，何宗莲率陆军第一镇赴张家口上任。1912 年 9 月，冯国璋出任直隶都督兼民政厅长，正式辞去察哈尔特别行政区都统一职。1912 年 12 月由时任拱卫军司令官的袁世凯心腹段芝贵兼任察哈尔都统，因其未到任，所以都统一职仍由何宗莲署理，直至 1915 年 8 月。

何宗莲上任不久，1912 年民国成立，随后宣统三年十二月二十五日（1912 年 2 月 12 日），宣统皇帝颁布退位诏书，宣布退位。如此，就清王朝而言，何宗莲是察哈尔最后一任都统；就民国而言，他实则是第一任都统。何宗莲上任之初，察哈尔颇为太平。

1912 年 8 月北洋军扩师，并改镇为师，随何宗莲到张家口陆军第一镇改名为近畿陆军第一师，直属陆军部，何宗莲仍任师长。[2]

1914 年 6 月 24 日张家口驻军第 1 师第 1 旅 3 营士兵发生哗变。民国《万全县志》载："三年闰五月二日察哈尔都统卫队在张家口哗变，大肆焚掠商民，损失甚巨。"[3]

事情起因于张家口驻军聚众赌博，巡警闻讯前往干涉，捕去士兵 2 人。士兵不服，遂结队将警署捣毁，并纵火焚烧。随后又有炮兵两连及

---

① 秦国经：《中国第一历史档案馆藏清代官员履历档案全编》（第八卷），华东师范大学出版社 1997 年版，第 434 页。

② 袁世凯时期的北洋陆军编制在进入民国后仍沿袭清代北洋旧制，只是在 1912 年 9 月 15 日，将新式陆军的镇、协、标、营、队、排、棚的名称改作师、旅、团、营、连、排、班，将原有的"左、中、右"、"前、后、左、右"等一律改作"一、二、三、四"等。此一编制的诞生，是中国陆军史上开天辟地的军制革命，尽管它基本上是仿照德日等国陆军的编制结构，还算不上原创，但毕竟是在有着几千年封建传统的中国完成了一次历史性飞跃。

③ 路联逵修，任守恭纂：民国《万全县志》卷 12《大事记·兵灾》，《中国地方志集成·河北府县志辑 15》，第 401 页。

其他士兵趁乱参与。因事发夜间,并不能详辨作乱士兵归属何营,其中也不乏有贪发横财的巡警和趁火打劫的土匪,混杂于变兵之中,肆行劫掠。此次哗变共计100多家店铺被抢劫烧毁,给张家口百姓造成了巨大的损失,商户惊恐纷纷闭市。事后,都统何宗莲派兵弹压,25—27日先后击毙变兵百余人。7月1日,又将其他参与兵变者,押上火车,诡称缴械遣送回籍,当车载赴山谷地区时,何宗莲预先布置伏兵,将变兵营、连长及约两连之众变兵,尽皆击毙。[①] 史称张家口兵变。

何宗莲在平息兵变后,立即呈文袁世凯,禀明事件始末缘由及其处理结果,并电陈自请处分。袁世凯不忍对何宗莲处置过重,遂派其侄何丰钰及蔡成勋前往察哈尔查办此案。何丰钰和蔡成勋有心袒护何宗莲,想查办几人草草了事,但何宗莲并不认可,他义正词严地说:"我是察哈尔都统,别说是免去本兼各职,就是受军法审判也应该。"袁世凯无奈做出决定,称何宗莲作为察哈尔都统,事前未能策防兵变,交陆军部议处。陆军部根据袁世凯的申令,由军法司考核以何宗莲"于兵乱之先虽未预防,在事发时亲率卫队击散乱兵实属勇敢异常,地方未致全遭糜烂,不过应得失察之咎而已,系属公罪。"陆军部将议处结果呈文大总统。袁世凯根据陆军部的议处结果发出申令:"陆军部呈判决张家口兵变案内之连长王玉亮等按律分别处决,并遵议该都统何宗莲应得处分等语……'署察哈尔都统何宗莲身为统兵大员,请管营队竟至酿成变乱,已属责无旁贷,而对于主谋为变之卫队犹复毫无觉察实异常疏忽,何宗莲著即褫去察哈尔都统署职并将上将衔、陆军中将及所得勋章一并褫夺,仍从宽留任以示薄惩而策后效,此令'。"[②]

1914年8月10日,何宗莲请辞第一师师长之职,辞呈全文如下:

> 详为事繁任重,恳请开去第一师师长差缺,沥陈下情,仰祈转呈事:窃宗莲自前清光绪三十三年春间奉派接近畿陆军第一师师长,举凡训练操防,不敢稍遗余力。宣统三年十月,奉派率领本师军队

---

① 罗元铮:《中华民国实录》,吉林人民出版社1999年版,第225页。

② 陈志新:《民国时期察哈尔的都统与主席》,《张家口文史资料》第28—29辑,1996年,第13页。

来张驻扎，同时并奉署理察哈尔都统之命。时值改革之际，南北战事方殷，莅任之始，维持地方，抚辑军民。昕夕从公，罔敢宁处。迫后共和告成，大局粗定，而库伦犯顺，扰我边疆。宗莲辖境适当其冲，筹划战争，抚慰蒙众，二载有余，实已精疲力匮。今者边事虽属敉平，而地方土匪未靖，筹防设备，何敢稍涉松懈。伏查察哈尔都统，原止有管辖在口驻防暨口外八旗之责，故事务甚为单简。及至宗莲到任后，既兼统一师，又兼统辖牧群总管，任务已极繁重。近者察哈尔又奉令划为特别区域。当此建设之初，不但军事、民政均须积极进行，即原管之蒙旗牧厂，尤当抚辑整理，新设之审判、财政，更须认真监督，将以多数重大之责，萃集于宗莲之一身，人非万能，时虞陨越。况日来欧洲之战事甚烈，强邻之窥伺堪虞，固当外重邦交，内防暴动，然其要点，尤在维持军人之坚忍，严查匪党之勾结。现在第一师各种部队，均系零星分扎，远或六七百里，近亦百数十里。其在口驻防者，甚属寥寥，而各该管长官，各治其军，不相统辖。宗莲事务繁重，万难随时按巡各处，察其内容，而值此多事之秋，又不敢稍事疏忽。筹维至再，唯有恳请大部转呈大元帅，俯准将宗莲第一师师长一缺即予开去，另简干员接充，仍由宗莲节制调遣，庶几全师军队督率有人，稽察操防，事权统一。宗莲非敢托故诿卸，实因任务繁要，力难兼顾之所致。除沥陈下情，径呈大元帅钧鉴外，所有恳请开去第一师师长差缺缘由，理合备文详请大部鉴核，准予转呈，实为公便。①

1914 年 9 月，蔡成勋就任陆军第一师师长。从袁世凯对何宗莲的处理结果，可以看出袁世凯同何宗莲的交情可谓非同一般，所谓惩戒无非是无关痛痒地暂时褫夺官职头衔，随后，同年何宗莲又开复陆军上将衔，而何宗莲在察哈尔都统任一直持续到 1915 年 8 月。

1915 年 8 月 26 日北京政府任命张怀芝为察哈尔都统继其后任，何宗莲调京另候任用。

---

① 中国第二历史档案馆：《中华民国史档案资料汇编》第三辑《军事（一）》，江苏古籍出版社 1991 年版，第 219 页。

（三）息兵变，调京都

何宗莲卸任后，赴京师向袁世凯请罪，袁世凯念及旧情并未惩处。随后袁世凯称帝，何宗莲并未同流，而是回到原籍山东，定居济南，在山清水秀的地方修筑了"颐园"府邸颐养天年，过着养尊处优的生活。辛亥革命以后，南京临时政府曾颁布了一系列振兴实业的法令，制订种种实业救国的计划。此后的北洋政府也先后采取了一些措施，鼓励有志之士投身实业，许多在职官员和拥有一定资本的商人或士绅纷纷响应号召，积极与工商界合作或独资兴办企业，掀起了一股创办实业的热潮。此时退出官场却并不甘平庸的何宗莲受当时兴办实业风潮的影响，欲在山东实业界大展拳脚。

1917 年，山东督军马良出资买下因亏损而被迫停业的泺源造纸厂，但由于资本不足，生产年余，于 1919 年再次停业。于是，何宗莲便用自己历年的积蓄，连同朋友们馈赠的 10 多万元，共计 35 万元买下泺源造纸厂，并更名为山东华兴造纸股份有限公司（以下简称"华兴公司"），何宗莲亲任董事长。1919 年 4 月正式开机生产，当时有从事生产的工人百余人。7 月，济南掀起抵制日货运动，致使该厂产品畅销，当月盈利万余元。为了扩大生产，华兴公司于 1921 年又购买土地、设备，筹办起一个印刷厂，机械设备日趋完备。其后几年间，华兴公司主要生产连史纸、包装纸、书皮纸等，平均年产量约 530 吨，主要销往山东、河北、山西、东北等地区，年产值 20 余万元。

此外，何宗莲还与湖北督军王占元在济南东流水街开办了丰年面粉厂，这是济南首家机制面粉厂，该厂资本由 10 万元扩大到 100 万元，可以生产出 4 种规格的面粉。在山东济南的这段时期，何宗莲还曾任山东灾民救济会会长、山东红十字会会长、山东省立慈善公所董事，一直致力于慈善事业。1920 年 10 月 14 日，山东灾赈公会假商埠公园举行筹赈游艺大会，以下为何在山东灾赈公会举行筹赈游艺大会上演说词：

> 今天开筹赈大会，这是我们山东极悲惨的一件事。大家到会热心助赈，这又是我们山东极欣幸的一件事。宗莲是山东一分子，承同人谬爱，推为会长，复膺政府任命为山东筹赈会办。宗莲对于各

属灾民，关系既深，责任尤重。现今灾区状况，不得不向大家哭诉。山东此次旱灾，赤地千里，为数百年来所未有。济南东临一带，被灾区域，计共三四十县。凶荒饥馑，颗粒无收。草木、牲畜、餐食殆尽。迭据各县灾区调查员报告，哀鸿遍野，卖儿鬻女，以求一饱者不知其几，求食不得而轻生自裁者不知其几，流离奔走而中道散亡者不知其几，老弱不能转徙而坐以待毙者又不知其几。甚至饥饿不堪，全家丧命，缢于梁投于河者有之，急于逃往他处，妇孺难携，系于树埋于土者有之。种种惨状，虽郑侠之流民图，不能写其万一。大家想想这些颠连无告的灾民，都是我们山东最亲爱的同胞。谁无父母、兄弟、妻子、骨肉之情，谁不欲生活于天地之间，必其生活之困苦，有较之一死而更甚者，乃不得不转而求死。宗莲言至此不忍再言，想亦大家所不忍再听。灾区甚广，待赈孔急。现在虽蒙政府颁发国帑，并有南洋、上海暨各省慈善团体、海外华侨多方捐助，究竟一滴甘露，实难普及。况且办平粜，设粥厂，放棉衣，以及以工代赈，种种计划，需款浩繁。本会同人，责无旁贷。今天假公园开游艺筹赈大会，有如沿门托钵，为数百万灾民请命，人之好善，谁不如我。务望各界同胞，量力慨助，但能多捐一元，即可多活一命。并望转相劝募，集腋成裘，共襄义举，则又本会同人所馨香顶祝者也。宗莲谨先代吾东数百万灾民一谢。①

1928 年，日寇在济南制造惨绝人寰的"五卅惨案"，随即占领济南，何宗莲迫于日寇压力，就任济南临时治安维持会会长：

国家不幸、浩劫频仍，济南猝遭祸变又为各省所未经。政治机关忽然中断，省城陷于无政府地位，居民恐慌之余惊扰不安。政纲解维，盗贼纷起，生命财产均临危迫之境，若不急起补救，群众无以图存，不得已由各团体群起集议，爰于匹夫有责之义，共组济南临时治安维持会，公举宗莲为会长，耀西、荫轩、兰阁为副会长。

---

① 中国第二历史档案馆：《中华民国史档案资料汇编》第三辑《农商（一）》，江苏古籍出版社 1991 版，第 385 页。

际此绝续之交，用作苞桑之系。宗莲等地方政治向不与闻，遗大投艰，何报肩任，惟念桑梓患难，义所当救，被发缨冠，不容稍缓，不得不勉徇众议，以义务救济之心理，维持临时必要之秩序，绝不涉权利之见，贻我父老兄弟羞。愚憨之诚，天日共鉴。唯望天心厌乱，国事早完。济南政府正式成立，同人得卸仔肩。此宗莲等日夜祷祀以求者也！谨布腹心，伫候明教。①

对于何宗莲的一生，有人说他屈从日寇，汉奸无疑，有人说他念及桑梓情意，忍辱负重，不得已而为之，由此对何的评价也是莫衷一是。

1931年，何宗莲在济南病逝。

（四）评述

何宗莲是清王朝在察哈尔的最后一任都统，也是民国察哈尔第一任都统。但因其在政治舞台活动时间较短，关于其历史记载较少，且内容的真实性有待考记。通过梳理目前的资料，我们能看到的只是他的一部分。早在甲午中日战争中，何宗莲就曾率兵与日军在摩天岭激战，多次打退日军进攻，后又成为袁世凯北洋新军的骨干力量。从袁世凯对他的态度来看，何宗莲应该是一个颇具军事才能和人格魅力的人。再从其对察哈尔兵变的处理来看，他还是一个办事果决、敢于担当的铁腕人物。但袁世凯复辟帝制之后，何宗莲并不愚忠地对其跟随，而是选择了退隐归乡，兴办实业，用自己的实际行动去救国兴民，且其实业还办得有声有色，可见，何宗莲还颇具经济头脑。何宗莲在察哈尔都统任上仅是短暂的停留，并未有太多作为即被调离。何宗莲卸任之后，袁世凯又调心腹大将张怀芝继任察哈尔都统一职。

二　治权初掌张怀芝

张怀芝（1862—1934），字子志，北洋直系军阀，1862年9月21日（有的记载为1861年）出生于山东省东阿县皋上村。张怀芝少年时家境

---

① 中华民国史事纪要编辑委员会编：《中华民国史事纪要（初稿）——中华民国十七年（一九二八）（一月至六月）》，1978年版，第936页。

贫困，被迫辍学；青年时期进入军队当马夫，后被推荐进入北洋武备学堂学习。曾参与镇压义和团运动，袁世凯担任大总统期间，很受器重。1915 年，张怀芝奉袁世凯之命，担任察哈尔都统，任职期间，他一直关注巴布扎布叛匪的动态，他还反对张家口车站售票搭收现银，为稳定张家口的民生做出了贡献，后任山东督军兼省长等要职。第二次直奉战争直系失败后，去职闲居。

图 2　张怀芝

（一）一生护清

张怀芝年少时家庭贫困，生活特别窘迫，全家一共六口人，全部住在半阴半阳的地窖里。他的父亲不甘于自己贫困的家庭，想通过让子女上学的办法改变门庭，便苦力支撑，让张怀芝向同乡马家村的贡生杨克典老先生学习。因家庭困苦，张怀芝后来多次产生辍学的想法。但贡生杨克典老先生爱才怜弱，多次亲自前往张怀芝家里劝他继续读书，为此还免去了张怀芝的学费。尽管如此，经历了四年的读书生涯之后，张怀芝最终还是迫于家庭贫困而辍学回家，从事农业劳动。

为了谋生糊口，张怀芝于1880年离开家乡，最初他在黄河边找到一份挑泥的工作，但是由于收入微薄，仍然无法维持生活。无奈之下，于是年的农历十二月二十八日，他前往山东聊城阳谷县的陶成铺，找他的亲娘舅，以期获得其救济。但是，他舅舅却鄙夷不屑、冷眼相待，还给了他一斗黑豆来羞辱他空有一身力气，不能挣钱谋生，一无可取（在当时的山东有个迷信说法：黑豆是驱鬼辟邪的东西）。舅舅视其为鬼邪一样，唯恐避之不及。幸亏天无绝人之路，他被扫地出门后便在街上偶遇自己的一位叔伯舅，这位叔伯舅对他的态度与他的舅舅截然不同，不仅热心地把他接到家里大吃一顿，还对他百般接济照顾，借给他钱和粮过年，给他一番鼓励安慰。张怀芝历经人情冷暖之后，决定外出闯荡，暗自发誓定要有所作为。此后不久，他便同本村的一个族人张在信前往天津。在天津，经人介绍，他们得到了一份在军队当马夫的工作，这个差使一干便是七年，在此期间他从不间断文化知识的学习，并且熟读了许多像《步兵操典》这样的军事书籍，为后面的戎马生涯打下了基础。

1890年，张怀芝在别人的推荐下，进入了天津紫竹林武备学堂炮兵科学习。五年后，他被在天津小站练兵的袁世凯选中，被编入北洋新建陆军，担任左翼炮兵第三营过山炮队队官一职。1900年，恰逢八国联军入侵北京，慈禧太后离京西逃，张怀芝因率部扼制八国联军、护驾有功，得到朝廷的赏识和重用。此后便平步青云。1902年，北洋大臣、直隶总督袁世凯对北洋常备军进行编练，任命张怀芝为常备军第一镇第一协统领。1905年的秋天，北洋军奉命举办会操，张怀芝担任南军暂编第四混成协统领。后来北洋新军扩编为6个镇，张怀芝升任北洋陆军第五镇统制。1911年，张怀芝被调往甘肃，担任甘肃提督，不久又被任命为天津镇总兵、帮办直东防务大臣。同年10月10日，辛亥革命爆发，南方各省纷纷宣布独立，随着革命局势的发展，清政府在北方的统治势力也岌岌可危。直隶总督陈夔龙昏聩无应变之能，张怀芝以天津镇总兵兼陆军统制的身份实际带兵坐镇天津，反对辛亥革命，极力维护清政府的统治。

1912年1月2日，张怀芝与姜桂题、张勋、曹锟、李纯、张作霖、冯国璋、王占元等14名将领致电清廷皇族内阁，主张君主立宪，反对共和。同一天，张怀芝被任命兼任帮办山东军务大臣。由于张怀芝反对革命与共和，使革命党人不满，革命党人薛成华一度曾想炸死张怀芝，但未能取得成功。1月30日，张怀芝得清政府任命为安徽巡抚；迫于革命形势的压力，2月9日，张怀芝与张镇芳、张勋、段祺瑞、陈昭常等奏请清廷速降明谕、宣布共和。清帝溥仪在2月12日下诏退位，清政府的统治宣告结束。

袁世凯担任临时大总统乃至总统期间，对张怀芝很是器重。当时北洋派中多人均得到重用，而唯独张怀芝、王士珍等人对清政府非常留恋，为报故君之恩，他们挂冠而去，辞不就任。但是，袁世凯很爱惜他们，仍给予他们各种优待，并频赐珍宝，张怀芝等终为所动，誓死追随袁世凯。

（二）关注民生

1914年6月，在察哈尔特别行政区驻防的第1师第1旅第3营士兵发生哗变，都统兼师长的何宗莲引咎请辞，从而请求辞职，张怀芝奉袁世凯之命，接替何宗莲之职，并于1915年8月26日到任。这一年的12月，袁世凯为了自己能顺利成为皇帝，恢复帝制，而大肆笼络人心，对各个省份的重要将领进行封赏，张怀芝获得一等男爵的封号。张怀芝在察哈尔都统任上至1916年5月赴任山东军务为止。

虽然张怀芝担任察哈尔都统一职的时间较短，但是在察哈尔也做出了一些关注民生的贡献。举一例来说明：他反对张家口车站售票搭收现银。1916年5月12日，北京政府国务院对中国银行和交通银行下令，两行停止钞票兑付现银和存款，并且官商军民等人一律照常收用纸币。

两家银行停止兑换纸币后，信誉及利益都受到极大的影响，其中交通银行所受影响最重，所以交通部门迫不得已命令部分铁道运输费需现银支付，很显然，这个通告违反了国务院的命令。张怀芝知道这个情况以后，大力反对铁路各站搭收现银的做法。并在察哈尔发出通告，只要张家口铁路车站存在搭收现银的情况，就将这个车站站长查办拘留。张家口车站站长听到这个通告后，立刻决定对交通部门的命令缓期三日再实行，并同时向铁路当局询问解决办法。转眼期限将至，张家口车站的铁路警察和站长，都很害怕如果一旦实行交通部门的命令，张怀芝都统真的会派士兵来捉拿他们，到时候局面将难以收拾。当时在张家口车站已经发生了因张怀芝部的士兵购票，车站搭收现银而引起冲突的情况，而且在这次冲突中，车站部分设施被捣毁，车站将这一案件递报了上去。交通、陆军两个部门共同责问张怀芝，并要求严厉惩办闹事士兵。不久，张怀芝向两个部门回复一电，略谓："怀芝之一意拥护中央为中外所共信，唯近日中央之政策与命令，几无不暮四朝三，自矛自盾，实属确难奉命。"另外，张怀芝还痛骂停止兑现及铁路搭用现银的办法。交通部和陆军部两个部门接到张怀芝的电文后，也感觉自己理亏，不敢再询问这件事。兹录张怀芝致二部电文如下：

张怀芝关于纸币发放薪饷咨呈

　　察哈尔都统署为咨呈事：承准钧处函开，准第一师函称：本师四月分饷，系在张家口发放，多系该处交通分行纸币，在京已属不便通用，现又开赴他处，更为不便行使。据各旅团营报告，共有张家口交通分行纸币约两万之谱。前虽派员赴张家口与该行酌商。据称，现款全经查封，不敢通融。等情。但此项纸币易地既不通行，似应由该行设法兑现，以便行使。请转电张都统转行该行，俾便派员前往兑取。等情。相应函达查照。设法通融，俾该师官兵免有纸币不能行使之忧也。等因。承准此。查本口银行，系奉国务院令将现款一律封存，近复文电频仍，防范甚严，怀芝既为地方长官，加之院令尚有监视该行，不准兑现付之责，岂能擅与商兑，致蹈建令之愆。理合备文咨呈钧处，谨请查照施行。此咨呈统率办事处。①

　　此外，张怀芝还一直关注巴布扎布叛匪的动态，将维持边境稳定的措施及时上报大总统。下文简略加以转引：

　　察哈尔都统张怀芝谨呈为据报密探巴匪情形

　　恭呈转陈并请设法限制外人游历，以免意外，仰祈。

　　钧鉴事：窃据多伦防镇守使萧良臣详称：窃良臣前以巴匪盘踞乌旗，地方辽阔，真情难得，曾于八月十日饬派本署副官赵炎昊、

---

　　① 张侠等：《北洋陆军史料（1912—1916）》，天津人民出版社 1987 年版，第 465 页。

翻译官拉什呢玛、军械官张承绪先后取道经棚、林西分赴东、西乌珠穆沁各旗刺探匪情，以为剿抚准备，叠经详报在案。兹据付官赵炎昊等报称：八月二十八日抵西乌珠穆沁旗，寓居王府左近蒙古包内，王府官员亦均盛情接洽，谈次即叩以巴匪情形，据云：该匪自去岁肇叛，胁集阿鲁浩（科）尔沁、巴令扎（疑似巴林、扎鲁特等之音误）等十三旗人众，分为十三营，巴布扎布为伪将军、笨巴扎布为伪副将军，各营管带以各本旗官长充之。每营计二百余人，每人有良马三四匹，合计人数二千余众，战马一万余匹，近复在由古吉庙抢去快枪八百余杆，子弹若干车，声势益加猖獗，敞旗逼近匪境，抢掠勒索日有所闻，扰害之苦甚于水火。炎昊告以巴匪如此骚乱贵旗，何不纠集精壮协助官军尽力剪除，或秘探匪情报告中央以为及早扑灭之计。该旗员云：如有政府命令准各旗协助剿抚，数千劲旅不难立致。惟政府意旨如何尚未可知，各旗岂敢首先发难，至调查匪情亦非易事，该匪层层设卡，防卫极严，非有该匪或各旗公文，不能擅越。以上所言，均系实情，绝无隐讳。炎昊细察该旗员言动，往来时现恐慌之色，若少有泄露，祸机立至者，则平日巴匪淫威慨可想见。

旋又从该地商民处探得，匪中谣传驻经毅军，将于八月初几日出发，近更广派侦骑四处逻巡，自什巴尔台以北阻截之案，层见叠出。本月二十四号，乌珠穆沁王府佐领巴扎尔杜嗣鲁特图地方被劫，及哈喇盖沟、白旗地面各抢案，皆系此辈游骑所为，殊堪痛恨。又据乌旗王府亲近人员密告，前库伦所派之镇南将军苏伦公，于日内统带兵队，自库伦起程南来，巴匪台站已接有公文云云。该公此来，或系奉库伦政府之命招抚巴匪，抑或野心阴谋别有变局，颇难预测。又军械官张承绪由林西来函内称：巴林旗王府尚有某国人来往，其间该旗闻巴林王现有赴大连湾与某国人会议之说。众口一词，当然不无因，外人利用蒙旗，暗中唆使，借收渔利，亦若辈惯技，不可不虑，特此驰报。各等情前来，良臣总观该员等各项探报，缕列匪情较为详确，正在筹划剿抚，具文详报。

间复据副官赵炎昊电称：近中巴匪情形业于发变，详细具报，兹与乌旗王面商招抚该匪办法，据云应由政府颁发正式命令，转为晓谕方易收效等语，可否乞示遵（裁）等情。良臣窃维该匪狡犷异常，居心叵测，若遂以中央命令招抚，恐易启匪徒轻视之心，反覆刁索皆意中事，于政府威严信用关系非浅。第该旗王现有此议，亦未便置诸不闻，失其协助热诚。不揣冒昧，先筹一权宜之计，暂由职署具备简单公文一件，略述中央柔怀远人德意，淳功投诚，即饬赵副官交该旗王相机办理，如有确实成效，再行详请转呈，展于委曲笼络之中，仍不失严重限制之意。除已咨请乌旗王并饬该副官等妥慎进行外，所有密探匪情据实缕报，详请转呈等情前来。

怀芝查接管卷，由某国人赴蒙地游历络绎不绝，其中有无暗助，情事虽不敢必然，亦不可不加意防范，应请饬下该管部设法限制外人游历缘由。是否有当，理合具呈，谨乞大总统钧鉴，训示施行。谨呈。

大总统批令：

察哈尔都统张怀芝呈据报密探巴匪情形，恭呈转呈并请设法限制外人游历，以免意外，请训示由。

交外交、陆军两部暨蒙藏院查照，此批。[1]

1916 年 4 月 29 日，督理山东军务的靳云鹏致电袁世凯，劝其退位。袁对靳的劝退电深为愤懑，遂电召靳云鹏进京面谈，并在靳赴京途中，将其免职，改派张怀芝接替其在山东的军务。5 月 30 日，张怀芝在袁世凯的授命下，接任了济武将军、督理山东军务二职，6 月 3 日又被加授陆军上将衔。袁世凯死后，张怀芝改任山东督军，后来又兼任了山东省长的职务，并投靠以段祺瑞为首的皖系军阀。

1917 年 12 月，张怀芝、倪嗣冲等人在段祺瑞的操纵下，支持曹锟，在天津召开讨论对南方护法军政府及独立各省用兵问题的各省督军代表会议，会议决定兵分两路进攻湖南，在此期间张怀芝担任第 2 陆军总司令一职。张怀芝、曹锟等 10 人于 12 月 6 日，联名发电请求北京政府发布对护法军政府的讨伐令。1918 年 2 月，张怀芝在北京政府的授命下，担任湘赣陆军检阅使一职。同年 4 月，张怀芝命令山东省暂编第一师的施

---

[1] 卢明辉：《巴布扎布史料选编》，中国蒙古史学会 1979 年版，第 104—107 页。

从滨率领部队沿着津浦路南下，与从倪嗣冲部抽调的安武军会合，两军会合后，途经江西萍乡，然后向湖南的醴陵进攻。张怀芝的军队开始作战很顺利，初战就夺取了醴陵、攸县等地，但马上遭到了湘军刘建藩部的顽强抵抗，导致张怀芝大败，张率部仓皇逃往汉口。

段祺瑞决定开展一个新的作战计划，在湖南取守势，然后向广东发动攻势。张怀芝担心自己在山东没有立足之地，于是便想利用段祺瑞这个新的作战计划，借助第二次南征的机会，从而为自己争取一块安身的地方。1918 年 6 月 20 日，段祺瑞任命张怀芝为援粤军总司令，命令他再次率领部队南下与国民革命军作战，然后援救在广州遭困的振武上将龙济光，张怀芝向段祺瑞提请让直系将领吴佩孚做他的副司令。张怀芝在 7 月 1 日到达汉口，并在汉口成立了援粤军总司令部。但是吴佩孚拒绝任职，所部反而暗中与国民革命军议和停战。张怀芝所指挥的军队，只是上次战争之后所留残兵游勇，因而第二次南征又以失败告终。

战败后，张怀芝应大总统徐世昌之邀前往北京，参加北洋军阀将领会议，此会议拟解决南北议和、裁军、军民分治等问题。也就是在此次会议期间，张怀芝遭到陆军第 5 师师长张树元的暗算。张树元趁张怀芝在北京，远离山东的机会，策划发动山东的各团体向北京政府控告张怀芝。此时，张怀芝感到如果自己继续担任山东督军会很不利，所以他向大总统请求调任陆军总长，但是靳云鹏已经被任命为陆军总长，所以张怀芝只能于 1919 年 6 月担任参谋总长的职务。1919 年 1 月 15 日《民国日报》，由署名湘君的作者，发表了一篇名为"张怀芝之本领"的短文，实际上是对他两次南征失败及个人能力的讥讽。

1923 年 10 月，张怀芝被任命为丰威将军。1924 年秋第二次直奉战争中，张怀芝站在直系方面，任北京政府参谋总长兼前敌总执法总监。直系失败后，他不再任职。黑暗的官场，再加上军阀之间的相互角逐，让张怀芝本人感到宦海沉浮，吉凶难料。从此，他不愿再蝇争于军阀的倾轧中，遂去职隐居济南。

张怀芝于 1934 年 10 月 10 日在天津病逝，享年 72 岁。他在弥留之际，对亲属说："我一武夫，能老死病榻，寿终正寝，是不容易的。"①

---

① 王志民：《山东重要历史人物》第五卷，山东人民出版社 2009 年版，第 67 页。

（三）评述

纵观张怀芝一生，他有明显的几个特点。

第一，感怀旧恩，知恩图报。从以下三点可知。（1）张怀芝少年时家庭贫苦，几次想辍学，他的老师杨克典老先生几次去张家劝读，并免去学费，义务教学。张怀芝发迹后，曾将免去他学费的这位老师接到济南奉养。（2）张怀芝出外闯江湖，经人介绍到军队，有幸被袁世凯选中，编入北洋新建陆军，后一路青云直上。张怀芝是在清廷帝制下深受重用的官员，他感激朝廷的赏识，全力维护帝制，反对辛亥革命。溥仪下诏退位后，他对清廷仍感恩戴德，便辞官隐退。（3）从袁世凯选中他编入北洋新建陆军之后，张怀芝就深受袁世凯的器重，他挂冠辞归后，袁世凯赠予他厚礼、奇珍异宝，张怀芝深受感动，后来成为誓死效忠袁世凯的一员大将，在1916年任山东督军兼省长期间，用强硬手段镇压了山东讨伐袁世凯的军队。

第二，重视知识，关心教育。因为他年少家庭贫困，未能完成学业，所以他在职时，认为学习文化知识极其重要，因而特别关心家乡的文化教育。在1920年，他对皋上静觉寺进行捐资重修，并让人从天津运来金身泥雕塑像。并在家乡兴办了4栋28间房的独资私立完小，定名为"张氏小学"，招收家乡穷人家的孩子免费上学，使家乡穷人家的孩子有了上学的机会。即使在七七事变后，"张氏小学"也没有停课。在新中国成立后的若干年后，这个学校虽是一所完小，但也办过联中，为国家培养了不少人才。

第三，变力之间，摇摆不定。袁世凯死后，北洋军阀丧失了共同的领袖而四分五裂，张怀芝也在直皖两系之间摇摆。张怀芝在1916年任山东督军兼省长期间，他投靠了以段祺瑞为首的皖系，积极开展对外亲日，对内积极推行武力统一的内外政策，引起了山东各界的不满，被各界代表斥之为"地方官助纣为虐"。皖系垮台后，他又站在了直系的阵营，出任北京政府参谋总长兼前敌总执法总监。直到第二次直奉战争，直系失败后，他终于疲于摇摆而选择隐退。

第四，贪婪奢侈，大兴土木。张怀芝有钱则修建豪宅，在东阿县城西城南门里大街路东建有一处，人们称为"张公馆"。张公馆原是河防营营长徐某修建的园林式住宅，名为"柯园"，取东阿古代为柯邑之意。徐为了巴结督军，廉价卖给了张怀芝，张怀芝遂将其作为他在家乡的宅第，但鲜有居住。后被侵华日军烧毁。① 张怀芝在济南市兴源里、新市场（普利门外路南）置有房产，设有收租处。他在汶上县还购买了 40 顷田产，派人管理。他建设最出名的是济南的万竹园。万竹园于 1927 年建成竣工，前后共花费了 10 余年时间，极尽豪华壮观，这其中不但凝结了济南人民的智慧和聪明才智，更凝结了济南人民的无数血汗。在张怀芝统治山东省的两年里，政治腐败，人民陷于水深火热之中。时《民国日报》评论"鲁省黑暗较袁皇帝时更深百倍"②。

综上可见，历史上的张怀芝以一种多元立体的姿态展现在我们面前，在他身上，既有闪光点又有污点，当我们再次将目光集中于他任职察哈尔都统期间，可以看到他尚有关心百姓疾苦和地方稳定的作为，不似之后任职山东那般热衷战争和财富，我们之前提到的反对张家口车站售票搭收现银的事件和关注巴匪动态的史实即为有力证据。这大概是由于出任察哈尔都统是张怀芝政治生涯中第一次为政一方，心中抱负有了一方施展的土地，只可惜，时局未稳，瞬息万变，在他上任仅 9 个月后的 1916 年 5 月 30 日，袁世凯授命他赴山东督理山东军务。

此后，察哈尔都统一职空缺数日。1916 年 6 月 6 日袁世凯去世，由黎元洪继任大总统，北洋军阀四分五裂，政府实际权力掌握在国务总理、皖系军阀段祺瑞手中。6 月 9 日由刚刚加陆军上将衔的皖系将领田中玉署理察哈尔特别行政区都统。田中玉在察哈尔为期三年之久的军政生涯由此拉开序幕。

第二节 皖系军阀统治时期

皖系军阀的统治从 1916 年袁世凯死去直至 1920 年直皖战争爆发，势力范围遍及安徽、浙江、山东、福建、陕西等地，以段祺瑞、徐树铮、卢永祥为代表人物，是典型的亲日派军阀。

---

① 王志民：《山东重要历史人物》第五卷，山东人民出版社 2009 年版，第 66 页。
② 刘春明：《洪流滚滚：大革命时期的济南共产党组织》，济南出版社 2006 年版，第 44 页。

北洋集团内部本身就缺乏凝聚力,本身也并非统一的军事团体,袁世凯生前尚能勉强维持统一。袁死后中心既失,兵为将有,政治权力分散在各路军阀手中,虽然象征性的立法、行政、司法机构大多还存在,中央政府在对外关系上也还能代表着国家。但是实际上,中央不能控制各省,甚至连省都不能控制下属的各县。各路军阀团更加横行霸道、肆无忌惮。

一 田中玉两度上任

田中玉(1869—1935),字蕴山,直隶临榆(今河北省秦皇岛)人。田中玉自1916年9月接替张怀芝署理察哈尔特别行政区都统,但在1917年1月27日才正式就任察哈尔都统,至1919年12月调任山东督军并任山东省省长,在察实际共掌权三年有余。

图3 田中玉

田中玉在任期间，察哈尔民生经济相比以往有了很大改观，防病防灾、开荒屯田、振兴实业等举措都为察哈尔地区带来了短暂的稳定与发展，百姓生活水平有了提高，加之从严剿匪，基本上奠定了此后察哈尔建设的根基。田中玉为人精细，事事考虑周全，尽量滴水不漏，其"精打细算"的习惯用于改善民生效果显著，得到察哈尔人民的褒奖。在当时派系局部战争不断的局面中，田都统不忘社会管理，有条不紊地实施一系列有利于金融繁荣发展的政令，这些都是值得肯定的。

（一）出身北洋

田中玉是家中的独子，其家境贫寒，祖父和父亲早逝，下有三个妹妹。幼时仅依靠孀居的祖母与母亲务农（仅有薄田两亩多）抚养兄妹四人，艰苦度日。好在田中玉还有上学的机会，他在七岁时进入私塾读书，九岁时因父亲去世，无奈中断学业。年纪稍大一点之后，田中玉与他人合作在山海关附近开了一个小店，卖烧饼、油条等早点。

1884 年，清淮军将领叶志超率军队驻防于山海关附近，成立随营武备学堂，招收新生，田中玉前去考试并被录取，之后又转入天津北洋武备学堂的炮科学习技术。1887 年，田中玉从北洋武备学堂毕业，任北洋第一镇炮队统带，后任山东兖州总长。1907 年，田中玉随徐世昌赴东北，任东北三省督练分所总参议一职。

1912 年，中华民国成立，田中玉代理山东民政总长，在任期间，曾奉命去日本购买新式火炮。回国之后亲自试验，大获成功，名声大振，被时人誉为"北洋炮圣"。从 1913 年起，历任曹州镇总兵、兖州镇守使、陆军第五师师长等职务。两年后，担任陆军部次长，支持袁世凯复辟帝制，故 12 月 21 日被封为一等男爵，1916 年 6 月加陆军上将军衔。同年 9 月又接替张怀芝署理察哈尔特别行政区都统。1917 年 1 月 27 日正式就任为察哈尔都统。1919 年 12 月，田中玉调任山东督军并兼山东省省长。1920 年 6 月免去山东省省长兼职，同年 10 月再次兼任山东省长，1922 年 4 月 5 日免去省长职务。1923 年 10 月 18 日，因"临城劫车案"处理不当，在各国公使的强大外交压力下，田中玉被迫引咎辞职，随后他先后在天津、大连两地寓所闲居。直至 1935 年 7 月，病逝于大连。

(二) 弹压兵变

1917 年 7 月张勋复辟之时,曾经促动察哈尔地区联合起兵,在察哈尔引发叛乱,引起了巨大震动。

张勋秘密派遣心腹赶赴内蒙古地区活动,以期望得到蒙古盟旗的支持与响应。就在 12 天复辟闹剧即将失败时,王纯一、李功茂携带张勋密函抵达张家口,密会察哈尔都统署军事咨议官穆特贲阿,怂恿其策动地方军队响应复辟。

当张勋的特使言明来意,穆特贲阿(朱成章)立即应允,派其堂弟穆腾额、穆特恒额去分别策动由原察哈尔两翼巡防改编的察哈尔第二、三路巡防的旧部蒙兵。第三路巡防二营管带张源洞首先响应,并串通一营哨官宋连有、哨长蒙克等密谋起事,拟于 7 月中旬正式叛变起兵。

张勋复辟之时,田中玉一面分电各省,以相互联络,一致行动;一面调集驻军增援张家口,防止张勋向西,取得良好的效果。穆特贲阿叛乱期间田中玉一边安抚民心,解释原因,劝说各族民众不要叛乱,一边派兵镇压叛乱,还接连向国务院、参谋部、陆军部告急,请求支援。田中玉行动颇有章法,果断迅速,阻止了事态的进一步扩大化。9 月初基本扫清叛乱者之部队,当课长万锡璋等做出判决后,都统田中玉复讯核准。其判决书曰:"据该犯朱成章等所供,系接有张勋密信,运动各军队归顺前清,似属内乱罪。惟查该犯等经过地方,奸淫掳掠,纯系土匪行为。且该犯等均系收服土匪,此次因复辟事起,乘机叛变,假托复辟之名,肆其土匪行为,应按盗匪处断。查该犯朱成章即穆特贲阿并穆克灯额、穆特贵图、穆特恒额、穆腾额、塞上阿、图木尔、札木楚等胆敢聚众倡乱,掠夺三根达赖牧场军马暨商都警察公署之兵器弹药,均构成惩治盗匪法第四条第二款之罪。况该犯等迭次抵抗官军,罪大恶极,应依该法第四条第二款,均判处死刑。并依该法第六条,得用枪毙,以昭炯戒而快人心。"[①] 饬其家眷妇孺 12 名发交张北县,饬令亲属认领。判决之后,因四方来观者甚众,田中玉"深恐稍延时日,致生他变",遂于 18 日将穆特贲阿等 8 人执行枪决。至此,由张勋复辟引起的察哈尔都统署军事

---

① 忒莫勒:《穆特贲阿响应张勋复辟始末》,《中国边疆史地研究》1994 年第 4 期,第 55 页。

咨议官穆特贡阿的叛变终算完结。

（三）剿匪有力

田中玉任内剿匪颇有力。卢占魁是民国初年绥远地区最大的土匪头子。卢部匪帮达千人之多，流窜于武川、陶林、固阳、达尔罕、茂明安等旗厅。他们到处抢夺枪械和马匹，袭击士绅富豪，对商家老财实施绑票，截断商路，使商家无法经营。他们还扼守交通要道，劫夺官府和工商户。有些股匪，贫富不分，见物就抢，带不走的就放火焚烧，烧商号、民房，甚至连农田都不放过，给人民造成了极大的损失。民国六年（1917）六月，田中玉派兵进剿卢部匪帮，士兵英勇奋战。战后，田中玉呈请大总统对剿办卢匪有功的官士兵进行嘉奖。

1917年7月12日，政府公报发文，批准剿办卢匪有功人员进行嘉奖，并附详文，公布对给奖的人员名单，共计199人。

同年11月，巨匪卢占魁再次生变，分数股沿后山窜入察哈尔西部的陶林、凉城、丰镇、兴和、商都诸县局，焚杀掠夺，无恶不作，其先头部队距张家口仅一日行程。卢占魁扬言要攻占张家口，直趋北京城。对此，田中玉迅速致电大总统要求派兵支援。应田中玉的要求，北京政府从京师派军赶赴察哈尔进行增援，12月6日和8日，察哈尔官军在凉城县岱海一带两次重创卢占魁众匪，卢占魁负伤，率残部败逃入绥远和林格尔县境，不久窜入陕西。此次剿匪，对卢占魁众匪的势力造成重创，对维护察哈尔特别行政区的治安和保护人民生命财产，起到了不可磨灭的作用。

（四）防疫有功

田中玉任内察哈尔地区流行鼠疫，田中玉合理应对，终将疫情有效控制。1917年，内蒙古、绥远、山西的鼠疫开始流行。鼠疫暴发于绥远的伊克昭盟乌拉特前旗扒子补隆（今新安镇），9月下旬传入包头，后经由到萨拉齐贸易的商人传入山西大同。12月疫病传入所辖察哈尔陶林境内，迅速蔓延城乡，死亡过巨。

民国政府于12月下旬接到疫情报告，此时，绥远疫情已经十分严重，并沿铁路和交通线迅速向其他省份传播。疫病暴发后，因疫区地面广袤，事务繁重，为明定责任，内务部将疫区划分为四个防疫区域，每区设检疫委员一名，下设医官和办事人若干人，视事务繁简，确定人数的多少。防疫事务由地方官与检疫委员协办。绥远省内的疫区为第一区，察哈尔区域内疫区为第二区，由检疫委员何守仁会商察哈尔都统及丰镇镇守使办理。

接到疫情通知，田中玉紧急召开会议，商讨如何查疫及防疫，并及时采取措施进行部署。

首先，在由疫病区通往察哈尔的要道丰镇设立关卡和检疫所。每天派兵将截留的行人送到丰镇检验调查，每个关口都要安排医生检查，确认行人、士兵是否患病。共在杀虎口、石匣、沙袋沟、清水河、右玉县设置关卡五处，每日下级关卡分别统计后自报实情。

12月15日何守仁报除陶林外，察哈尔区几日的排查并未发现有患病人员，但于14日下午自绥远来察哈尔的第一师有三名士兵出现发热吐血等疫病的症状，经调查第一师中已有一名士兵患病死于来察的途中，可见鼠疫已开始由绥远向察哈尔区传播。

得知此消息，田中玉心头不由得缩紧起来，此次鼠疫疫情凶险，来势凶猛，如若真在察哈尔蔓延开来，后果无法想象，田中玉下令无论军民还是商货通过防疫关卡都须扣留6日，才准许入境，对因疫病死亡的尸体立刻进行焚烧。并由乔镇守使加派军队同防疫医员到麦、胡图、天成村、马王庙等处设置检疫站点，各军分驻地如下：左一职路、马一营驻丰镇，并调查四乡瘟疫事宜；马二营与第五路步五营驻凉城，堵塞由杀虎沟、石匣沟等处来丰镇的要道；二职路、马三营分驻双古城、淤泥滩等处，堵截由绥远来丰镇的要道；三职路、马四营左右两哨分驻弓沟、张卓两处，与驻八苏木县队武管带和熊团、驻隆盛庄袁营长互相联络，阻断去张家口的道路；熊团、步二营分驻麦、胡图、天成村；步三营带机关枪驻马王庙阻断由丰镇去往绥远的行人。并派三名医生分别去天成村、马王庙两处检疫站点进行检验。陶林由丁统领、王管带担任防疫工作，并要求其遇事与凉城张管带联络，六孙部和四营驻合孝胡同，由丁铭统领根据当地情况调拨一哨岗驻扎卓资山。为了防止疫情的扩散，经批准京绥铁路（由北京至张家口，张家口至绥远）暂时停止通车。

部署好了防疫工作，田中玉的紧张情绪才算放松下来。当晚七点，内务部江会长（江朝宗）抵达张家口，田中玉到站接洽，并称张家口目前无疫情，因当晚十点，江会长会经过柴沟堡去往丰镇，田中玉告知其丰镇内目前亦无疫情。

刚部署好了由疫病暴发区到察哈尔的各要道防疫工作，送走了江会长，田中玉又接到报告，称在第一师到达丰镇前，从绥远到丰镇已查实有5名感染的士兵。据统计，该连因疫病死亡人数已达14人。紧张的气氛再次凝聚，田中玉立即下令阻断由绥远来丰镇的大道，防止再感染，对发现疫病的部队设法隔离安置，从张家口派出队伍在各个要道设置出入关卡，防止疫病通过交通传播，若有商民或军队来到关外，阻止其进入并向上级汇报。疫病来袭，预备防疫的各种药品和材料是必不可少的，准备药品材料需要花销的费用甚巨，田中玉向上级发电请示，拨款2万元以备不时之需。

从1918年1月18日设立事务所开始，各地医士和士兵每天进行严格的防护排查工作并报告，至30日，张家口的五个区域和张家口外设置的六个关卡都没有疫症发生。

一般疫病的防护工作都在有序地进行，并起到很好的效果，谁知一波刚平一波又起，2月初驻扎包头的邓团长称，近来师长多次来电催促联团回上海，如若火车不通，即由陆路进入张家口，拟定近几日就要从包头开拔前往，希望田中玉能体谅下情，立即让沿路设防瘟疫的各个关卡放行。田中玉思索，包头为疫症发生之地，现在张垣防范正严，怎敢让该团进入，若无疫病传入还可，倘若有一例疫病传入，疫病蔓延将会如滔滔江水一发不可收拾，但又不能断然回绝，田中玉因此陷入两难。故于2日致电总部，将此情况大概叙说，希望总部致电该团长，让该团原地驻留，切勿南下。

丰镇熊团长电称，有八名士兵在丰镇的马王庙检查行人时被传染瘟疫，已将其隔离治疗，其余均无大碍，田中玉通知熊团长就近和何守仁委员商议，并加强防守，此时，各个关卡传来的消息称张垣现已无疫症发生。

1918年2月8日，何守仁自丰镇报称，因疫病死亡人数为95人，截至2月15日报，死亡人数已达110人。

此次鼠疫从1917年8月开始流行，直至1918年5月被扑灭，迁延长达 10 个月之久,以绥远、山西为重点疫区,疫情波及直隶、山东、安徽、江苏等省,因疫病死亡人数高达 14600 人。也有资料显示此次疫情到 1918 年 3 月息止,因疫病死亡人数达 13800 人。这次鼠疫的流行,对人民的生命与财产造成了巨大的损失。田中玉在此次疫情中,面对陶林、丰镇的凶猛疫情和突发情况,及时应对、合理部署,有效地控制了疫情传播,挽救了察哈尔特别行政区更多人民的生命,将损失降到最低。

(五) 赈灾止损

1919 年 8 月,察哈尔特别行政区水旱灾频发,都统田中玉上报大总统,当时多伦县、陶林县、商都县属各区不断遭受水旱雹灾,情况十分严重。

连年大旱,耕地颗粒无收,牧区水草枯槁,复有雹蝗鼠雪为害,阖境罹灾,死亡枕藉。据华洋义赈会报告称:"察省数经兵燹,三年大旱,居民颠沛十室九空,现在则翻草无根,食皮乏树。"

1919 年 10 月 7 日,田中玉报称:8 月 22 日商都县县属安民乐业等庄绅民刘元等反映,今年春天连下雹灾,勉强播种禾苗,时至处暑还没下雨,禾苗长得都如青草,口外天气入寒早,眼看着收成无望,乡民们不但入秋后无法上缴粮食,就连家里老小恐怕也得忍冻挨饿,请求减免钱粮。①

雹灾过后,田中玉督同各界组织水灾善后处理,使商民住户人心稍安,并亲自轻骑简从,赴各受灾区域实地查勘。据多伦镇守使唐启垚、知事孙鸿志电报水灾情形,业饬妥筹抚恤,并根据灾情电达国务院内务部,电拟办法四条:一、集资以济危难;二、拨款以赈济灾民;三、顺水以免冲刷;四、筑堤以备将来。

田中玉一面电咨国务院内务、财务两部,请求赈灾;一面设法筹款捐募。电饬县知事兹据前情查该县境内,遭水患冰雹灾情颇重,受灾面积广的地区,以备赈抚。分别根据受灾情况轻重,依限造册,呈报核办。

---

① 《察哈尔都统田中玉呈:大总统具报商都县属安民等庄亢旱缺雨秋禾被雹成灾情形文》,《政府公报》1919 年 10 月 15 日,第 1325 号。

（六）调控金融

在民政事务之外，田中玉任内对察哈尔的经济建设也颇有建树。

1916年9月5日，当时代理察哈尔都统田中玉训令兴和道尹、财政厅、垦务总办，决定成立兴业银行筹备处，并选定前广东候补知府黄玉为筹备处专任员。次日，田中玉便将《察哈尔兴业银行则例》《察哈尔兴业银行总分筹备处暂行简章》《察哈尔兴业银行开办费集股章程》《察哈尔兴业银行股票遗失补给章程》等上呈大总统，10月7日，便得到31.5万元资金支持。

1916年10月11日，兴业银行筹备处正式成立并营业，黄玉任处长，王鸿遇为副处长。经过短暂而紧张的筹备，12月25日，兴业银行正式成立。1917年3月9日，为进一步加强对兴业银行的管理，比照中国银行的情况，参照当时有关规定，并遵照察哈尔兴业银行有关章程，确定由察哈尔都统田中玉任兴业银行督办，垦务总局总办龙骧任银行监理官（专任检察簿记发行钞票事宜），试署财政分厅厅长李杜芳任兴业银行总办，并由"都统公署组织银行委员会遴选会员代行银行董事会职务"。

兴业银行在察哈尔地区成立的过程中有几点值得注意：一是兴业银行的成立是以1916年中国银行、交通银行的停兑为契机的；二是兴业银行的章程既体现了其官办省立银行的特点，又具备现代公司治理的框架；三是在纸币发行权问题上虽体现了时局特点，但难免有僭越之嫌。因创设察哈尔兴业银行的主要目的之一是调剂地方金融，因此发行钞票是其主要业务之一。①

察哈尔地区作为一个行政区域存在的时间并不长，但是作为一个经济区域，其在民国时期还是极具特色的。田中玉在察哈尔地区建立兴业银行一举，对察哈尔地区的金融从混乱到逐步统一做出了巨大的努力。

（七）关注垦荒

1916年1月，袁世凯批准察哈尔特别行政区地方官可置买蒙古荒地。

---

① 牛敬忠：《察哈尔兴业银行始末——兼论晚清至民国时期察哈尔地区的金融》，《内蒙古社会科学》（汉文版）2016年第4期，第65—69页。

1917 年，时为察哈尔都统的田中玉，筹备了"镶黄旗垦荒队"，并派人带队，携带武器到今康保县东北驻地垦荒，同时，还在当地募兵百余人，在屯垦的村子周围建立了 10 个棚点垦荒，每个棚点驻兵一个班，设一个棚长，并且还组织当地的人民和外地流亡的人民一起垦荒，随着被带动的民众越来越多，最后这 10 个棚点演变为 10 个村。田中玉的这一举动，无疑给当地民众提供了一个维持生计的机会，既带领人民开垦荒野，又将外来流民聚集收留，使他们不会到处流亡，有活可做，有饭可吃，有家可居，同时也间接地维护了当地治安。

1917 年 4 月，由张北县、兴和县、陶林县及商都牧场析置商都招垦设治局。这三个县在 1917 年以前便已经设置为县了，又是商都县的近邻，在这三个县和商都牧场的协商下，在省政府的指挥下，决定要成立商都县，并且商量好商都与各自的县的地界划分，写出报告行文，呈请审批通过。1918 年 11 月，经田中玉报请中华民国政府批准，撤销商都招垦设治局，改为县制，商都正式建县，归察哈尔特别行政区兴和道管辖。

（八）评述

作为一个旧军阀，有人称田中玉为人极贪，由于顾忌很多，有点"小尖钻，大不敢"。但实际上观其一生，可圈可点之处也有很多。据其在察哈尔都统署的幕僚周建龙回忆说，田中玉在都统任上，连都统署使用的面粉都要亲自过秤。当时无电灯，特定耗油标准照数发油灯，可以说田中玉精细的滴水不漏。从田中玉任职察哈尔都统以来，无论是剿匪，还是带领民众抗灾，抑或是颁布政策，发展金融，对维护察哈尔特别行政区的治安、保护人民生命财产、稳定当地动荡的民心、推动察哈尔地区金融业的发展都起到了不可磨灭的作用。作为察哈尔特别行政区的都统，田中玉为察哈尔地区和人民所做的贡献还是值得肯定的。

在田中玉任察哈尔特别行政区都统期间，中途曾出现一段离职的小插曲，由张敬尧代理过都统一职。1917 年 7 月 12 日张勋复辟失败，吉林督军孟恩远涉嫌参与复辟，被北京政府免去本兼各职，派田中玉继任。田中玉的察哈尔特别行政区都统一职拟由皖系将领张敬尧接替。但是，张作霖不允许其他派系染指吉林，故视田中玉为他统一东三省的障碍，便在吉林和北京政府间斡旋，同时，吉林也不时发生挽留孟恩远、阻止田中玉赴任就职的示威事件。田中玉亦于 10 月 10 日,从张家口到北京面见段祺瑞,表明不愿意卷入吉林混乱之旋涡,婉辞谢绝赴任得准,仍回张家口复任察哈尔都统。因此,张敬尧名义上担任了几个月的察哈尔都统,但其实并未赴任,1916 年 6 月至 1919 年 12 月,察哈尔特别行政区实权一直掌握在田中玉手中。

1919 年 11 月 5 日,在靳云鹏正式组阁并兼任陆军总长之后,由于其极力想摆脱皖系老上级段祺瑞的控制,大展拳脚。他一方面收整人心,重树政府威信,欲惩办几个声名狼藉的督军;另一方面极力拉拢实力派,扩充自己的实力,田中玉就是其拉拢的对象。靳云鹏抓住田中玉在察哈尔嫌地盘小、环境苦,不安现状,急于求去的心理,使其参与赶走山东督军张树元的行动中。张树元因"济南血案"和侵吞军饷等问题,早已臭名昭著,遭到山东省议会提案弹劾,靳云鹏迅速罢免张树元,并推荐田中玉接替山东督军一职。于是,1919 年 12 月 26 日,田中玉赴任山东督军兼省长,由王廷桢继任察哈尔特别行政区都统,隶属皖系。

二 王廷桢力挽兵权

王廷桢(1876—1940),字子铭(又名子明),天津市大直沽人。北洋武备学堂和日本士官学校毕业。属冯国璋部下,原在禁卫军任统领,冯接禁卫军后历任江苏江宁镇守使、陆军第十六师师长、长沙巡阅副使,治军严明。冯国璋下台后,投靠皖系。王廷桢于 1919 年 12 月赴任察哈尔都统,任职察哈尔期间,正值外蒙古封建主叛乱时期,王廷桢对出兵外蒙古犹豫不决,被张作霖、曹锟趁机借故于 1920 年 9 月调离。冯国璋死后,王廷桢并未被委以重任,终因厌倦内战,辞职回天津寓居。王廷桢于 1940 年 3 月 6 日在天津寓所与世长辞,享年 64 岁(另载称日本人投毒导致王廷桢离世)。王廷桢一身正气,反对内战,是坚持民族气节的军事家。

(一)行伍出身

王廷桢 1876 年出生于天津市大直沽一木工之家,家境贫寒,自幼勤俭,读书刻苦。青年时考入北洋水师学堂,学习测量专业,后转入北洋武备学堂。1901 年,因品学兼优,被保送到日本士官学校骑兵科学习,

图4 王廷桢

为中国第一期留日学军事的学生。1903年毕业，考试成绩优良，日本军
部赐军刀，授少尉军衔。回国后任陆军练官营教官，不久任陆军第五镇
骑兵统带。由于其带兵有方，军事学识渊博，清廷破格将之调到北京。
1908年12月，摄政王载沣下了一道建立"禁卫军"的命令，先成立步队
一标，马队一营。王廷桢暂为步一标统带兼马一营管带。1909年，王廷
桢出使法国，任军事考察专使，并受命参观法国军事大演习。法政府授
予他二级宝光勋章。1910年（清宣统二年），禁卫军编制成立两个
"协"，良弼为第一协统领官，王廷桢出任第二协统领官。良弼于1910年
10月调任军咨使，遗缺第一协统领由王廷桢继任，姚宝来充任第二协统
领。1911年（清宣统三年）6月，禁卫军开始担任"宿卫宫禁"的任务，
7月宣布正式成军。同年10月19日，任命冯国璋为禁卫军总统（民国成
立以后，冯国璋仍统领禁卫军）。1912年2月15日，袁世凯登上了中华
民国大总统的宝座，中国进入北洋军阀统治时期。9月7日奉临时大总统

令，任命王廷桢为禁卫军统制并加陆军中将衔。

1913 年 7 月 17 日，袁世凯委派王廷桢为天津镇守使兼戒严司令，授以军管权力。任职期间，部队纪律严明，社会秩序安定。同年 7 月南方革命党掀起"二次革命"，袁世凯任命冯国璋为第 2 军军长、江淮宣抚使，命其率兵南下镇压，最终二次革命失败。1914 年 1 月，冯国璋调任江苏都督，禁卫军也随冯国璋驻扎江苏，是年始袁世凯将禁卫军改编为陆军第十六师，任命王廷桢为第十六师师长，并任命关忠和为第 31 旅旅长，田献章为第 32 旅旅长，随冯国璋驻南京，第十六师仍归冯国璋统辖派遣。1915 年 1 月王廷桢出任江宁镇守使。

随后，袁世凯要改帝制，并宣布次年为洪宪元年。当时，江苏督军冯国璋对此事表现出犹豫。袁世凯怀疑冯国璋有不忠之心，将王廷桢等人安插在其身边监视其行动，但王廷桢却早已成了冯国璋的心腹。

1915 年 12 月底，蔡锷在云南宣布起义，组织护国军，讨伐袁世凯卖国称帝。袁世凯急调冯国璋任参谋总长兼征滇总司令，江苏军务暂委托王廷桢代理，冯国璋称病拒绝北上。袁世凯很是惊慌，因为冯国璋当时属于北洋军阀有实力的首领，若他不肯出兵，显然对袁世凯十分不利。袁世凯马上派心腹蒋雁行等人去南京，借探病之名，查看冯国璋的虚实，同时想策动王廷桢密谋篡冯国璋之位。因为蒋雁行与王廷桢是同学，而王廷桢当时又是江宁镇守使，手中握有兵权，于是蒋雁行代替袁世凯向王廷桢授意，如果冯国璋不拥护袁世凯称帝，王廷桢可发兵取而代之。王廷桢虽然心里并不支持袁世凯称帝，但又不方便公开表态。同时冯国璋又采用了两面派的手法，一面不肯出兵拥护袁世凯称帝，一面又亲笔写信给袁世凯，表示不敢违背其旨意。冯国璋、袁世凯双方都在搞阴谋权术，使王廷桢夹在中间左右为难，他内心气愤之极，但又不敢言明。王廷桢毕竟跟随冯国璋多年，一方面不愿做个背信弃义的小人，受袁世凯利用；另一方面也是最主要的原因，他本人内心是反对袁世凯恢复帝制的，于是便借故推辞，并写了一封书信向蒋雁行说明："请转禀江南各省，王某唯冯之马首是瞻，王职低兵力有限，如机密不周，有损上意，故难遵命。"1916 年 6 月，袁世凯在众叛亲离、举国唾骂声中绝望地死去，黎元洪继任大总统。1917 年，黎元洪总统宣布退位，江苏督军冯国璋以副总统身份于同年 8 月赴北京就任代总统职务，国会被皖系段祺瑞控制。同年9月，冯国璋任命王廷桢为长江巡阅副使。1918年10月，冯国璋代理大总统期满，段祺瑞控制了国会，选举老官僚徐世昌当总统，冯国璋被迫下台，王廷桢逐渐向皖系段祺瑞靠拢。

（二）摇摆直皖，接洽外蒙

1919年五四运动爆发，同年8月济南镇守使马良屠杀三名爱国学生，制造了"济南血案"，此事引起全国人民抗议，并要求惩办马良及其上司山东督军张树元。1919年12月，张树元因"济南血案"和侵吞军饷问题遭山东省议会弹劾而被北京政府免职。随后，田中玉调任山东督军兼省长，王廷桢继任察哈尔都统一职。1919年12月26日，王廷桢从南京集中军队，率第16师北上张家口就职：

> 呈为请以王廷桢兼任十六师师长仰祈钧鉴事：窃民国八年十二十六日奉大总统令：任命王廷桢为察哈尔都统。此令。等因。查王廷桢原任十六师师长，现既奉简察哈尔都统，所遗师长一缺，本应遴员接充，惟该师长在职有年，感情夙惬，拟请仍令兼任，俾重职守。如蒙俞允，当即由陆军部行知遵照。理合具呈，伏乞鉴核训示施行。
>
> 呈请仍以王廷桢兼任第十六师师长由。呈悉。准其兼任。①

据现有掌握的资料来看，王廷桢在察哈尔都统任上留下的足迹并不多，值得注意的有两点：其一，是其在直皖之间左右摇摆的状态；其二，是在直皖战争中合理周全地接待外蒙人士。

如前所述，王廷桢本为直系军阀冯国璋的心腹，冯国璋倒台后，向皖系段祺瑞靠拢，被任命为察哈尔特别行政区都统，授勋位三个，晋升陆军上将。1920年夏，北洋军阀内部的皖系和直系矛盾激增，在直系和皖系间左右摇摆的王廷桢不愿国内军阀混战。他积极参加调解工作，望直皖两派能够和解，避免内战，但双方势均力敌，谁都不肯让步。终于

---

① 中国第二历史档案馆：《中华民国史档案资料汇编·军事（一）》，江苏古籍出版社1994年版，第327—328页。

在 1920 年 7 月 14 日，直系联合奉系向皖系发动进攻，直皖战争爆发。此时的王廷桢因不认同段祺瑞的"武力统一"又疏远皖系，再次向直系靠拢。王廷桢不但与曹锟、张作霖等人共同发表讨伐皖系及徐树铮的通电，而且还在 1920 年 7 月 18 日，联名发表否认皖系政权的通告：

> 各省督军、省长，各都统、护军使、镇守使，各总司令，各师、旅长，各省议会、商会、教育会鉴：奸人祸国，窃据政权，中枢既已动摇，国脉几以断绝。各省疆吏有捍卫中央、拥护元首之责，业经各省同志通电宣告全国。自元首被其监视以来，恶耗频传，□□更为倒行逆施之举。顷得京讯，彼等以武装威胁元首，强迫盖印，矫发命令。威福作于肖〔宵〕小，元首视若弁髦。穴社凭城，淆惑观听。义旗虽日共举，逆党尚未歼除。惟当揭其暴行，昭示国民。在未经恢复元首自由以前，所发伪令，应视为无效。诸公热诚爱国，具有同情。政本已淆，国基将殆。处此厝火积薪之下，当共纾缨冠往救之忱。谨此宣言，惟希亮察。曹锟、张作霖、王占元、李纯、陈光远、赵倜、蔡成勋、王廷桢、马福祥。①

1920 年 7 月 22 日，察哈尔都统王廷桢率领十六师驻扎康庄，在居庸关附近阻拦并击溃徐树铮两个旅，扭转了战局，保卫了京畿安全。23 日，直、奉两军进驻京都，控制北京政权，直皖战争以皖系的失败而告终。

在直皖战争前后，王廷桢在直皖两派间的转换之快让人瞠目结舌，无怪乎在众多著作中，对于王廷桢的派系始终众说不一，如陈志新先生主编的《民国时期察哈尔的都统与主席》② 一书说王廷桢隶属于皖系，而曹永年先生主编的《内蒙古通史》③ 等著作则言其为直系。归根结底，都是因为王廷桢在两派之间摇摆不定，并且几次反复，就此而论，王廷桢称得上是一个"优秀"的投机者。

---

① 中国第二历史档案馆：《中华民国史档案资料丛刊·直皖战争》，江苏人民出版社 1980 年版，第 137 页。

② 陈志新：《民国时期察哈尔的都统与主席（1912 年—1949 年）》，《张家口文史资料》第 28—29 辑，1996 年。

③ 曹永年主编：《内蒙古通史》，内蒙古大学出版社 2007 年版，第 34 页。

另外一件值得称道的是，王廷桢合理周全接待外蒙古人士一事。

自辛亥革命之后，外蒙古首次宣布独立，当时的北京政府趁俄国爆发内战无暇顾及外蒙之时，于1919年派徐树铮带兵"收复外蒙，撤销自治"。徐树铮到外蒙古之后，软硬兼施，迫使外蒙古于1919年12月1日撤销自治，这是民国初年北京政府在维护国家统一和领土完整方面取得的一项重大成果。外蒙古在经历了长达八年的"独立""自治"后，重新听从北京中央政府，外蒙古官民心里一时难以适应，再加之外部势力的诱惑和内部少数势力的分裂活动，人心极其不稳。而此时负责治理外蒙古的徐树铮又采取了一些不符合外蒙古实际情况、不顾及外蒙古官民意愿的改革措施，使得外蒙古恢复"自治"的暗潮再次涌动。

直皖战争爆发的第二天，即1920年7月15日，前往北京入觐并商定善后条件的外蒙古代表途经张家口。这些代表是徐树铮在库伦召集王公喇嘛开会选定的，共17人，其中包括车臣汗、希尔宁达木定、嘉亨尊呼图克图，等等。虽然此时徐树铮已被北京政府免职，但是并没有影响原定计划，外蒙古代表仍旧踏上了进京的旅途，陪同他们前来的是代理西北筹边使李垣。由于此时直奉联军与皖军在涿州、高碑店一带交火，西北军第五旅在青龙口、居庸关等处塞隧拆桥，断绝了京张交通要道。所以察哈尔都统王廷桢负责接待了这批外蒙古人士。他命专人看护外蒙代表所携50余匹贡马，并连日派遣幕僚陪同这些外蒙古代表观剧、游山，让他们以视听之娱，避免产生因战乱带来的仓皇之感。7月24日，王廷桢致电总统、国务院，报告此事：

> 大总统钧鉴：查外蒙内向，代表入觐之活佛车臣汗盟长王公贝勒贝子等，于本月十五日由护理筹边使李垣在库伦乘坐汽车偕同执事人等到张家口，廷桢亲往接晤，为之馆餐，当于公宴后摄影一张，以表欢迎纪念。不幸近畿不靖，行旅裹足。居庸、青龙口等处，又为西北军第五旅李如璋军队塞隧拆桥，以致京张交通断绝。该活佛等暂止张垣，深恐别生误会，连日伤僚属延之观剧游山遣兴，与以视听之娱，不使触有仓皇之感。该李护使亦与廷桢时相过从，亟盼兵祸速弭，俾活佛等早觐慈颜，以遂其慕义归仁之愿。所有备贡马匹五十余骑，现亦分别妥为监护。廷桢窃念时事纠纷，殊非旦夕所

能结束。京张中途阻碍，亦不知何月能通。该活佛等久驻张垣，殊难保无辗转重译之人，言语有舛，滋生枝节。廷桢之愚，敢求大总统特简通晓外蒙古语言文字之大员，先日来张传宣德意，借以固结其心，实以安定其念。将来道通入觐后，并求优予锡赉，以扬仁烈，而彰国威。倘蒙俯允，特简星轺由西直门专车到南口，易骑过岭到康庄，廷桢谨于康庄专车奉迓。康庄以南，请饬该地段军警妥慎送护。廷桢为抚慰蒙情交欢远服起见，是否有当，伏乞钧鉴。再筹边使徐树铮，自奉令免职后，库伦军官等受该前使属意，坚守秘密，不令该活佛等预知。廷桢梼昧，不知用意所在矣。察哈尔都统王廷桢叩等语。[1]

王廷桢在此事的处理上有礼有节、妥当得体。后来，这一行人顺利到达北京，商定善后事宜。但是，由于当时中国内地军阀混战，政局混乱，北京政府无力经营外蒙。在俄国，苏维埃政权取得决定性胜利，旧俄白党企图把外蒙变成他们的避难所和根据地，于是煽动外蒙上层僧众，扬言要帮助其达成"自治"。自此，原本就对取消"自治"心怀不满的外蒙古封建主与旧俄白党勾结，再次发动叛乱，企图自治。

外蒙古封建主的叛乱，给张作霖实现多年来梦寐以求的"大满蒙主义"提供绝好时机，也给王廷桢的察哈尔都统生涯画上了句号。当外蒙古形势危机时，察哈尔都统王廷桢却对出兵与否犹豫不决，张作霖闻讯后急电北京政府，电称：当此外蒙古危急之际，如都统不出兵，则应派奉军出征。接着张作霖强烈要求免除王廷桢本兼各职。[2] 由于此时直皖战争以直胜皖败告终，直系曹锟和奉系张作霖控制了北京政权，皖系从此一蹶不振。张作霖、曹锟一拍即合，借大总统徐世昌名义，于1920年9月下旬下令调王廷桢入将军府供职，名义上是进入中央最高军事机构，身居显职，实际上是以奉系将领张景惠接替王任察哈尔都统，夺其兵权和地位。此时的第16师已被张作霖据为己有，对于直军来说是一个损

---

① 吕一燃：《北洋政府时期的蒙古地区历史资料》，黑龙江教育出版社2014年版，第420页。

② 陈志新：《民国时期察哈尔的都统与主席（1912年—1949年）》，《张家口文史资料》第28—29辑，1996年，第69页。

失，对于奉军来说却是兼并热、察、绥布局的第一步。

　　1922 年初，张作霖支持亲日的梁士诒组阁，严重影响英美帝国主义和直系曹锟、吴佩孚的利益，故发生了第一次直奉战争。4 月中旬，吴佩孚派密使带曹锟书信给王廷桢，大意想请王廷桢劝第 16 师停战或兵变。第 16 师是王廷桢用 10 年心血亲手训练和培养起来的一支劲旅，现归奉系将领张景惠指挥，王廷桢深思熟虑后，愿为其与旧部军官试探一下，但绝不参加内战。王廷桢随即写密信一封，派心腹投书联系。直奉战争中，虽战斗互有胜负，但直军处于劣势。5 月 4 日，军情突变，第 16 师停止战争，使西线奉军全部溃退。其时，张作霖在东线力图挽回，但奉军士气消沉，军队很快崩溃。张作霖急回天津，下令撤回东北。从此，北京政权受曹锟、吴佩孚控制。

（三）评述

　　徐世昌称王廷桢为军事家，并在 1922 年特聘王廷桢为北京政府大总统高等军事顾问。为了应对苏联军队屯兵外蒙古库伦（乌兰巴托），北京政府以总统、总理、巡阅使、外交总长、陆军总长及高级军政人员组成抗俄委员会，对外称蒙事委员会。1923 年 1 月 12 日委任王廷桢为该委员会委员，兼任蒙古前卫镇守使（另载前线防守司令部司令官），1923 年 10 月任北京政府交通部铁路警备事务（督办唐在礼）会办。不久，王廷桢便辞职回到了天津日租界寓居。回到天津的他被天津留日士官同学会推举为首任会长。1925 年 11 月王廷桢担任十四省讨贼联军总司令部后勤运输司令部司令官，由于他厌倦了战争，不久便辞去职务，再一次回到了天津，在日租界须磨街（今陕西路）33 号寓居赋闲。

　　王廷桢具有较高的军事能力。他带兵有方，治军极严，虽身为大帅（当时的称呼），但以身作则，严明军纪，严禁打骂士兵，欺压百姓。他提出军以民为本，军人的天职就是保国爱民。他带兵 20 余年，军誉极佳。王廷桢在直皖战争和第一次直奉战争中都对战果起到了关键性的作用。直皖战争，若无王廷桢率领第 16 师击溃西北边防军，皖军南北两路夹攻直军，曹、吴取胜较为困难。第一次直奉战争，王廷桢亲手给旧部撰写密信，劝他们停止内战，第 16 师的倒戈使西线奉军全部溃退，最终导致了奉系的失败。冯玉祥是王廷桢的学生，受其影响和熏陶，在北伐时他的士兵均佩带写有"真爱民，不扰民，誓死报国"的臂章。冯常向幕僚谈："我之治军，受王将军（指王廷桢）影响甚大。"从对冯玉祥所作所为的分析，不难看出王廷桢在军事、方向策略上与冯玉祥有一定的共同之处，可见王对冯的影响。

王廷桢是一个"优秀的"投机者，他本为冯国璋的旧部，属于直系军阀，但冯国璋下台后，投靠皖系段祺瑞，又在直皖战争中再次投向直系的阵营。虽然来回摇摆，不免有投机之嫌，但是王廷桢本人一直反对祸国殃民的内战，直皖战争前，他极力主张两派和解。

除上文提到的以外，王廷桢还是一个坚持民族气节的人。据王廷桢之子王学颜《回忆王廷桢将军》①一文记载，1937年七七事变，华北大部分为日寇所占，日本人知王廷桢在军界资历较深，在军政界有一定的威望，想利用他组织敌伪政权，维持日伪统治。当时，华北日本驻屯军司令官香月清司因与王廷桢是士官学校同学，特亲临王家三次，力劝王廷桢出任华北治安总署督办，并派人送递任命状，均被王廷桢严词拒绝。日本天皇裕仁的亲叔父来中国访问时曾会见了王廷桢，持金质烟具一套相赠，上刻"大日本亲王殿下赠给"字样，以示笼络，终被王廷桢弃之不用。由于日本人不断纠缠，王廷桢深知长此下去，必遭毒手。因而借治皮肤病为名，巧妙地躲过日本人监视，逃到天津法租界马大夫医院（今人民医院）住院避难。之后又将全家转移到法租界国民饭店暂住，自己也经常变换住处，躲避在英法租界亲朋家中。日本人见威胁利诱均未成功，恼羞成怒，欲施行报复，将王廷桢在日租界的住宅、马号等房产强行占领，拨给天津日军"北支派遣军"机关报"庸报社"使用。除此之外，王廷桢的其他房产也全部落入日本人之手，使得王廷桢再无租金可收，生活陷入困境。1940年3月6日，王廷桢在天津寓所与世长辞。

自1919年12月至1920年9月，王廷桢在察哈尔都统任上不足一年。其在直皖战争中背弃皖系再次倒向直系，标志着以段祺瑞为首的皖系军阀在察哈尔特别行政区统治的终结。

---

① 全国政协文史资料委员会：《文史资料存稿选编》第一辑《晚清·北洋》（上册），中国文史出版社2002年版，第855页。

第三节 直系军阀统治时期

直皖战争爆发后，直系与奉系结盟，未及半月，皖系即败下阵来，直系便成为北京政府的新主人。直系势力范围主要在直隶及长江中下流域，以冯国璋、曹锟、吴佩孚、孙传芳等人为代表，亲英美派。

1916 年 6 月袁世凯死后，段祺瑞实际一直操控着北京政府实权，京畿重地、察哈尔特别行政区也一直为其领导的皖系军阀所控制。在田中玉任察哈尔都统时，大规模的军阀混战还未开始，国内和地区局势相对较稳，田任职时间较长，对地方的治理能具有一定的接续性。所以，从前文"田中玉"一节我们不难看出，田在察哈尔都统任内，在剿除匪患、开荒屯田、抗灾防疫、振兴金融等方面均有一定作为，为百姓生计和地区发展做出了相当的贡献。而其继任者王廷桢则不然，由于国内政局动荡，各派军阀之间的争斗激烈，使王廷桢身陷其中疲于奔命，无力着手推进察哈尔地区的各项发展。

1920 年，直皖战争爆发，直系与奉系结盟打败皖系，直系的曹锟、吴佩孚成了北京政府的新任统治者，奉系势力也扩张至察哈尔、热河、绥远等地，张作霖任职蒙疆经略使，热、察、绥三地区归其统治。在察哈尔，由奉系张景惠出任都统，并兼任十六师师长。

一 张景惠卑躬屈膝

张景惠（1871—1957），字叙五，青年时代沦落为匪，与张作霖结交，清末与张作霖一起接受招安改编。1920 年 9 月任察哈尔都统兼 16 师师长。张景惠未能领悟张作霖"大满蒙主义"的想法，反认为察哈尔地方太苦寒而无心上任，军政事务均交由他人代理，这就为中国共产党红色思想在张家口的传播提供了机会。张作霖死后，张景惠与日本人勾结在一起，做出许多丧权辱国的行为，成为一个不折不扣的卖国贼，后被苏联军队逮捕，进而被遣送回国，最终病死狱中。

（一）"团伙"出身，告密上任

张景惠出生在辽宁台安八角台一个农民家庭，青年时代主要靠卖豆

图5　张景惠

腐养家糊口，所以落得一个"张豆腐匠"的名号。后来，他结交了一些乡里恶少、流氓、土匪，并与其组成了小团伙。甲午中日战争后，由于清朝统治在东北陷于瘫痪状态，使各地枭雄有了可乘之机，纷纷揭竿而起、占山为王。1900年，张景惠也在八角台镇成立了自卫团，自任团长，主要负责为本镇的商号富户看家护院。而此时，影响张景惠一生的关键性人物张作霖遭到土匪金寿山的袭击，正好借道八角台投奔冯德麟。张作霖、张景惠二人在八角台一见如故，于是，张景惠便拥张作霖做自卫团的首领，自己甘愿当副手，从此张作霖将张景惠视为心腹，张景惠对张作霖言听计从。1902年11月，张作霖被新民知府曾子固招抚，并委任巡防游击队管带，张景惠也被委以哨官之职位。1903年，张景惠被提升为帮带，这次任命意味着他从此正式成为一名清朝军官。1906年，张景惠受命剿灭了在新民府境内的各股土匪队伍。而后，张作霖任后路巡防营统领，张景惠也因此次剿匪的功劳，被擢升管带，并驻守郑家屯。1910年，张作霖指示张景惠、汤玉麟、张作相一干人等，以管带身份进入奉天讲武堂学习，他特意嘱咐张景惠，让他时刻关注奉天军政动态，并随时向自己报告。1912年，张作霖任第27师师长时，张景惠任下属团长。1917年，张作霖重用王永江，导致汤玉麟与张作霖交恶，而张景惠最终选择站在张作霖一边，并于当年升任第53旅旅长。1918年，秦皇岛截械事件①之后，张景惠被张作霖提升为暂编奉军第 1 师师长。同年 8 月，张景惠暗中得知杨宇霆与徐树铮相勾结，并假借奉军的名义私自招募新兵 4 个旅，不断壮大个人势力，张景惠将此情况密报张作霖，随后杨宇霆与徐树铮被逐。不久之后，张景惠升任奉军副司令，并代表张作霖常驻北京。

（二）疏于管理，革命宣传

1920 年 7 月爆发了"直皖战争"，直系与奉系结盟，以皖系失败收场。直、奉两系军阀控制了北京政权。察哈尔、热河、绥远等地被奉系收入囊中。已成为奉系军阀首领的张作霖又增加了蒙疆经略使的头衔，热河、察哈尔、绥远三个特区也归他统治。由于此次直奉联合，张景惠是头号功臣，奉直两面都对他交口称赞。为了奖励他，1920 年 9 月，张作霖和曹锟联合起来赶走王廷桢，任命张景惠为察哈尔都统兼第 16 师师长。此次任命，对于张作霖来说，是他实现多年来梦寐以求的"大满蒙主义"的第一步。不过，张景惠未能领悟张作霖的想法，反而认为察哈尔地方太苦寒，仍以关内奉军副总司令的名义常驻北京。关于察哈尔的事务，军事方面全由都统署参谋长王滋栋代理，民政方面则由政务厅长洪维国代理。不过，事关军政两方面的事，他们必须来电或来人请示张景惠，由张景惠指示定夺。

张景惠对察哈尔事务疏于管理，恰巧给了马克思主义在张家口传播的机会。1920 年秋，何孟雄、邓中夏、罗章龙、高君宇（尚德）等受北京共产主义小组和北大"马克思学说研究会"的派遣，曾先后到张家口、南口等地调查访问，组织进行工人运动试点，并筹备建立工人自己的组织。他们深入到铁路工人中，热情宣传革命道理和马克思主义基本知识，介绍十月革命和各国工人运动情况，还将北京共产主义小组创办的《劳动者》《工人周刊》等刊物散发给工人们传看。如此，使张家口的铁路工人开始了解了很多新鲜见闻。

1921 年中国共产党"一大"召开之后，李大钊负责党在北方的全面工作。此后，张家口的工运和地方党组织的建设一直接受北方区党组织

---

①　来新夏等：《北洋军阀史》（上），南开大学出版社 2000 年版，第 556 页。

和李大钊的直接指导。1921年12月下旬，在李大钊的指示下，何孟雄再次到京绥铁路考察工人运动，他先后到了张家口、南口车站等处，深入工人群众中，调查了解工人的工作和生活状况，组织工人学习，启发工人的觉悟，号召工人群众联合起来建立自己的组织团体。1922年初，何孟雄再次到张家口，深入到铁路工人中，积极宣传马克思主义和中国共产党的主张，并陆续筹建"工人夜校""文化补习学校"等学习组织。此外，还将张家口铁路车务段的三名工人发展为共产党员。这些都为其后1922年秋季发动震惊全国的京绥铁路车务工人大罢工奠定了基础。

1922年4月28日，第一次直奉战争爆发，张作霖作为奉军总司令，率领4个师、9个旅约12万人，分东西两路延津浦、京汉铁路向直军发起进攻。张景惠担任奉军西路总司令。但因其早前与直系曹锟、吴佩孚过往甚密，不愿与之交战，战前一直持主和态度，在战中也无心恋战，行动迟缓，再加上第16师临阵倒戈，全线溃退，卢沟桥、长辛店等要隘被直军攻占，整个战局受其影响全线溃败。张景惠为逃避战败之责没有随军撤退返奉，而是在直军的庇护下躲回北京，而察哈尔特别行政区则被直系军阀控制。同年5月22日，由直系谭庆林护理察哈尔都统职。

（三）评述

张景惠势利多变。第一次直奉战争之后，他本应退回沈阳，却滞留北京，与直军头领曹锟勾结。直系曹锟通过贿选当选为大总统后，新设全国国道局，特任张景惠为督办，张顿时成了北洋军阀政府中的显赫人物之一，张作霖由此对他心生忌恨。1925年冬，张景惠的母亲病故，但是他却不敢回东北老家奔丧，于是求张作相、吴俊升二人为其说情，张作霖才允许他回籍治丧。张景惠从北京先到沈阳，见到张作霖便痛哭流涕、叩头谢罪，张作霖念及旧情原谅了他，并让他担任奉天督军署参议，作为张作霖的代表，在京、津两地之间奔走。1926年以后，张景惠先后担任了陆军总长、实业总长。1928年6月4日，张作霖在皇姑屯被炸身亡，张景惠也被炸伤。1928年底，张学良任命张景惠为东省特别区行政长官。后因"中东路事件"意志消沉，张景惠萌生退意，张作良极力挽留。"东北易帜"后，张景惠被调南京任军事参议院院长，仍兼任东省特区长官。其间，蒋介石在南京召开国民会议，张景惠代表东北军参加会议。面见蒋介石、宋美龄夫妇时，极力吹捧国民政府，盛赞蒋介石，丑陋嘴脸令在场之人啼笑皆非。

张景惠是一个不折不扣的汉奸。他将个人利益放在第一位，不惜牺牲民族大义来成全个人利益。当1931年九一八事变发生之时，由于东北军之前受到了重挫，外加不抵抗政策，最终全线败北。1931年"九一八"事变后的第二天，张景惠在沈阳会见了关东军高级参谋板垣征四郎。会见期间，板垣表达了请张景惠出山助日之意，并以30万元金票和3000支枪作为诱饵。面对丰厚的条件，张景惠最终答应了板垣的要求，并立即返回哈尔滨。为了协助日本人治理哈尔滨，镇压抗日活动，张景惠将3000余人的武装警察招编于自己麾下，成立了东三省特别区武装警察总队。9月27日，他召开会议宣布成立"东省特别区治安维持会"，并自任会长。1932年1月初，张景惠再一次按照日本人的要求，在齐齐哈尔就任伪黑龙江省省长，并发表通电，宣布黑龙江"独立"，从此脱离了南京国民政府，张景惠在卖国通敌的道路上越走越远。同年2月初，日军进军哈尔滨，张景惠卖国求荣的本性一览无遗。由于张景惠的暗中相助，日军于2月5日便攻占了哈尔滨。2月中旬，在关东军操纵下，伪满"建国会议"在沈阳举行，张景惠以东北行政委员会委员长的身份出席并主持了这次会议。几天后，由张景惠牵头，发表了东北行政委员会宣言，正式声明东北脱离南京国民政府，宣布"独立"。2月25日与3月1日，张景惠又按照日本关东军的授意，以东北行政委员会名义发表了伪满《建国方案》和《建国宣言》。3月10日，他被任命为伪参议府议长。1933年2月，关东军调动日伪军向热河进犯，他被任命为讨热伪军总司令。1934年3月1日，溥仪在长春宣布建立"满洲帝国"，当上了傀儡皇帝，张景惠随即"荣升"为伪军政部大臣，并于1935年5月下旬，继任伪国务总理大臣。1945年4月23日，张景惠带领伪外交部大臣等对日本进行了第三次访问。此次访问，为了表明支持"皇军圣战"的立场，张景惠以伪满皇帝特使名义向日本奉献了30万吨大米、3000担食盐，并向天皇奉献了精美的贡品。同年8月15日，日本宣布无条件投降。溥仪的复辟梦也随之破灭，被迫逃往临江大栗子沟，张景惠也跟随一起出逃。在大栗子沟，张景惠参加了在大栗子铁矿矿山食堂举行的溥仪退位仪式，亲眼见证了伪满帝国的最后终结。张景惠后被出兵中国东北的苏联军队逮捕，并被送往苏联伯力监押。1950 年被遣送回国，关押于抚顺战犯管理所，并于 1957 年病死。

二 谭庆林为害一时

谭庆林（1877—?），字英甫，山东泰安人，行伍出身。曾任直军口北镇守使兼察哈尔军务帮办，驻防宣化，在此期间，治军不严，因拖欠军饷引发兵变，给宣化百姓造成了深重的灾难。1924 年，第二次直奉战争以直系失败告终，谭庆林被冯玉祥收编，任陆军第八师师长，1926 年，奉军攻打国民军，谭庆林又改投奉系张作霖麾下。因其部下肆意抢掠，张作霖下令将其部下缴械，谭遂率部出逃山西，投奔阎锡山部，出任第八军军长。期间谭仍然积弊难改，鱼肉驻地准格尔旗。谭庆林于 1929 年任国民政府军事参议院参议，1936 年任中将参议。

（一）短暂任职

谭庆林幼年家贫，后因山东受灾，外出谋生到达天津附近，投身正在芦台编练新军的聂士成部，与同为士兵的王怀庆为伍。后王怀庆得袁世凯赏识步步高升，逐渐成为谭庆林的上司，并将其提拔为军官。此后多年，谭庆林一直跟随王怀庆东征西战。1920 年 6 月，谭担任察哈尔暂编陆军第一混成旅旅长。1920 年 7 月，直皖战争以直系胜利告终，吴佩孚任命谭庆林为口北镇守使，兼察哈尔军务帮办。1922 年 5 月份曾短暂护理察哈尔都统。1924 年第二次直奉战争时，谭任讨逆军第 10 路军司令。直系失败后，谭庆林所部被冯玉祥收编，改为第 8 师，谭任第 8 师师长。1926 年，谭庆林投降山西省的阎锡山，任骑兵师师长。后来又跟随阎锡山投向了国民政府。1926 年 8 月，晋升为陆军中将加上将衔。1927 年 6 月，阎锡山就任国民革命军北方总司令，谭庆林任第 8 军军长。后因作战不利辞军长职，1929 年任国民政府军事参议院参议，1936 年任中将参议。

(二) 任职不力

1920 年 6 月, 北京政府任命谭庆林为察哈尔暂编陆军第一混成旅旅长①。

1920 年 7 月, 直皖战争以直系胜出, 直系控制了北京。同年 9 月 21 日, 吴佩孚任谭庆林为口北镇守使, 驻防宣化, 同时仍兼任察哈尔暂编陆军第一混成旅旅长。②

1922 年第一次直奉战争, 直系胜出张作霖率奉军退守关外, 奉系将领察哈尔都统张景惠因奉系的失败而辞职下台。1922 年 5 月 22 日, "任命谭庆林暂行护理察哈尔都统"③。5 月 29 日, 北京政府任命张锡元为察哈尔都统, 谭庆林仍任口北镇守使, 帮办察哈尔军务, 驻地仍旧在宣化。然而, 谭庆林一向治军不严, 其驻防宣化非但没有起到保境安民的作用, 反而为害一方, 给宣化百姓带来灾难。

1924 年 9 月第二次直奉战争爆发, 谭庆林任援军第 10 路军司令率兵赴内蒙古赤峰对奉作战。刚离开宣化不久, 因拖欠军饷问题, 其部驻宣士兵发生哗变。变军先后砸了永盛元糕点铺, 又向吴德裕茶庄及大德源等几家商铺索要钱财。有些店铺因凑不齐钱财而被变军放火焚烧。火势迅速蔓延, 接连有 10 余家商铺及住户起火, 宣化百姓损失惨重。幸得宣化商务会会长刘景南从中斡旋调停, 并以会长身份担保补发军饷, 才使变军返回营地。此事一出, 宣化百姓终日惶恐不安, 城内秩序紊乱。10 月, 直奉战争因冯玉祥临时倒戈而以直军失败告终, 谭庆林也领兵回署, 着手处理兵变。为平息众怒, 安定民心, 他筹措款项, 赔偿了宣化百姓部分损失, 并枪毙了几个乱兵, 勉强平息事件。此后, 谭庆林授予刘景南宣化镇守使高级参谋名誉职务, 以示褒奖。④

---

① 中国第二历史档案馆:《中华民国史档案资料汇编》第三辑《军事 (一)》, 江苏古籍出版社 1991 年版, 第 693 页。

② 同上书, 第 821—822 页。

③ 中华民国史事纪要编辑委员会编:《中华民国史事纪要 (初稿) ——中华民国十一年 (一九二二) (四月至六月), 中华民国史料研究中心 1982 年版, 第 808 页。

④ 张家口市政协文史资料委员会编:《张家口文史》(第 6 辑) (总第 43 辑), 2008 年, 第 283 页。

对于此次兵变,当时的各类报刊中鲜有记载,另在一些文史资料中的记载也是语焉不详、颇多出入。邵飘萍在 1925 年春节由北京到张家口与时任"西北边防督办"的冯玉祥进行会谈,并撰写《京张三日旅行记》一文,对宣化兵变有较为详尽的记述,为我们了解这段历史提供了第一手资料。

邵飘萍称:"人皆知张家口去年兵变,损失甚巨,而不知宣化之兵变与张家口无殊",但是"为报纸所未见,各方亦未注意及之者"。事变发生在农历十月初二日晚八点钟,谭部驻宣守备队第一营营长李邦捷全营哗变,此时的谭庆林在赤峰行事,未到宣化。该营大行抢掠之时,其他军警县队一概逃避,虽未加入行抢,但亦未维持治安。被抢地点"系四牌楼以南。有一家酒铺被变兵抢出,死一人。有一积厚成钱店被变兵打死二人。共被抢商号八十余家,被烧商号十七八家,总共损失十三万余元之谱"。变兵抢掠之后,所有银钱物品用全都用大车载回原营。当晚,有变兵 30 余名经西门北城根越城而逃。时尹县长呈舞弊之行文到部,遂上报抢掠之情,但隐去了是谭庆林的部下所为之一事实。后来,"待谭使回宣后不数日有谭使守备队兵一名,不知何营何姓,装疯跑到商家硬抢财物,经商家拿获送往巡警局。该局又将被获之犯兵送回原营。谭使不承认为自己之兵,遂即枪毙"[①]。

此次兵变给宣化百姓造成了深重的灾难,但是在地方官员的包庇之下,兵变被虚报成土匪劫掠而得以瞒报。对于此次兵变,口北镇守使谭庆林并未严肃处理,以枪毙几名乱军而草草收场,也难怪地方百姓"怕谭使兵如狼如虎,怨言啧啧,亦怒而不敢言尔"。

该资料还介绍了谭庆林所属军队及部署:

> 一,谭部军队有十四营之谱,系步兵七营,骑兵七营,人数约有两千四五百人,均驻铁路沿线及宣属各县镇。驻防外,有炮兵一连,机关枪一连。
>
> 一,南口驻守备队一营(不知第几营)现在开往沙城镇。
>
> 一,延庆县(在宣城东距宣约二百里)驻有骑兵一营(不知系

---

① 冯健、李峰:《通讯名作 100 篇》,新华出版社 2009 年版,第 12 页。

第几营），驻在该县各镇分驻防。

　　一，柴沟堡驻有骑兵一营（不知第几营），亦不知仍驻在一处或分驻。

　　一，独石口（在宣城属边镇，距宣约二百里）以前即驻有步兵一连（不知系几营内之一连），于旧历腊月二十三日，土匪猖獗，大行抢掠。该步兵连被匪打死二分之一，被匪掳去二分之一，惟该连连长跑回报告（不知姓名）。而谭使得报告后，又派去兵有三营之谱（不知由何处调去，亦不知是何种兵队号），镇守独石口。

　　一，火烧营驻有守备队步兵一连（不知系何营分去）。

　　一，宣化城内驻有炮兵一连，机关枪一连，现驻城内北大街粮仓。①

　　正如作者所言："余此行所得极深之印象，觉西北之将来，与中国前途关系诚钜。苟得冯将军及其部下之专心办理，久于其任，成绩必大可观。不出数年，其地方当可以解决一大部分'裁兵问题'，及内地人口过多之患。而边境之对外，尤足以戢列强侵略之野心。"② 西北地处险要，再加上谭庆林此时在此处掌握着主要军力，占有非常重要的地位。

　　随着第二次直奉战争直军的失败，谭庆林所部被冯玉祥收编，改为第8师，谭出任师长。1925年11月，宋哲元出任热河都统，但宋因公进京，察哈尔都统由口北镇守使、察哈尔军务帮办谭庆林代理。1926年春，奉军回师热河攻打国民军，谭庆林改投奉系张作霖麾下，编在万福麟的第8军任骑兵师长。同年5月，冯玉祥的国民军同直奉联军在北京西郊南口镇混战，即所谓"南口大战"，8月，国民军兵败退往西北。奉系将领高维岳出任察哈尔都统，谭庆林仍旧驻防宣化。

　　附归奉军期间，谭庆林仍纵兵肆意抢掠，张作霖欲派兵缴械，谭所幸溜之大吉，率部逃往山西，改投阎锡山麾下。

　　离开察哈尔的谭庆林，带着的他的部队又开始祸害其他地区的百姓。据《准格尔旗志》载："1927年元月，阎锡山改编之多伦奉军谭庆林骑

---

①　冯健、李峰：《通讯名作100篇》，新华出版社2009年版，第12页。

②　同上。

兵师 3000 余众，受阎锡山之命，驻准格尔旗就食，时间达半年，兵马军粮草料摊派奇重，百姓苦不堪言。谭庆林部士兵与准格尔旗军官兵私相交易枪支弹药。事发后，谭军以此相要挟，吊打捆绑纳森达赖，讹诈 5 万银元，始免祸端。"[1] 1927 年 6 月，阎就任国民革命军北方总司令，谭庆林任第 8 军军长。之后，晋奉决裂，谭庆林在京绥线参加对奉军作战。1928 年春，蒋介石联合阎、冯、桂攻打张作霖，进行第二次北伐，谭庆林的第 8 军也参与战斗，后因作战不利而辞职。1929 年谭任国民政府军事参议院参议，1936 年任中将参议。

据《李守信自述》[2] 载，1937 年华北沦陷以后，谭庆林曾一度被驻华北日军拘捕，经吴佩孚保出，由其孀居儿媳侍奉，住在北平东城一处破旧小院中，生活非常拮据，吴佩孚对谭庆林时有接济。

（三）评述

在笔者目前所掌握的各类史料中对谭庆林的文献记载较少，且时间节点混乱，通过爬梳整理，掌握了如上谭庆林事迹。谭庆林护理察哈尔都统仅短短数日，北京政府任命张锡元为察哈尔都统之后，谭庆林仍作为口北镇守使驻防察哈尔宣化，帮办察哈尔军务，在任两年有余。通过各类资料纵观谭庆林一生，其在察哈尔乃至以后的事迹都着实乏善可陈，除了南征北战和纵容手下士兵在各地为害一方，他似乎并没有在历史上留下更多足迹。

三　张锡元"换岗"下台

张锡元（1870—1941），字畂民，直隶密云（今属北京）人，曾任河南第 29 旅旅长、河南第一师师长、将军府参军、近畿陆军步兵第 2 旅旅长。1916 年袁世凯死后，张锡元投奔皖系，任陆军第四混成旅旅长、援陕司令。1920 年皖系在直皖战争中失败后，张又投奔直系。1922 年任察哈尔都统，在位期间，致力于监狱改良并倡导收复外蒙古，对地方的发

---

①　《准格尔旗志》编纂委员会编：《准格尔旗志》，内蒙古人民出版社 1993 年版。
②　内蒙古自治区文史研究馆编：《李守信自述》，《内蒙古文史资料》第 20 辑，1996 年，第 333 页。

展有过积极贡献，但其在察哈尔任内贪污军饷引发兵变一事却成为其人生中的一大污点。民国大时代背景下旧式军阀的种种特征在其身上都体现得淋漓尽致。

图6　张锡元

（一）教习军事，投靠直系

1887年，17岁的张锡元前往古北口投效驻扎在当地练兵的淮军将领叶志超部当兵，两年后，进正定军榆关武备学堂深造，与鲍贵卿、田中玉等为同班同学。清光绪十七年（1891）张锡元转入天津北洋武备学堂深造，毕业后，到直隶提督聂士成所部淮军驻开平的骑兵随营学堂任教习。此时，吴佩孚在该学堂学习，故而张锡元与吴佩孚有师生之谊。光绪二十年（1894），甲午中日战争爆发，聂士成率所部淮军入朝对日作战，开平骑兵随营学堂停办，张锡元随军移驻北塘，任胡燏棻定武军部队各营总教习。光绪二十一年（1895），袁世凯奉旨到天津小站，在定武军基础上编练新建陆军，张锡元出任新建陆军炮队第 1 营副领官。转年，张锡元出任湖北武备学堂领官。光绪二十五年（1899）张锡元出任聂士成武卫前军武备学堂教习。在接下来的 10 余年时间，张锡元一直从事着军事教育的工作。

辛亥革命爆发后，清廷重新起用袁世凯，袁世凯命冯国璋督军攻打汉口、汉阳，张锡元因跟随冯国璋攻打汉口，立有战功，晋升协统。

民国成立后，1912 年 9 月，张锡元任河南陆军第 29 混成旅旅长。同年 12 月 31 日张锡元升任河南陆军第 1 师师长，授陆军中将。1914 年 9 月，任陆军第 9 师师长。1915 年 7 月，调充模范团副官兼任将军府参军。

1916 年 6 月袁世凯死后，北洋军阀陷入分裂，张锡元投身皖系。1917 年 7 月，张勋复辟，段祺瑞起兵入京讨伐，并开始大肆扩充军队，改近畿第 2 旅为第 4 旅，以张锡元为旅长。随后，张勋复辟闹剧以失败收场后，段祺瑞重新执掌北京政权，他毁弃约法，"对外宣而不战，对内战而不宣"，决心对南方军政实行讨伐，妄图实现武力统一。冯玉祥、张锡元、吴佩孚、商震等 9 人聚于北京掌扇胡同军人俱乐部，相约以后不参加内战，但是张锡元并没有停止他依靠武力稳定自身地位的步伐。

1918 年春，张锡元率第 4 旅入潼关，任援陕军副司令，协助陈树藩攻打于右任的靖国军，驻守渭南一带。因中央长期拖欠粮饷，张锡元不得不常驻北京索饷，由此对皖系更为失望。1920 年，直皖战争以皖系的失败告终，段祺瑞被迫辞职，直奉两系军阀控制了北京政权。张锡元遂决定投靠直系，恰逢与其有师生之谊的吴佩孚正值用人之际，两人一拍即合，张锡元得吴佩孚欢迎，被委任为潼关镇守使。1922 年 5 月，张锡元任察哈尔都统，授将军府锡威将军，并授陆军上将衔。1924 年 10 月，直系失败后，去职闲居。1941 年在天津英租界逝世。

（二）效力察省，护国维权

1922 年，第一次直奉战争爆发，张锡元率军出陕协助曹锟作战，直系获得胜利，张锡元功不可没。此时，察哈尔都统张景惠已战败逃离察哈尔，都统一职虚悬，张锡元参谋长孟星魁向曹锟的参谋长熊炳琦提出要求接手察哈尔，曹锟表示同意，于是北京政府于1922年5月29日，任命张锡元为察哈尔都统，谭庆林帮办军务。张锡元在察哈尔都统任上的主要作为有二。

第一，筹建新式监狱，致力改良监狱。

1840年以来，随着中西方各方面的交流日渐频繁，西式监狱的管理模式逐渐普及，监狱改良运动首先在清末拉开了序幕，奉天、京师等地相继建设新式监狱，各省重要商埠也纷纷加设罪犯习艺所。北洋政府继承了清末监狱改良的尝试。此外，北洋政府为了收回领事裁判权、力行司法独立，"于是欣慕先进各国之狱政而仿效之"①，特别注重对监狱制度的改良。

民国监狱改良运动中最重要举措就是大力兴建新式监狱。1912年8月，许世英担任北洋政府的司法总长，遂即通电全国各省派人调查各省监狱情况，并提出了司法计划书，全面规划了新监的筹建事宜。1916年12月司法部改定司法规则，提出"以合数县或十数县而建一新监为宜"。据统计，到1928年，北洋政府垮台时，全国各省的新监及分监共计80处。②

察哈尔第一监狱就是在这样的背景下新建的。张锡元就任察哈尔都统后，马上着手筹建监狱。对此，《察哈尔省通志》有如下记载：

> 民国十一年冬，张都统锡元筹募巨金建造察哈尔第一监狱，以收容特别区囚犯，命审判处长董玉墀董其事，集购西沙河西岸民地三十三亩四分，辟基兴筑。经始于十二年二月，讫工于十月，全监仅占地基之半，费金四万二千有奇，共成监房一百十有八间，工场五处。其男监为六翼，光线形，女监为二翼，丁字形，病室一翼。男监独居者二十八间，五人杂居者六十四间，七人者十四间。女监五人杂居者六间，病监杂居三间，分房三间，容额可五百人。工场男四处，女一处，可容二百人。理发室、浴舍、运动场俱备。设三

---

① 宋哲元：《察哈尔省通志》卷25《政事编之一监所》，民国二十四年（1935）铅印本。
② 万安中：《全国高等法律职业教育系列教材：中国监狱史》，中国政法大学出版社2015年版，第113—114页。

科二所，一科文书、会计、统计、指纹、名籍等事项属之；二科戒护、训练、赏罚等事项属之；三科作业、量服、售品等事项属之。所曰教务、医务，额囚四百人，全年经费二万九千六百八十八元。囚人服食，占一万六千四百四十元。十三年六月开办，库拨作业基金七千零五十五元。工作十有三种：毛绒、印刷、鞋工、缝纫、木工、毛衣、织袜、营缮、农工、制米、炊工、洗濯、杂役。其成品以毛绒地毯、毛绳衣袜为最，缝纫鞋工等次之。故格于工场狭小，无以容全体工作，然其盈余，逐年增加，初获息年不过三数百元，近则已达三千有奇矣。工余依部定课程，量材分班教授，以感化为主科，出狱时给与积存赏与金。尤考其平素性行及成绩，而酌给慈惠赏。十七年，划归本省，改易今名（即张家口察哈尔第二监狱）。①

以上记载为我们传递出几点信息。一是新建的察哈尔第一监狱为犯人设置毛绒、印刷等 13 个工种，不但培养了犯人的谋生技能，还将犯人注意力转移至工作。这样一来，犯人在服刑期间不仅有一定收入，还可以根据犯人平时表现，酌情发给"慈惠赏"（也就是在出狱时给予其积存的赏与金），使犯人出狱时有一定的积蓄能够赡养家庭、维持生活。最后，犯人也为监狱创造了相当可观的财富，为监狱正常运行奠定了经济基础，减轻了社会和政府的压力。二是监狱的教诲制度"以感化为主科"，也能看出我国传统的苦刑主义刑罚向感化主义刑罚的转变。三是监狱还设置了理发室、浴室和运动场，保证犯人的卫生和健康，使监狱设置更加人性化。由此可见，张锡元所设置的察哈尔第一监狱对犯人的管理已具备由监禁戒护至教化作业这一现代监狱管理的重要特征。监狱的管理状况我们现在不得而知，但是至少察哈尔地区有了第一所真正意义上的新式监狱，在这方面，时任都统的张锡元功不可没。

第二，倡导收复外蒙古，开制蒙汉双文中华铜币。

从 16 世纪起，沙俄因经营西伯利亚而对外蒙古产生了浓厚的兴趣，几个世纪以来，都极力推进与外蒙古的经济、文化、军事交流。1911 年，中国爆发辛亥革命。沙俄遂策动外蒙古活佛及王公贵族脱离中国统治，

---

① 宋哲元：《察哈尔省通志》卷 25《政事编之一监所》，民国二十四年（1935）铅印本。

实行独立，进而逐步控制外蒙古。1913 年沙俄当局迫使袁世凯执政的北洋政府签订了《中俄声明》，声明规定："外蒙古承认中国宗主权，为中国领土的一部分。中国、俄国承认外蒙古自治。"1917 年俄国爆发十月革命，并于 1917 年和 1919 年两次发表对华宣言，宣布废除沙俄与中国签订的不平等条约，继续支持外蒙古独立。

张锡元虽出身行伍，多年投身内战，但却是国家领土主权的积极维护者，他一直倡导收复外蒙古，并为此在其主政的察哈尔地区付出实际努力。1923 年夏，察哈尔都统张锡元准备在桥东区工业路中段东侧建立张家口口北造币厂制铜元，并购买了日本东亚兴业株式会社的设备。同年 11 月，该厂委托币制局训令天津造币厂设计颁发当十、当二十祖模，并称将来铜币将以行销口北地区与内、外蒙古为大宗，拟请祖模加刻汉、蒙文"中华铜币"四字，以期流通无阻。此外，并附上铜币模式图①给天津厂参考。

由于当时北方各省已习用双铜元（二十文），如生产十文则获利不佳，且民众也不乐于接受。故口北厂在民国十三年（1924）以制造"中华铜币"双枚（双铜元）为主，币面上缘有蒙文"中华铜币"，适合在内、外蒙古地区使用。至于十文"中华铜币"仅发现了几枚样币及少量的流通币。张锡元建厂铸币寄托了他收复外蒙古的期许，此外，他还向政府建言献策，极力倡导收复外蒙古。由于时局混乱，此时的中央政府并不能全权对国家和人民负责，所以此时在全国好多地方都出现了地方铸币的行为。

1924 年 5 月 31 日，当时的中国中央政府（北洋政府）和苏联签订《中俄解决悬案大纲协定》，也叫《中苏协定》②，主要内容：一、废除中俄间一切不平等条约；二、苏联放弃沙俄在中国的一切租界、租地；三、苏联放弃庚子赔款的俄国部分；四、苏联取消沙俄在中国的治外法权和领事裁判权；五、同意中国赎回中东铁路；六、承认外蒙古是中国领土，中国在外蒙古有完全的、永久的主权。

---

① 何代水、周沁园：《百年铜元：中国近代机制币珍赏》，上海科学技术出版社 2012 年版，第 225 页。

② 杨闯、高飞、冯玉军：《百年中俄关系》，世界知识出版社 2006 年版，第 90 页。

协定签订后，察哈尔都统张锡元于 1924 年 7 月拟定《接收外蒙意见书》，极力倡导收复外蒙古，并提出一系列具体意见。以下是《意见书》①全文：

> 中俄协定早经签字，瞬届会议之期，所有接收外蒙手续，自应预行筹拟。然而理想之谈，无裨实际，过高之论，未易施行。此番政府对于外蒙紧要关键，系属接收，并非征讨。且外蒙失陷数年，蒙人渐染赤化，与从前亦不相同。以现在形势而论，拟先用政治手段实地进行，以期达和平接收之目的。查库伦为外蒙行政中心，应先从接收库伦入手，库事既定，然后而恰而科而乌、唐方有步骤。俄军之撤，会议时必明定期限，俟此条解决后，即请由中央简派素有威望熟悉蒙情暨外交大员偕带卫队数十名，轻车减从，驰往库伦与俄军司令官正式接洽商订撤兵接防各事，一面将中央前颁之优待蒙古条件重行宣布，以示实行。并将继续尊重黄教，保护蒙族仍旧利权，剀切告谕。务令蒙人晓然于政府之诚意，共和之利意，则反对者或无所借口矣。交涉既妥，俄军逐渐撤退，我军即逐渐前进，更应提前赶修张库铁路，以便运输，在路工未告成以前，应先暂用汽车，由张至库，四日可达，惟库地辽廓，天气严寒，自应以人地相宜之军为适用。若由内省派兵前往，不但需要浩繁，难于筹措，且恐地理生疏，情形隔膜，水土不服，易生疾病，于军事上诸多不便，应由沿边省区抽调精兵两混成旅，就近往接，较为便利。此接收库伦第一步之实在办法也。至治理问题，万绪千端，应俟接收后察看当地情形如何，乃能取决方策，庶收因势利导之效，而免扞格不入之虞。总之，协定暨签，载在盟府，似不必虑俄军之不撤退，惟虑遽然接收，起蒙人之反抗。但期纯用政治手段，和平接收，蒙疆幸甚，国家幸甚。一隅之见，是否有当，伏乞鉴核，采择施行。

然而，当时的中国连年军阀混战，内外交困，根本无力处理外蒙古问题，对于地方官员的进言，只能一味地敷衍推诿，1924 年 7 月 19 日陆军部如是回复张锡元：

> 准察哈尔都统张锡元函开：中俄会议瞬将开幕，所有接收外蒙事宜，中央主管各机关，自必详加讨论，于会议时拟订具体办法，似无须疆吏之参与。然而职在守土，见闻略确，责任所关，难安缄默。兹拟具接收外蒙意见书，录陈电鉴，以供参考等因，到部。相应抄录原意见书，函达贵处查照为荷。①

因此，《中苏协定》虽然承认外蒙古是中国领土，但具体条款并未得到很好执行，苏军也没有撤出中国。

第三，卡门事件。张锡元在察哈尔都统任上还有一件不得不提到的大事，此事当时曾轰动全国，张锡元更因此事屈辱地向外国列强致歉求和，这便是"卡门事件"。

1922 年 12 月 11 日，驻张家口美国领事馆领事苏克斌（Samuel Sokobin）与美商元和洋行经理柯尔曼·卡门（Charles Coltman）驾汽车 4 辆私运现洋 6 万（银币）出口，在途经张家口西沙河汽车盘查所时，被中国士兵拦截，要求检查车中有无违禁品。美国人态度傲慢，不服检查，强行开车并鸣枪示威。中国士兵还枪示警，误伤柯尔曼，15 日毙命。当时美国驻张家口领事速向北京政府外交部提出无理抗议。身为察哈尔都统的张锡元也就卡门事件的经过电告北京各部员及报纸，以下转引《申报》民国十一年 12 月 23 日《张锡元报告克门案真相》全文②：

> 自克门案发生以后，外人方面颇多推测之词，察哈尔都统张锡元因发出通电，详述此事始末，兹录其原电于左，北京各院部各报馆均察。本月十二日，据本署副官长周鼎铭转据西沙河汽车盘查所稽查员报称。窃于本月十二日下午一时，有美商元和洋行、美利洋

---

① 《陆军部公函 十三年务字第一六一号》，中国第二历史档案馆《中华民国史档案资料汇编·外交》，江苏古籍出版社 1994 年版，第 814—815 页。

② 《张锡元报告克门案真相》，《申报》民国十一年 12 月 23 日。

行自用汽车四辆出口，乘载外人三名、华人十一名，由卡经过。当经岗兵例示停止，候验报告前来。随派检查兵四名赴车检查。该美人苏克斌不受检查，该检查兵遂婉言奉上官命令，驻守此卡，以检查来往华洋营业及自用汽车为专责。贵行汽车，既不受检查，当系携有违禁物品等语。该美人声称只携带现款数万，分载各车，并无违禁物品。当答以现洋出口，即属禁例，碍难放行。随由电话报告副官虞，请示办法。嗣经王副官来卡，向该美商理论。该美人仍强硬百端，不受检查。甚至拳击检查兵蒋占奎。复经王副官劝同美人苏克斌，赴交涉署交涉去后，该美人旋自返来，即勒令司机强行开车。检查兵等因未知在署交涉情形如何，亦未奉有放行命令，遂百端阻拦，该美人苏克斌及司机满查理，均即取出手枪，向岗兵连发六枪，岗兵二名一时情急，出于自卫，不得已始还击两枪。不意误中美人满查理左臂。惟在前之汽车一辆已趁机飞驶而去。其余汽车三辆，遂复回行。

中美双方各执一词，卡门事件演变成一场罗生门，而积贫积弱的中国在外交中必然处于劣势。1923 年 1 月 8 日，美驻华公使就卡门事件，向中国提出包括中国政府道歉、察哈尔都统致歉、惩办当事长官、赔偿死者家属、取消对美国商人运输现洋的禁令在内的一系列无理要求。无能的北京政府不敢得罪强硬的外国列强，1923 年 5 月 5 日，察哈尔都统张锡元按美国公使之要求，亲自到美国公使馆就此事向美国致歉。北京政府又拨付抚恤金 5 万美元，并惩罚了当事官兵，事件才宣告结束。①

第四，贪污军饷。张锡元在察哈尔，有过功绩也有过无奈，在其即将卸任之时，又因贪污军饷而引发了兵变，此事成为其人生中的一大污点。

1924 年 9 月第二次直奉战争爆发，正当直奉两军在前线僵持，北京城防空虚之际，直系将领冯玉祥从前线倒戈回师，发动了北京政变，使

---

① 《第五军司令部等关于察哈尔都统张锡元赴京辞职其驻张家口所部哗变糜烂地方等情文电》，中国社会科学院近代史研究所中华民国史研究室《中华民国史资料丛稿·大事记》第 8 辑，中华书局 1979 年版，第 167 页。

战局发生急剧变化，最终直军被奉军打败。作为直系将领，张锡元无奈于 1924 年 12 月 13 日赴京辞职。张锡元在京请辞期间，察哈尔爆发了兵变，给地方百姓造成了深重的灾难。

官方公布的兵变原因是"新近由前线回防，张家口天气寒冷，至今未发皮衣，及欠饷七个月，又兼本月十三日，张都统赴京辞职，恐将来饷项无著，借此发生哗变之事"①，而据目前所掌握资料来看，所欠之军饷很有可能被都统张锡元中饱私囊了。

1924 年 12 月 15 日晚，张锡元所部第 4 旅在张家口哗变，劫掠全市，焚烧商铺，给张家口百姓带来了深重的灾难。从当时官方往来电文我们可以获知哗变一些具体细节：

（1）驻京国民第五军军长张之江呈送报告（12 月 17 日）

据张家口来人报告如左：

一、驻张家口之第四混成旅，于十二月十五日下午九时许哗变，约有数营之众，其原因为欠饷与无皮衣，都统不在防地。

二、自十五日下午九时起抢掠，迫至天明，焚烧房屋数十处，约计不下百家。

三、上堡下堡各铺户，均已停止营业，十之九家门口，贴被抢一空之字样。

四、电灯电话破坏多处。

五、该变兵抢后，悉数回营，至天明复出，维持地面，声言昨夜有匪人二百余名，是以扰乱。

六、队伍并无布防情形。

七、该旅及地面上各主要人之眷属，于昨日下午五点，乘车来京或赴天津。

八、驻张军队只此一旅外，并无别军队。②

① 中国第二历史档案馆编：《中华民国史档案资料丛刊·北洋军阀统治时期的兵变》，江苏古籍出版社 1982 年版，第 258 页。

② 中国第二历史档案馆：《中华民国史档案资料汇编·军事（三）》，江苏古籍出版社 1994 年版，第 319—320 页。

第五军司令部呈

段祺瑞批：应有以惩戒

（2）执政府军务厅曹长春报告致临时执政府军务厅电（1924年12月17日）

曹长春谨将张家口来京人云：张家口被抢大概情形开呈钧鉴

计开：

一、起事日期，在本月十五日下午七时半。

一、先变之军队，系陆军第四混成旅第一团，住在张家口下无线电营房，继则全旅均变，上堡及桥东，同时被抢。

一、由七点半起，事后在二三时，虽闻各处吹集合号，迫至次日早五点方止。

一、被抢之区域，上堡边路街，武城街、东关街、怡安街、福寿街、太平街等处，大小商铺及住户均被抢，共烧七八十家。

一、各兵抢完后，皆归本营，至十七日，对于起事之兵，及被抢各家，均无相当办法，因张都统未在张垣故也。

一、张家口被抢损失甚巨，商民惊恐万分。

一、张都统于十七日返张，究竟对于此事如何处置，尚未闻悉。

一、邮政局、洋商北方洋行、英美烟公司均被抢一空，并英美烟公司被焚，此系大概情形，详情探明续陈。①

哗变发生后，北京政府饬令在京辞职的张锡元于16日赴张家口办理善后事宜。张锡元火速赶回张家口，并马上将四旅旅长张金标免职关押等候查办，并电陈临时执政府军务厅，哗变是四旅长官统驭无方所致，兹将往来电文罗列如下：

---

① 中国第二历史档案馆：《中华民国史档案资料汇编·军事（三）》，江苏古籍出版社1994年版，第333页。

（1）张锡元巧电（12 月 18 日）

万火急。北京执政府军事处张处长绍卿兄鉴：筱电谅达。四旅之变，业经查明，纯由该管长官统驭无方，现已将该旅长张金标免职，听候查办。其余团长以下，亦经分别惩办，现在军心已固，商市亦经抚绥，请释远系，并请代陈执政为要。

（2）军务厅效电稿（12 月 19 日）

张家口张都统鉴：昌密。据巧电声称：四旅之变，业经查明，分别惩办，现在军心已固，商市亦经抚绥各节。奉执政谕：办法甚当，惟善后仍应负责维持等因。特达。军务厅。①

从张锡元电致临时执政府之电报的寥寥数语，我们可以看出到张锡元有推脱责任、避重就轻之嫌。首先，他将哗变责任轻描淡写地说成是长官统驭无方，只字未提军饷之事；其次，自他回张家口平息哗变到他致电临时执政府仅三天的时间，就已将事务处理妥帖，军心稳固、商市安定，哗变似乎并未对张家口造成多大影响，这似乎是张都统有意淡化哗变的严重程度。而张锡元的蓄意掩盖也印证了关于他贪污军饷的猜想。但这一切并没有引起临时执政府的重视，反而觉得张锡元"办法甚当"。

在处理兵变的同时，临时执政府于民国 1924 年 12 月 18 日准许张锡元因病辞去察哈尔都统一职，命张之江署理察哈尔都统。

继任察哈尔都统的张之江对张锡元贪污军饷一事有所察觉，他通电北京政府，要求扣留张锡元以查明事情真相。②

然而，北京政府却对张之江的意见不以为意，段祺瑞批复张之江，言"特任大员，岂可随便扣留，果有不法，国家自有常典"，执政府军务厅 1924 年 12 月 22 日的回复也与段祺瑞如出一辙：

---

① 中国第二历史档案馆：《中华民国史档案资料汇编·军事（三）》，江苏古籍出版社 1994 年版，第 321 页。

② 同上书，第 322 页。

张家口新任张都统鉴：张密。奉执政谕：马电悉。张前都统锡元，系属特任大员，果有不法行为，国典具在，当有法以绳其后，惟当此未经查实以前，似未便遽予难堪等因。特达。希即查照为荷。①

总之，临时执政府并未对张锡元做出任何调查处理，察哈尔张家口兵变就这样不了了之了。事后，交通部铁路警备事务督办唐在礼将张家口军队哗变的始末呈文临时执政府，该文比较客观地反映了此次哗变的全貌：

一、查陆军第四旅旅长张金标所部第一团团长张宝初、第二团团长张华亭等，全旅自开到察哈尔驻守上下堡地面，于兹数年，新近由前线回防。张家口天气寒冷，至今未发皮衣及欠饷七个月，又兼本月十三日张都统赴京辞职，恐将来饷项无著，借此发生哗变之事。于十五日晚八点始，由第一团一、三两营起首，继则全旅同时响应，鸣枪抢掠，复加本地穷苦之徒，纷扰一夜，秩序大乱，至十六日早六点止，鸣号归队后，仍出队弹压。当时有逃走者十三名，复被本军查街官兵获住就地正法。又目兵二名去堡子西门捶门，当被守卫警察，用枪击毙。以后军人均未得入，堡子里银行钱号，得以幸免。

一、所被抢烧地点，由大清门至都统署、武胜街、边路街、银安街、河东福寿街，共烧损八十余家。

一、上堡大小街巷，所有商家各户，均被抢掠一空，而以武胜边路两街为最苦。

一、下堡境内商铺住户，亦无一不被抢掠，其最惨者，银安、福寿两街。又青菜铺内柜上写帐先生，因军人索款未给，立受枪毙。

一、张家口全境商家住户，被烧抢损失，据商会中调查，约计

① 中国第二历史档案馆：《中华民国史档案资料汇编·军事（三）》，江苏古籍出版社 1994 年版，第 322 页。

一千六百余万。

一、张都统于十七日回署，随即将四旅旅长张金标撤差，听候查办，该旅归自行兼带，并出示安慰地面，办理善后。

一、于十九日晚，将第一团开往张北县一带，第二团开往大青沟、驼骡盖一带驻防。

一、张家口全境商铺，均行闭门，虽有资本稍裕者，年前恐亦无营业之望。

一、闻绥西包头镇，亦于十五日晚被土匪将镇内商铺住户抢掠一空，并绑去人票十余名，非巨款不能赎回。[①]

卸任后的张锡元一直寓居天津，1941 年，在天津家中病故，终年70 岁。

（三）评述

张锡元自 1922 年 5 月出任察哈尔都统到 1924 年 12 月卸任，共两年多的时间，时间虽然短暂，其经历却鲜明地反映出了当时民国大时代背景下的军阀特征。其一，民国大时代下的各色军阀完美地诠释了"有奶便是娘"的真理，频繁地上演着背叛、倒戈的戏码，枪口的指向，完全由各派的实力而定。张锡元，今为皖系大将，一旦皖系失势，马上便可依附直系，古老中国传承下来的仁义道德统统置诸脑后。而这样的"张锡元们"还有很多，张都统只是他们的一个缩影。其二，民国早期的大部分军阀都出身于社会底层，乱世为他们提供了上升的可能和空间，这些出身贫苦的小人物在跃升为军阀后，既有救国救民、造福社会的抱负，同时又有小市民的务实和功利。张锡元就是他们中一个突出的代表，当他就任察哈尔都统之时，他致力于监狱改良，制铜币，倡导收复外蒙古，我们能感受到他为政一方、报效国家的热忱。但同时，他在卸任都统之时，又不忘克扣军饷，狠捞一笔，这恰恰也是他个人抱负与私欲之间的矛盾体现。其三，在国家积贫积弱的状态下，北洋军阀的统治与帝国主

---

① 中国第二历史档案馆：《中华民国史档案资料汇编·军事（三）》，江苏古籍出版社 1994 年版，第 323 页。

义的支持紧密联系，这就导致手握重兵、叱咤风云的军阀面对西方列强的挑衅也有诸多无奈之处，张都统因"卡门事件"的屈辱致歉就正是北洋政府对帝国主义妥协态度下，军阀无奈境遇的真实写照。

张锡元在察哈尔的都统生涯随着第二次直奉战争中直系的失败而告终，同时也标志着直系军阀势力在察哈尔地区统治的终结。谭庆林、张锡元两任直系都统在察哈尔都鲜有发展地方、造福百姓的政绩，即使有张锡元监狱改良、铸制铜币等行动，也并未使地方的发展和百姓的生活发生实质性的改观。相反，在历史上着墨更重的是谭庆林纵容部下为害一方、张锡元克扣军饷引发兵变。他们在察哈尔的驻守，完全是军阀抢占地盘的需要，造福一方从来不是他们的使命，政局的混乱和官僚体制的腐败使他们没有时间更没有心思为地方发展做过多经营。张锡元离任之后，冯玉祥所部迅速接手了察哈尔。

凭借发动北京政变扭转了第二次直奉战争战局的冯玉祥，在第二次直奉战争之后可谓战功卓著，他与张作霖在北京宣告成立"中华民国临时执政府"，推举段祺瑞为临时执政。冯玉祥的势力在此时迅速扩张，同时，段祺瑞为利用冯玉祥牵制张作霖从而使临时政府得以维持，对冯玉祥极力笼络，在察哈尔，任命冯"五虎将"之一的张之江接替张锡元出任察哈尔都统，其后的郑金声、鹿钟麟两任都统也均为冯玉祥之亲信。

第四节　奉系军阀统治时期

奉系军阀（统治时期1924—1928），是以奉天、黑龙江、吉林等地为势力范围，以张作霖、张学良、张宗昌为代表的亲日派势力。日奉之间早有勾结，双方都妄图借助对方的势力达到扩张自己势力的目的。因此，随着北伐的胜利进军，使得日奉的相互利用关系逐步破裂，直至结束。

1924年9月，第二次直奉战争爆发，冯玉祥等人发动的北京政变给直系军阀致命打击，使战争形势急转直下，最终奉系战胜直系，控制了北京政权。此后冯玉祥的政治军事力量大增，他与张作霖等拥戴段祺瑞出任中华民国临时执政，组建中华民国临时执政府。但是，没有军队的段祺瑞实际上无法掌控政府，只能在奉系张作霖和冯玉祥之间左右逢源。为了笼络冯玉祥，任命冯的嫡系张之江出任察哈尔特别区都统。

一　人祸天灾，张之江临危受命

张之江（1882—1969），字紫岷，又字子岷，号子姜，教名保罗，河北盐山县人（现河北黄骅市），生于 1882 年（清光绪八年）。1924 年 12 月 18 日至 1926 年 3 月底，张之江任察哈尔都统。张之江任职察哈尔都统期间，在社会稳定方面，平息兵变，维护社会秩序；在市政建设方面，修葺道路桥梁重要枢纽，大力营造干净健康的社会环境，并设立了消防队；在民生管理方面，落实统一的户籍制度，普及平民教育，兴办实业工厂用以安顿工人，提升察哈尔经济水平。此外，张之江还积极办学办校，培养人才用以扩充国民革命队伍。张之江为人正直，心系市政，精于规划；严明军纪，是一个优良军人的典型模范。他是冯玉祥十分信任的得力干将。

图7　张之江

(一) 北洋出身，积极抗日

张之江世代贫农，自幼便随先祖父侍读。课余之暇，常听祖父讲解班超投笔从戎、木兰从军与太平天国等故事。张之江亲身经历、眼目睹庚子年八国联军对于中国之侵凌侮辱，以致割地赔款种种不平等条约的签订，因此革命情怀不可遏止。

张之江于 1901 年应募于北洋常备军右镇充当骑兵。庚戌年（1910）入国民党籍，服膺孙中山的三民主义与政策。并且，在以后的武装革命过程中，坚定履行孙中山先生主张，自始至终与共产党为并肩革命之友党。

清光绪二十九年（1903），张之江入北洋常备军，后加入冯玉祥等人组织的武学研究会。1911 年，担任北洋军政府滦州方面军骑兵总指挥。1912 年，张之江参加滦州起义，起义失败后，张之江得以逃脱。后参加北伐，多方策进，卒至推翻满清政府，为共和制度建立贡献了自己的一份力量。

1914 年张之江投奔冯玉祥部，并成为其得力干将，是冯玉祥"西北军五虎将（分别为张之江、李鸣钟、孙良诚、宋哲元、鹿钟麟）"之首。次年参加云南起义，任护国军四川讨逆挺进军狙击兵团司令，驰援蔡锷、李烈钧等军队于败军之际。后又积极促成四川之独立："'在川南纳溪宜宾之线'与蔡锷同志晤面于大州驿（纳溪县以南）之际，后者已两星期失却联系，因弹药缺乏，火线多用纸炮恐吓敌人，情况至为恶劣。冯玉祥同志所部以强悍善战著称，万人起义加入，影响甚为巨大，因而致革命军全局士气大振，转危为安，积极促成四川独立，彻底击破袁逆数倍于我之精锐，元凶毙命，帝制推翻，结果再造共和得以顺利完成。"①

1917 年，张勋背叛共和图谋复辟，利用清廷余孽势力盘踞北京，张之江任讨逆军第一路前敌总指挥，当即邀集主要干部同志等开一紧急会议，全体共同做出如下决定②：

1. 通电反对复辟，誓师讨伐叛逆；

---

① 张润苏：《张之江传略》，学林出版社 1994 年版，第 93—97 页。

② 同上。

2. 派遣代表赴正定，迎冯玉祥同志迅速回任；

3. 立即部署作战，出兵讨逆。

除此之外，张之江在军阀混战之际，为完成北伐战争，彻底肃清封建势力，孤军辗转奋斗，铲除军阀余孽。于 1922 年河南郑州之役，讨伐河南督军赵倜，赵为袁世凯政府所漏网之余孽，当时联络张作霖希图巩固自己的地位。于 1924 年天津杨村之役，讨伐吴佩孚。会师于京津间之杨村，鏖战兼旬。痛歼其主力，结果伊之作战大部队携械投诚来归，余多溃散逃逸。9 月，第二次直奉战争爆发，10 月，张之江帮助冯玉祥倒戈，参与北京政变，囚禁总统曹锟，使直系政权垮台，成立国民军。12 月 18 日，张之江任察哈尔都统。于 1925 年津沽之役，讨伐张作霖、李景林等。这场战役，张李等动员河北山东各省军队及东北军之主要部队，倾其全力来犯，会师于津沽，大战于杨村，鏖战月余，卒将军阀联军大部击破，溃不成军，残余概向山东省及榆关方面逃窜。

直至 1926 年 3 月 23 日，张之江辞察哈尔都统之职。张之江任内在市政建设方面颇有功绩。1926 年 1 月，冯玉祥下野后，张之江继任西北边防督办一职，统领国民军。后与直奉军队作战，组织南口战役，策应了南方国民革命军的北伐。南口战役失败后，张之江率部退守绥远、宁夏、甘肃一带。1926 年 9 月 17 日，冯玉祥组织五原誓师，重组国民军。

1928 年 7 月，张之江任全国禁烟委员会主席。张之江厉行禁烟，被称为"第二林则徐"。同一年，他因有感于中国人民体魄之衰弱，愈趋愈下，尤其是近代以来极其低落，最显著者为我国选手参加世界历届运动大会成绩之低落，引为全民族之奇耻大辱，创立中央国术馆"社会教育机构"。在提倡民族体育锻炼的过程中，他深感欲期养成社会群众自卫、卫国之技能，非仅化除武术宗派界域，尤须力谋中西学术之沟通，缔造中华民族体育之新纪元，企图全人民生理之改善，倡导文化武化并驾齐驱之增进。因此，于 1933 年又创立国术体育专科学校。

抗日战争爆发后，张之江不仅自始至终表现出积极主张抗日的态度，在抗战期间还枕戈待旦，一心报国，为中华民族的振兴大业积极努力，表现出强烈的民族大义。当国民党军队在解放战争中败退台湾时，张之江坚定地留在了大陆。新中国成立后，张之江担任政协全国委员会特邀委员、中国国民党革命委员会中央委员等职。1954 年，张之江以爱国民主人士的身份出席全国政协二届一次会议，并受到毛主席接见。1955 年，毛主席给了张之江亲笔信，肯定了他的爱国行为：

> 之江委员：
>
> 惠书早已收到。本想约谈，因循未果。近日查询，知先生已返上海，只好待之将来了。先生热忱爱国，如有所见，尚望随时赐教。顺致敬意。①

张之江于 1966 年 5 月 12 日病逝。他的著作有《国术与体育》《国术与国难》等。张之江还作有《国术歌》一首，其词极力倡导国术，主张国人要健体强身、振奋精神、积极进取、敢于争先，具有强烈的民族自尊心和自豪感，体现了浓厚的爱国主义情怀，令人深感激奋。现将《国术歌》歌词抄录如下：

张之江作歌　杜庭修制曲

国术历史民族同，刚毅文明，运动备全能。六艺兼文武，学博而道弘。尚廉耻，重义勇，武装和平，国运兴隆，击技集大成。

国强身健利吾群，转弱为强，良法返天伦。全民齐奋斗，比户要风行。铸铁骨，换铜筋，延年祛疾，返老还童，积健斯为雄。

国术自卫技能高，拒寇荡敌，稳把左券操。我同志同胞，百炼莫辞劳。砺宝剑，磨霜刀，病夫之耻，睡狮之号，彻底要打消。

国术强种宜子孙，赞育天真，叶茂知根深。劣败终淘汰，优胜世所尊。固邦本，裕后昆，发扬光大，国粹本珍，永存万代春。

国术功效妙无穷，练修并重，精进与道通。科学教育化，

---

① 河北省政协文史资料委员会、河北省档案局：《毛泽东与河北》下卷，河北人民出版社 2006 年版，第 265 页。

合生理卫生。美感富，兴趣浓，体用兼备，易知易行，善美臻上乘。

国术任侠胆识全，肉搏格斗，胜利占优先。大勇挽狂澜，保障我主权。不雪耻，不生还，同仇敌忾，扫灭凶顽，誓复我边关。①

（二）临危受命，走马上任

1924 年 9 月，第二次直奉战争爆发后，北京政府任冯玉祥为讨逆军第三军总司令，张之江任该军第一路司令。10 月中旬，冯玉祥率领部队返回北京，发动北京政变，囚禁总统曹锟，推翻直系政权，后成立国民军。后冯玉祥到天津与张作霖商洽召开国民会议事宜，推段祺瑞为临时执政。段祺瑞为了缓和张作霖与冯玉祥两派之间矛盾，把西北边防督办的位置交给了冯玉祥，让他统制热、察、绥三个特别区，而西北边防督办署的位于张家口。在天津会议中，奉系军阀和国民军划分势力范围，协议将察哈尔特别行政区归属国民军，由张之江任都统。

在张之江上任之前，张家口发生兵变②。这次兵变对张家口百姓造成了巨大的经济损失，社会动荡，民心惶恐。不仅如此，在这一年夏，张家口发生了严重的水灾，人祸与天灾俱来，这些都是张之江上任察哈尔都统之后所面临的巨大考验。

当兵变消息传来之时，冯玉祥曾提醒张之江不要着急前往张家口，以免发生意外。张之江的意思正相反，他希望能够用最快的速度前往张家口，及时制止叛乱和抢劫，救人民于水火。冯玉祥听到张之江的解释后，非常认同他的说法，并希望张之江能够多带些人手去。但是，张之江仅把宋哲元一旅的人带往张家口，前去平定内乱。张之江率部到张家口赴任后，首先着手整顿社会秩序，稳定商民情绪。张之江以"请吃饭"为名，先处理了变兵中的高级军官。张之江令人一举捕获参加兵变的官兵数千人，集中处决证据确凿的变兵，顿时大快人心。张之江依法量刑，

---

① 张润苏：《张之江传略》，学林出版社 1994 年版，第 103 页。
② 见前文"张锡元"一节所述。

不冤枉好人，公正廉洁，获百姓称赞。张之江对这件事的处理干净利落，百姓们闻知无不拍手称快，因此传说"张之江的饭不好吃"①。

处理完叛军后，张之江兼任中央陆军第5师师长兼国民军第1骑兵旅旅长，驻张家口，随后收编察哈尔第1混成旅和骑兵第1、第2旅共三个旅并入国民一军（此际，国民军分为三个部分：由冯玉祥直接指挥的国民一军，国民二军由胡景翼担任军长，国民三军由孙岳担任军长，胡孙二人曾配合冯玉祥发动北京政变），大大扩充了国民军。张之江为国民军的扩大和发展，立下功勋。

此后，张之江对张家口的国民军官下令，要求他们全部出动帮助张家口的商民对商店铺面进行修整，将水淹火烧的现场全部清理干净。此外，他鼓励商民要积极主动开门营业，帮助市民安定生计。这一系列措施稳定了张家口的社会秩序，到旧历年底，繁荣的景象又回到了张家口的市面上。

张之江部来到张家口后，军纪严明，风纪严整，尽量不扰民，并且积极进行市政建设，因此深得人民的爱戴。在1925年初任小学教员的宋聿修，在《回忆冯玉祥将军》这篇文章中记道："第七混成旅（张之江部）开到张家口后，人们看到该旅士兵都是20岁左右的小伙子，精神饱满，穿的灰粗布军装干干净净；队伍走在街上，一不打鼓，二不吹号，而是高唱军歌。士兵上街买东西，态度和气，买卖公平。这一切使张家口市民耳目为之一新，都说从来还没见过这么好的队伍。"② 张之江部留驻张家口期间，给当地人民留下极好的印象，得到了人民的支持。所以日后人民踊跃参加国民军，支持国民军搞市政建设。

（三）功绩斐然，居心所向

张之江在察哈尔都统任上，致力于地方建设，对其功绩，简列如下：

其一，新建大桥，平息水患。张家口是著名的商贸集散地，是张库大道的起点。但是在当时，一遇大雨，张家口市内多遭水患。清水河上

---

① 万乐刚：《张之江将军传》，团结出版社2015年版，第48页。

② 毛德富：《百年记忆：河南文史资料大系 政治卷·卷三》，中州古籍出版社2014年版，第1046页。

虽有旧石桥，但它并不足以抵御自然灾害。因此，1924 年农历六月十三日张家口发大水，大水冲毁了张家口市内的通桥，水患严重破坏了张家口人民的生产生活秩序。

彼时的张家口为西北第一市场，然四围皆为山、地势隘狭，一遇大雨，山洪暴发，中间清水河（受长城外诸水经南洋河而入永定河）旧建石桥，为东西市联络孔道，桥身过窄，河流盛涨时，盛满则溢。全市桥西地势较高，而桥东低洼，山上的水势会影响较大，河流淹没成涝，居民每当夏秋相交之际，战战兢兢，其保卫的方法就是各家门户均备水闸，以防水患，没有其他更好的办法。有年秋天不断遭遇大水，全市人民财产损失很大，前都统张锡元始有市政筹备处之设，还未及实施，便以事去职，机关亦无形消灭。而今张都统之江，则以全市生命财产关系重要，恢复机关设置，查张垣地势，致力于解决水患。

鉴于此，张之江于 1925 年 2 月设立市政筹备处，根据专家们的建议，将旧桥拆去，于 1925 年 3 月破土动工，重建新桥。当时国民军经费不足，张之江为了解决水患、修建铁桥，将一系列规划向各界人士公开，希望社会上有实力的知名人士能够提供一部分经费以实现这些规划，张之江借此筹得大批捐款。在此要特别提到张作霖，他虽然曾与张之江打过仗，但佩服张之江的为人，对于张之江修桥的事情，情愿支持。张作霖给张之江一封信，为张家口提供了 10 万元的捐助。张之江将地方上节省的开支和这笔捐款结合起来，凑足了修桥的经费。破土动工时，他没有扰民，出动官兵修桥。在张之江的督促下，不到一年，被冲断的普济桥（原通桥）南侧建成一座高架钢梁、上下分行的新式大铁桥，因处于清水河上，取名为"清河桥"，1926 年元旦竣工通车。张之江以隶书题写桥名。以此制成两块铜牌，将之立于清水桥东西两端。此桥经过约 70 年的风雨，见证了张家口的沧桑变化，雄踞清水河上。1996 年 4 月 1 日，清河桥被拆掉，后被代之以新桥。此外，张之江还在大境门外对西沟护坡拦河坝进行了加固，从此水患问题基本得以解决。

其二，市政管理。在户籍管理方面，张之江对张家口的户口登记管理制度进行了统一。张家口被察哈尔警察署分为四个区，警察分署对地方进行管理，警察分署下设派出所和警察分驻所。1925 年春，张家口按照警察分署及各派出所的所辖范围建此制度。分署建户口登记底册，各家有户口簿。此项制度的建立,有利于加强张家口户口管理,稳定社会秩序。

在卫生事业上,建立卫生检查管理制度。各警察分署下设专业清扫队,维护路面清洁。同时,动员群众消灭苍蝇,政府以现钱收购死苍蝇,此举措对张家口的环境卫生的改善大有裨益。

在消防建设方面,建立专业消防队。消防队由警察署直接管辖,并逐渐扩大队伍,形成一定规模。另外,张之江开展消防知识宣传活动,所有临街商店,必备"太平桶",平时蓄水,有火灭火,无火除尘。

在市政建设方面,张之江在察哈尔都统署门前原练兵场上建成"上堡公园"即后来的"中山公园",公园的建成为张家口居民提供了更好的生活环境。同时,张还创设新式剧场定名民乐园,以供民众正当娱乐之用。

在对待工人方面,张之江设立了工人俱乐部。这个俱乐部的规模非常大,里面具有许多书籍报纸和各种游艺品,而且在四处贴满了发人深省的标语,来此俱乐部的工人络绎不绝。此俱乐部也成为北方政府为工人设俱乐部的滥觞。

其三,经济文化建设。在经济建设方面,筹建新工厂。1925年春,建立了设备比较齐全的西北印刷厂——"西北印刷局",还筹建了制革、缝纫、被服等综合性生产的"复旦工厂",并且提倡畜牧业,移民垦荒。张之江还对张家口财政税收进行整顿,清除财政积弊。西北银行总行在张家口成立,设在察哈尔兴业银行旧址,使得纸币增值。察哈尔都统张之江担任查账员。西北银行开业不久就在北京、天津、绥远、承德、兰州等地设立分行,在多伦、丰镇、集宁、包头、宁夏等地设立支行,总行发行的钞票都一律加印张家口字样。此外,张之江还提倡畜牧、移民垦荒。

在文化教育方面,普及平民教育,推广识字。议定《平民教育实施办法》,在平民中开办"平民识字班",大力开展识字运动,普及科学文化知识,力扫文盲。另外,西北边防督办公署创办的《西北日报》,文字简练通俗,形式活泼,内容丰富,向社会公开发行,丰富了市民的文化生活。

在交通通信建设方面,张之江组织清除积弊,在1925年初修筑了边路街直达都统署前的马路，并开辟了大河套东口至上堡东河沿南口的长青路，而且开通张家口至库伦、多伦等地的公路。此外，他还开通了张家口到多伦、张家口到库伦的定期汽车班车。在通信建设上，张之江主持修建长途电话及电报线。

在对外经济交往当中，在冯玉祥的指导下，张之江奉行平等的外交政策，坚决维护国家的经济利益。1925 年 2 月 6 日，冯玉祥曾令张之江出布告，谓：俄人在张家口开设"合济公司"，枪决与合济公司共买卖者。"合济公司"是一位俄国人在察绥一带创办的专营畜牧（主要养羊）的公司。该公司雇用中国的劳动力、占中国的土地，赚中国人的钱，使中国的国家利益受损：

> 我除公开地反对帝国主义者的行为外，还有几件直接打击外人在华利益的事情。这也是造成他们仇视我的原因。有一位英国人在察绥一带创办一个合济公司，专门经管畜牧。他养的羊最多，约有二十万只。牧羊者全是雇用的中国人，每人领牧二百头，六人设一个头目。使用中国人的劳力，占有中国人的土地，吃着中国人的水草，却大把赚中国人的钱。这种不法的举动，究竟有什么依据？究竟什么条约上给予他这种特权？但多年以来，却无人过问。以往中国官厅不是不知，而是慑于外人之势不敢干涉。我到张家口后，一直不知道有此一事。后来他公司里有一华籍职员，为人很有血性和良心，因为五卅事起，激于义愤，乃自动来我处将此事秘密告发。我派人调查属实，即毅然把他的羊全部没收。此事大出该公司主人的意外，直接控告到外交部。[①]

（四）治军有方，创办学校

除致力于地方建设外，张之江还特别注重军队建设。他除了收编原察哈尔部队、扩充国民军外，还创办了西北陆军干部学校（以下简称"干校"），给国民军培养了一批优秀的军事人才。由于多年征战和驻地辗转，冯玉祥部没有自己正规的军校，一直以模范连、学兵团等战时单位

---

① 《冯玉祥自述》，江苏文艺出版社 2012 年版，第 145 页。

进行临时训练，培养干部。这次在张家口安顿下来，张之江以察哈尔都统名义，按酝酿已久的计划，创办干校，其费用全部由政府负担，这样不论贫富家庭子女都能进校学习。学校大约录取了700名学生，大多数才中学毕业，当然也有一部分是大学毕业或肄业的，中学肄业的占极少数，其中也包含一部分蒙古人和朝鲜人。当时，该校的学生入校后被编为四科六队，形成一定的规模。宋聿修在《回忆冯玉祥将军》中提道："1925年7月，被录取的学生陆续来校报到，共编成三个步兵队，一个骑兵队，一个炮兵队，一个工兵队。"①

在1925年7月，学生们就陆续入干校。在8月上旬，该校正式举行开学典礼。这个学校设在张家口上堡，也就是张之江的察哈尔都统署南面的营房里。干校管理严格，注重实践。张之江全力支持干校建设，非常重视干校教育，不仅注意对学生军事能力的培养，而且关注学生的思想教育，砥砺学生的意志。虽然处在困难的条件下，西北干部学校还是为国民军培养了大批军事人才，成为国民军骨干的摇篮，被誉为"西北黄埔军校"。

干部学校为国家培养了许多人才。其中著名的有空军中将傅瑞瑗、陆军少将宋聿修、联勤总部重庆补给区司令崔贡琛、国民政府少将师长、解放军第34军副军长过家芳，第30军第27师师长欧耐农、宁马，第81军少将参谋长杨遇春（后任中国人民解放军西北野战军独立第2军参谋长）、原黑龙江省副省长王梓木，等等。

（五）评述

1925年12月1日，北京政府内务总长龚心湛，对察哈尔都统张之江表示嘉奖。嘉奖令如下：

"呈察哈尔都统张之江政绩卓著，拟明令褒嘉，以昭激劝等语，该都统殚精图治，夙励勤能，莅任未及期年，对于地方民政应行兴革各端，无不悉心规划，次第实施，良深嘉慰，果能始终无懈，成效必更有可观，

---

① 毛德富：《百年记忆：河南文史资料大系　政治卷·卷三》，中州古籍出版社2014年版，第1046页。

尚冀兔策，方来益臻，上理用本执政轸念边氓修明庶政之至意，此令。"①

可见，张之江虽然在察哈尔都统任上历时未久，但勤心市政，于规划实施，颇有功绩。其功绩，已经得到了北京政府的肯定。

《冯玉祥自述》亦提及张之江，"张之江为察哈尔都统，对于地方政治也肯努力，在处境艰难部队极其困苦的时候，他还节省出一笔款项来，在上堡建筑一座铁桥。原先那是一座木桥，夏季水涨，车马行人往往出险。铁桥铸成，化险为夷，旅行大感方便，因此地方上很是感激"②。这里的"铁桥"指的是清河桥。看来，冯玉祥充分肯定了张之江对于察哈尔地方的政治，而张之江主持建造的清河桥，直接造福地方，惠及后世。

张之江任察哈尔都统的一年多的时间里，于市政建设大利，其部军纪严整，坚持真爱民、不扰民的优良军风。从张宝音先生的回忆文章《察哈尔都统张之江将军小传》中，这一点可以印证。该文记述如下：

> 张之江将军在施政方面，重视休养生息，真正贯彻了国民军的真爱民、不扰民的优良军风；治军方面，恩威兼施，与士兵同甘共苦，吃的是粗茶淡饭，穿的是粗布军服，对犯有一般错误的官兵，不是用军阀式的打骂方法，而是以情感化。
>
> 张部的军容、风纪，极为严格、整齐，大街上见不到官兵闲逛，娱乐文化场所更无踪迹。在街上见到的士兵．都是班排长率领，列队行进，概不逗留。官兵除必修的军事操练外，就是到处劳动，为公共事业做工，驻在坝上各县的部队，把县城的马路修得整整齐齐。张北县的城门和城墙就是这支军队修建的。
>
> 张之江将军出行，不受属下的丰盛接待。记得1926年张出巡各县，轻骑简从，仅带一连骑兵后随。张也一同乘马前往到商都县时，不设行辕，不受招待，下榻县立完小学校，在校长办公室住宿、办公。官兵在校院搭设帐篷。当时笔者正在该校上学，亲见张将军高身材、瘦体型，一副大将风度，他出出进进，不戒严，很随便，仅

---

① 《政府公报》，1925年12月2日。
② 《冯玉祥自述》，江苏文艺出版社2012年版，第140页。

有两名护兵随侍身边。士兵们与同学说长道短，和蔼可亲。①

从张宝音先生的亲身经历中，也可以感受到张之江平易近人的性格特点。也正因为此，张之江才更容易得到普通官兵和百姓的支持。

总之，张之江在察哈尔都统的任期内，对察哈尔的稳定和发展起了重要的作用，是察哈尔人民的功臣。

1926年3月23日，张之江辞去察哈尔都统一职。4月5日，国民军将领郑金声继任察哈尔都统，但未赴任。29日，该职由国民军将领鹿钟麟代替。

二　军阀混战，鹿钟麟顶压上任

鹿钟麟（1886—1966），字瑞伯，河北定县人。早年在冯玉祥部任营长、炮兵团团长兼教导大队长、河南省警务处长兼省会警察厅长等职。1926年4月，鹿钟麟任察哈尔都统兼国民军东路总司令，任职仅仅四个月，随着国民军退守西北而失去察哈尔。在1930年5月中原大战中，冯系国民军丢失北平，鹿钟麟临危受命退守察哈尔，在其指挥下维持了近四个月的察哈尔会战，凸显其非凡的作战能力与拥护国民革命的誓死决心；在其军事行动中，安民固民，在乱世中不肆扰百姓，但是最终由于各方军阀势力进攻，察哈尔失守，鹿钟麟退走西北。鹿钟麟于乱世中始终秉持"三民主义"，革命态度坚决，不与封建军阀利益妥协，一直跟随冯玉祥积极投身革命前线，是一个忠义两全的将才，新中国成立后依然学习新思想，继续为新中国事业做贡献。

（一）一生戎马

鹿钟麟青年才俊，很早就步入军旅，在北洋常备军第20镇任职。1916年升任第四混成旅第2营营副，后调任第16混成旅任参谋。1917年任第2团第2营营长。1918年，在第16混成旅中冯玉祥部任炮兵团长。1921年任第21师炮第11团团长。1922年5月升任河南全省警务处长及

---

① 政协沽源县委员会文史资料征集科：《察哈尔都统张之江将军小传》，《沽源文史》第5辑，1990年，第27页。

图 8　鹿钟麟

省会警察厅长，为期近五个月，期间严明法纪，全力维护河南省治安。1923 年 11 月，调回北京，荣升京畿警备司令，深得冯玉祥器重，拱卫京畿。1925 年任善后会议会员；8 月兼任警察总监、北京市政督办，至此鹿钟麟成为冯玉祥的"左膀右臂"，北京警卫工作尽在其掌握。1926 年 4 月，鹿钟麟任察哈尔都统及国民军前敌总司令；9 月任国民军总参谋长、国民政府军事委员会委员。1927 年任国民革命军第 2 集团军东路司令；6 月转为行政工作，任河南省政府委员、民政厅厅长；10 月重回军事委员会，参政议政。1928 年任第 2 集团军第九方面军总指挥兼第 18 军军长，暂编第四师师长；10 月任国立北平故宫博物院理事，军政部常任次长。1929 年任国军编遣委员会委员，兼第二编遣办事处常务委员；2 月任中国国民党中央政治会议委员；3 月当选为国民党第三届候补中央执行委员，军政部政务次长，代理部长职权；5 月代理西北军总司令；8 月派署理军政部部长；由于当时蒋介石和冯玉祥、阎锡山的矛盾，鹿钟麟于 10 月被国民政府免去本兼各职。

　　1930 年中原大战爆发，鹿钟麟积极跟随冯玉祥，任其总参谋长、第 2

方面军总司令、前敌总指挥，但最终兵败，遂退居。1931 年再度出任国民党第四届候补中央委员。1932 年 6 月，任军事参议院参议。1935 年 10 月，任国民党第五届中央执行委员。1936 年 1 月，授陆军中将。抗日战争时期鹿钟麟身兼数职，任第 3 战区参谋长、第六战区副司令官以及第 1 战区副司令官。1938 年 2 月，任军事委员会军法执行总监部总监。1939 年 3 月，任冀察战区总司令；6 月任河北省政府委员兼主席、河北全省保安司令。1944 年 10 月，任兵役部部长。1945 年 5 月，任国民党第六届中央执行委员；9 月授陆军上将。抗战胜利后派往华北任宣抚使。1946 年 11 月，入选制宪国民大会代表，积极筹备新时期国家治理工作。1947 年 5 月，任战略顾问委员会委员。中华人民共和国成立后，担任过全国政协委员、国防委员会委员、天津市政协委员。1966 年 1 月 11 日在天津病逝，终年 80 岁。

（二）继任都统

1924 年第二次直奉战争期间，鹿钟麟任冯部下第 22 旅旅长，一直跟随冯玉祥。10 月，冯玉祥发动北京政变，鹿钟麟奉命率所属旅团星夜兼程返京，仅用三天时间，不费一枪一弹就控制了北京全城，监禁总统曹锟，并将清废帝溥仪驱逐出皇宫。政变后，冯玉祥召开会议，电邀孙中山北上入京共商国是，并且决定组织中华民国国民军。冯玉祥的国民军占据北京以及华北大部，与南方革命政府遥相呼应。吴佩孚亲自率兵回师北京，但其大势已去，最终率残部南逃。早在"北京政变"前，冯玉祥与张作霖、段祺瑞达成奉军不入关，以孙中山主持政府的协议。但战争后，奉军入关抢占地盘，张作霖、段祺瑞又对冯玉祥进行围攻，逼其让步，推段上台。段祺瑞获悉孙中山已于 11 月 13 日从广州动身北上，匆忙就任北京政府临时执政。段祺瑞政府成立后，任命冯玉祥为西北边防督办，并要其整编军队，并取消国民军番号，改称为"中华民国西北边防军"，简称"西北军"。12 月 31 日，孙中山抱病抵达北京，鹿钟麟怀着一腔敬仰之情代表冯玉祥接待孙中山，并负责其全部警卫工作。1925 年 3 月 12 日，孙中山病逝，鹿钟麟协助治丧委员会办理丧事。

1925 年 11 月，冯玉祥配合郭松龄倒奉，12 月，郭松龄战败身亡。1925 年 12 月 5 日，直隶军团司令李爽垲发表通电，称冯玉祥穷凶极恶，是社会的公敌，并宣称与李景林部一同讨伐冯玉祥。随着通电的发布，奉系直隶督办李景林和山东督办张宗昌组成了直鲁联军分十路进攻西北军，以"反赤"为口号，联合攻打西北军。详情见如下电文：

> 查冯贼玉祥，穷凶极恶，包藏祸心，唆使匪军，以扰乱畿疆，利用赤化，以蔑弃礼教，实为人道之蟊贼，社会之公敌。昨由李督帅通电全国，声罪致讨，义声所播，中外欢呼。爽垲等分属军人，情殷敌忾，愿追随李督帅，以期伸大义于天下，庆父不去，鲁难未已，除奸靖乱，念切同仇，荷戈陈词，伏气垂鉴。①

事后，1926 年年初，冯玉祥为避免成为敌人攻击的目标通电辞职，宣布返回西北督办建设，并将京津一带的防务交给鹿钟麟，西北军交由张之江统率。3 月，冯玉祥通电下野赴苏联莫斯科考察。

冯玉祥下野并不能换取各路军阀尤其是奉系张作霖的停战。1926 年 1 月 18 日，张作霖下令奉军攻克山海关，占领昌黎，且热河方向、朝阳北面奉军也大军压境。

此时，面对南北夹击的凶险，鹿钟麟身为前敌总司令，指挥国民军展开斗争。3 月 7 日至 8 日，鹿钟麟收复了李景林部占领的马厂沧州等地：

> 钟麟等连日在前线督战，我军将士奋勇异常，李逆景林率其死党，乃将数俄籍流民，并新招土匪顽强抵抗，经激战三昼夜之久，逆军死伤过多，万不能支，于昨晨开始退却，我军乘势猛进，步步接触，杀虏极伙，连克复马厂、青县等地。乃今日拂晓，敌人有数部由官长率领投降，余部全部溃退。我军现编成三支队，一面肃清伏莽，一面南下穷追。现沧县以北，已无逆军只影。计是役前后，毙敌四千余名，生俘约一千名，投降达两团之众，毙俄籍匪人八十余名，俘四十余名。获大炮八门、迫击炮十门、步枪卅余支，机枪

---

① 中国第二历史档案馆：《中华民国史档案资料汇编·军事（三）》，江苏古籍出版社 1994 年版，第 395 页。

十五架，铁甲车辆两列，飞机一架，马匹军用品无算。同时又据王指挥镇淮电报：已率骑兵占领南北泊头，毙敌五六百名，俘四百余名，枪百余支等语。窃维李逆景林，天性凶狡，好乱以逞，此次复纠合土匪，及俄籍匪凶争残民，可称罪大恶极。钟麟等为维持宪典，救国拯民起见，不得已，禀命出师。幸赖钧座德威，将士用命，遂能一战破逆。料李景林经此痛击，党群已尽，指日获擒。惟地方遭其徐炭，里社丘墟，睹之可惨，极应妥为抚恤，施以仁民之政，除极力经辑地方，力清余孽，并通报各方面外，谨电上闻，伏祈睿鉴。总司令鹿钟麟、京兆尹刘骥同叩。①

十万火急。北京执政、贾总理、各部总长、张家口张督办之江兄、北京李督办晓东弟、马督办云亭兄、平地泉上将军冯钧鉴：津南败退之敌，由昨日起，被我军追击，在青县南关，因争渡河，自相冲突，旋我军追击队赶到，将该敌包围，其大部完全缴械，所获甚伙。现我前线已通过兴济，继向沧县方面追进。韩指挥部已达青县，即与我骑兵集围追击，并有三军刘武胡各部，向交河前进。想沧县之敌，不难歼灭。知念特陈。②

在这乘胜追击的时刻，日本军舰帮助奉军运兵前往大沽口，并炮轰国民军，国民军被迫反击，史称"大沽口事件"。日本步步紧逼并打出《辛丑条约》，向当时的北京段祺瑞政府发出最后通牒，限于3月18日西北军撤退。段政府迫于外交压力，斥令军方解决。鹿钟麟在巨大的压力下，被迫接受最后通牒，从此，西北军的处境更加不利。此时，骑兵师团已攻破北京东南的顺义和通州，直鲁联军到达黄村；奉军张学良部实乃奉天主力军，步步紧逼呈后援军团，吴佩孚的先锋部队向北抵达卢沟桥。至此情形，北京三面已被围，且各军团迫近十里不到的距离。西北军主力都在西北大本营留守，北京内外而唯有鹿钟麟的部队极力守城。

---

　　①　中国第二历史档案馆：《中华民国史档案资料汇编·军事（三）》，江苏古籍出版社1994年版，第403页。

　　②　同上书，第399页。

其实，鹿钟麟对于北京已是"困兽之斗"，但仍奋起反抗。后鹿钟麟下令退守南口。

南口地处北京城北昌平至居庸关之间，凭借着地势险要成为长城著名要塞之一。1926年4月18日京畿警卫总司令兼署京师警察总监市政督办鹿钟麟免去本兼各职，主要奉命承担南口战事。

鹿钟麟依靠有利地形，层层阻击的战术，重点在南口车站附近以及居庸关左右两翼构筑了防御工事。鹿钟麟率部抵达南口后，立即赶往张家口，与当时冯军代理总指挥张之江召开秘密会议，商订西北军在南口及多伦的作战计划。同时，张之江坐镇指挥大局，察哈尔一切大小事宜陆续交出。

1926年4月，张之江辞去察哈尔都统职，并保举鹿钟麟继任。4月26日，鹿钟麟在战事局面混乱不堪的情况下就任察哈尔特别行政区都统兼东路军司令。

1926年6月，直鲁联军及奉军向南口发起总攻，鹿钟麟指挥西北军阻击敌人。7月1日，张作霖与吴佩孚面商进攻策略，奉军主攻多伦，直军主攻南口。南口阵地是通往绥远的交通要道，燕山山脉的一个山口，地势险恶，易守难攻，是国民军花费很长时间构筑的一个阵地，由苏联专家维·马·普里马科夫指导修建，三个工兵营整整修了11个月。张作霖下令吴俊升部攻占多伦；同日，吴佩孚亲自前往三家店督战；直鲁联军第五军军长王栋命所部驻扎于清华园一带，以便开赴沙河，加入包围南口的战事；李景林所部，经张作霖命令张学良、张宗昌二人负责改编，将京津线上的部队也调往南口作战；田维勤部由三家店绕道进攻南口后方怀来县。至此，南口战线被直、鲁、奉、晋联军团团围困。诸方电文部分详情如下：

张之江等声明

国民军退至南口多伦反对非全民真意所组织之政府及其一切行为通电

全国父老兄弟、各报馆、各法团、各机关、临时治安维持会、各省区军民长官钧鉴：改革以还，频年胶扰，阅墙未息，郅治难臻，而城郭邱墟，生人沟壑，日有甚焉。此岂非吾人所心痛心者哉。甲子仲冬，本军师于京畿，首倡和平，昕夕筹维，冀推消灭内乱，共保安宁，尊重全民，力图治理。未敢以爱戴之私，忘国家至计者。区区之愚，惟在是耳。讵意痼疾难瘳，权奸敌政，未解倒悬之局，已蒙不测之灾，剑戟周旋，缘兹复起，元无涂炭，无所依诉。顾佳兵不详，先贤有训。矧吾国状态，犹飘摇于风雨中欤。本军凤殷和平之望，恒怀恻隐之心，重以元老诸公，海内时贤，启迪有加，备蒙指导。乃师退至于南口、多伦，从事实边，用符初衷，亦以戈操同室，虽有胜负之别，要无强张可言，躬自厚而薄责于人，不敢不勉耳。惟国体既建共和，政治当由民主中央政府总揽纲维，苟非由全民真意所组织，或为强权所窃据，是政治难期改良，人民永罹浩劫，国家之弊，恒必由之。本军食民脂膏，敢忘国难。兹谨郑重宣言，在全民政治未能实现以前，凡非全民真意所组织之政府，所有一切行为，非所愿闻。并望邦人君子，共起匡救，务纳政治于共和轨节，以跻隆盛也。掬诚奉布，诸维荃察。张之江、李鸣钟、鹿钟麟、刘郁芳、宋哲元、刘骥同叩。

中国通讯社关于张作霖在津召集奉军将领讨论进兵多伦策略问题通讯稿

中国通讯社云：兹据津讯，吴张在京会晤时，对攻击西北之军事问题，曾经决定吴军攻南日，奉军攻多伦。故张氏到津后，当晚召集在津奉军将领，讨论多伦进兵策略，业经拟有具体办法，电告吴俊升矣。并间张氏以奉天军民要政，亟待料理，已预定日内即返奉天云。

中国通讯社关于吴佩孚由长辛店赴三家店前线督战通讯稿

中国通讯社云：吴佩孚近日对攻击西北军事，异常积极，除前日亲赴三家店视察防线外，昨日又加派毅军连夜开赴前防，已见另条。今晨四时半，吴又乘车由长辛店转西直门转赴三家店前防督战。

吴所乘之列车用两机头拖带，共带车十余辆，吴所乘之车在列车之中。此行吴并未多带随员，前日吴进京时，所乘之车及随员办公车，今日尚留于长辛店车站。直至本社上版时，尚未闻吴有返回消息云云。

中国通讯社关于李景林所部接受奉张改编开赴南口作战通讯稿

中国通讯社云：李景林所部，业经张作霖命令张学良张宗昌二人负责改编。兹续据某军事机关消息，目前奉军所改编之李景林军，于昨日下午三时，已开至北苑，内有一千余名正式改编奉军，督归十军节制，所有军械则尚未发给云。又今晨某方接天津电话云：关于改编李景林军队事，昨晨张学良正向奉报告详细情形。闻李书风、李夹恺各部，亦将遣散或改编。据调查李部军队，尚有一师三混成旅，驻于京津线之一旅，则由鲁督张宗昌改编云。

另一消息，李景林部改编等情，已见各报。兹闻李部各队官佐，均未更动，已定归张学良节制。并即开赴南口前线，加入作战云。①

1926 年 7 月下旬，刘汝明阵地告急，鹿钟麟下令其撤至居庸关，作为防御战略的第二道防线。但刘执意不肯，鹿钟麟迫于战事将身旁季振同的手枪团调至前线增援。8 月 1 日，正面战场上，直、奉、鲁军再次向南口发动总攻。鹿钟麟率兵奋力防守，甚至将预备队也全部调至了前线；阎锡山也在晋北加紧进攻，以断西北军后路。国民军当时处境十分困难：官兵伤亡甚重，久战力疲，士气低下，弹药缺乏。"以卵击石"的局面持久上演，在腹背受敌的情形下，北路和中路相继失利。为保存实力，鹿钟麟与张之江等被迫全线撤退。8 月 13 日，鹿钟麟率东路部队从居庸关经张家口，沿京绥线撤至绥远的包头一带。撤退途中人烟稀少，贫瘠荒凉，盗匪猖獗，缺衣少食，鹿钟麟依然不忘军纪，严格约束部属，亲自带队巡视，官兵胆敢有扰民之事，立刻根据军法处置，从而使得部队撤

①　中国第二历史档案馆：《中华民国史档案资料汇编·军事（三）》，江苏古籍出版社 1994 年版，第 412—413 页。

退井然有序，沿途民生秩序得以恢复。鹿钟麟撤出察哈尔后，察哈尔特别行政区很快便被奉军所占。8 月 27 日，张作霖命高维岳出任察哈尔都统，兼奉军第 9 军军长。

察哈尔失守，奉军占据华北大部，这一局面看似是军阀派系之间相互争斗之常事，可是察哈尔失利不仅是冯系西北军重大战役的失败，更使冯系西北军在华北失去了重要战略支撑，鹿钟麟的离任就是历史性的转折点。自此，西北军转投南方国民革命军。

骁勇战将鹿钟麟在察哈尔都统任上仅四个月，其在任时间仓促短暂的原因主要在于战争格局的变化，可以说是冯系大战中的一枚棋子。所以，在军事斗争形势不利于冯玉祥雄踞华北时呼应革命，派系斗争同时也愈演愈烈。这也是鹿都统在任期间对于民生、经济等建树的原因，短短四个月期间，鹿钟麟积极备战，抵抗各派系联军，可惜，北平失利，察哈尔失守，鹿钟麟含恨离开，冯玉祥西北军暂时退出察哈尔舞台。

纵观由西北军派驻察哈尔的两任都统，均是为人正直、精明强干、忧国忧民之人。张之江在任期间，对维护察哈尔社会秩序、完善市政建设、提升地方经济水平、改善民生等方面都做出了巨大的贡献。鹿钟麟在任时间很短，又逢战乱，并未对察哈尔发展做出过多贡献，但从其严格约束部属、不得扰民的治军态度，足可见其心系百姓。张、鹿二人之任察与以往那些只知抢占地盘、中饱私囊的都统形成了鲜明的对比，这一点与冯玉祥的为政理念密不可分。张之江与鹿钟麟二人都是冯玉祥的得力干将，冯玉祥学习过孙中山先生的三民主义，学习过苏联的社会主义，学习过各种先进的思想，所以，特别关注民生。其部下张之江、鹿钟麟受其影响，在其有能力主政一方之时，竭尽全力去造福百姓，而在战乱之时，也尽量做到不伤民扰民。他们像民国察哈尔行政长官中的一股清流，只可叹战乱频发，他们无暇在察哈尔多做停留。

三 "大好河山"，高维岳建地标

高维岳（1875—?）字子钦，辽宁省锦县（现为凌海市）人。1926年 8 月 27 日，张作霖任命其为察哈尔特别行政区都统。高维岳任职期间，军政方面均有建树，当冯玉祥退出察哈尔之后，阎锡山晋军倒戈，高维岳全力抵抗收复了张垣；察哈尔经历了长年攻守战，民生凋敝，百废待兴，高维岳大力兴办实业，保护文化古迹。但是，高维岳大力残酷镇压中共革命工作，对察哈尔地方党组织造成极大破坏。

（一）臧否人物

1900 年高维岳入伍，在东北 3 营统领朱庆澜的巡防营任司书。1907年，进入保定通国陆军速成学堂学习，分至 2 班步兵科。毕业后回东北，适逢奉天辽防营整编，遂到孙烈臣前路巡防队任哨长、哨官。1912 年，高维岳再次取得进修机会，步入东北陆军讲武堂步兵科学习，毕业后任军官军士团教育长，后任奉军第 27 师参谋长。1912 年 7 月，任奉军第 27师第 54 旅第 107 团团长，后任第 53 旅旅长。1923 年任东北第 19 混成旅旅长。1925 年任东北陆军第 7 师师长。1926 年任安国军第 3、4 方面军团第 9 军军长，先下北京后占察哈尔，于 8 月任察哈尔特别行政区都统。1928 年迫于察哈尔失守调回奉天。在其任察执政期间，治理民生的同时大肆镇压共产党。奉军占领北京，1927 年 6 月 18 日，张作霖于北京怀仁堂就任"中华民国陆海军大元帅"，张作霖为表彰其忠勇，册封高维岳为"岳威上将军"。并在其家乡石山镇西岭及东河洼子分别立九眼透龙石碑各一座，以彰其德。1928 年 6 月 4 日皇姑屯事件后，张学良主政东北，重新组阁，高维岳被国民党南京政府任命为奉天省政府委员。1929 年 1月，高维岳任军事工程委员会主任委员，执掌当时的东北边防司令长官公署。1931 年 4 月 17 日，高维岳协助张学良于北平设立陆海空军副司令行营，功不可没，调任南京政府军事参议院上将参议。随后，出于政治目的，高维岳接替张景惠任军事参议院院长，代理管理军事参议院事务。抗战爆发后，高维岳隐居北平，日本攻陷北平后诱其出山，却被其严厉拒绝。1938 年 10 月病逝于北京，终年 63 岁。

（二）仕途顺利

高维岳性格正直，是个不徇私、不腐化、比较清高、心胸坦荡的人物。早年家庭贫困，但敏而好学，没过几年便学有成就。起初当过家庭教师，以维持生计。后到部队上当师爷，自此走上了军旅生涯。由于 20世纪的战乱，加之高维岳本身豪爽，有才华学识，不久升至排长、连长、营长、团长，1924 年升为旅长，1925 年第二次直奉战争任师长，1926 年提升为军长。

在直、奉、鲁、晋等多派军阀的联合攻击下，冯玉祥西北军全线退回西北。正当冯玉祥部陆续撤出察哈尔时，1926 年 8 月 27 日，张作霖任命第 9 军军长高维岳为察哈尔特别行政区都统。

与此同时，革命军北伐节节胜利，晋军阎锡山早在 1927 年 4 月就挂出国民党党旗。6 月 6 日，在太原就任国民革命军北方总司令，10 日山西省政府成立，阎任省政府主席。9 月，奉军派张作相、张学良等分路检阅军队。由于阎张早已心生嫌隙，加之张作霖在讨赤之际多次向阎提出石家庄的归属问题，日益紧迫的局势，让阎甚是不满。9 月 27 日，阎锡山下令将在阳原车站的于珍、高维岳的参谋长刘维勇扣留。同时，得信的张作霖也将驻北京的晋方代表软禁起来。晋奉战争即将爆发。于是，张作霖发表电文，称阎锡山已被赤化，发表声讨呼吁。

1927 年 9 月 28 日，晋奉两军开始在柴沟堡发生冲突，奉方高维岳的第 9 军，由于事前并未准备，驻守京绥线上的奉军被晋军击溃。高维岳下令放弃张家口、宣化，而退至下花园与汤玉麟的第 12 军联合防守。以下花园为第一道防线，怀来为第二道防线，居庸关为第三道防线。10 月 2 日，晋军第 15 师李生达部进入张垣。京汉线奉晋两军也于 9 月 30 日交火，奉军第 15 军汲金纯部后退，于是正定被晋军第 2、3 军联军总指挥孙楚部占领。北京元帅府决议，派第 5 方面军团长张作相、第 6 方面军团长汤玉麟为京绥路总副指挥，张学良和韩麟春为京汉路总副指挥。

10 月 8 日，张作霖下令反攻。15 日，奉军攻克张家口，高维岳见张垣经过战乱洗礼，满目疮痍，立即恢复警力，维护秩序。京张之间自 10 月 18 日起，两方各开列车一列，从而恢复人力运输和装备补给。[①]

10 月 27 日，奉军占领柴沟堡，11 月 1 日占阳高，2 日占大同，3 日占怀仁，6 日占灵丘，京绥线被奉军控制。9 日奉军骑兵第 6 师郭希鹏部，占领绥远城，10 日占领包头，晋军沿河套退入晋境。[②] 此刻绥远和雁门道

---

① 中国第二历史档案馆：《政府公报》第 236 册，上海书店出版社 1988 年版，第 768 页。
② 贾逸君：《中华民国政治史》（下卷），上海书店出版社 1990 年版，第 83—97 页。

大部也被奉军占据，晋军退至长城以南。12 日奉军第 30 军于芷山部，占领平型关，与晋北奉军联合进攻雁门关，与此同时晋军也派重兵把守关隘。此后两军便成对峙之势。晋北指挥由第 5 方面军团长张作相、热河都统汤玉麟、察哈尔都统高维岳以及第 30 军军长于芷山。双方对峙入冬，军事无大进展。

（三）治军有方

直鲁反赤期间，奉军第 14 师师长穆春率领部下攻取了多伦，战后残害百姓，扰民滋事。张学良奉命前往处理，不料穆春部下发生哗变，开枪反叛。1926 年 9 月 22 日，张学良电令热河都统汤玉麟以及察哈尔都统高维岳清剿哗变兵士。穆春率部潜逃，各团士兵均即遣散逃窜，但多数均经沽源南向热河逃去。高维岳行动迅速，严厉打压，吓得哗变者仓皇而逃，持枪的都寥寥无几，不至于再生大患。

高维岳平息兵变迅速，治军有方，纪律严明，不滋扰百姓。11 月 11 日前后穆春部哗变事件的军官以及下属一干人等均被军法处置。高维岳下令清缴该师枪支武器，如数上报，饬令部队不许隐留枪支弹药。为配合热河方面，下令部署前军第 4 旅前往独石口，向沽源方向追击。又令第 5 旅向赤城方向追击。其余驻守张家口的部队，也在附近搜查。没过多久，哗变平息，百姓恢复生产。

　　北京张、韩军团长钧鉴：成密。接奉上将军致钧座及高维岳、凯密真、蒸电，想当转达。伏查穆军逃窜官长第七旅第廿五团除团长郭实山闻被枪决，刻正侦察尸身，并第一营营长张彬已被击毙不计外，其第二营长李孔升、第三团团长高恒山、一营纪姓、二营长刘姓、三营长黄姓、第一旅五团团长于凤林、一营长吕云起、二营长徐昆已击毙，三营长荣相臣、第廿二团团长王德栋负伤逃去，一营长纪连海、二营长李树藩，均于集合讲话时闻警潜逃。其当时监视队伍者仅有营附。至所逃之官长，因与逃队隔离，均不能同行。至查该师现有枪支不过两千，现据各方报告，约收有一千一百支，除万军枪一百卅余支，其仅收马匹二百余匹者，因系该师有闻惊抢马匹走者，并有四处惊散者，刻正在严行搜查中。所有应收枪马，均由军团部周处长会同监收，并饬各部队不得隐留。干究其该师营底，辽源双山，开通太平川、瞻榆、通辽鱼良堡、哈尔新屯、康平等处均存有枪支，可电奉派人搜查收缴。至近方部署，已由前军长令第四旅张旅全旅往独石口，向沽源方向追击。又令第五旅程团向赤城方向追击。其余驻张各部队，任附近之搜查。谨此奉闻。至应发上将军之电，可否列入职名，以免两歧。高维岳叩。真印。①

由于张家口坝上地区贫困落后，一些不法之徒铤而走险，落草为寇。这些匪徒除了到处流窜抢劫杀人外，还掠夺通往内蒙大道上的商旅，这些商贾轻者伤财，重者丧命。高维岳严抓治安管理，应对土匪祸乱，直接派军队前去清剿，捉拿后验明正身，即就地正法。尤其是坝上盗匪猖獗，严重影响百姓生活，将军高维岳调动军警多次向张北县等地进行清剿，成效显著，自此张北、沽源等地道路畅通。对于罪大恶极之人，写明案情，斩首示众于张垣城，可见其惩治匪患的决心。对此，张作霖高度赞赏高维岳等部剿匪有方。

高维岳任职期间，驻守察哈尔地区的奉军遵纪守法，这与高维岳治军严谨不无关系，高对部下官兵要求非常严格，如发现有贪赃枉法的，或欺压百姓的，都严加处理，从不放纵。高维岳整饬军纪往往采用微服暗访的方法，如果遇到军容不整、夜不归宿、扰民害民等诸多情形，立即责打或者关押。不仅管理军队，对于百姓民生也处处关心。相传有个兵吃了小商贩的切糕却没给钱，高维岳得知便下令全体官兵集合，让商贩挨个认人，这样的故事时有发生，久而久之，百姓也对高维岳非常感激，对其严惩违法乱纪之人起了个绰号"高二打爷"。

（四）造福地方

高维岳为人忠诚耿直，严于律己，宽以待人。在执政时期，他的侄子高树森，假借其名，暗中托人在税务机关谋差事。后来被高维岳得知，便亲笔给税务局长去信说："我侄儿不需要工作，我家不缺钱，只缺人。"高树森求职之事便从此作罢。高维岳不徇私舞弊，痛恨行贿受贿，抵制

---

① 辽宁省档案馆编：《辽宁省档案馆指南》，中国档案出版社1994年版，第43页。

讲情面、走门子。高维岳劝导其亲朋故友，不要通过他或者打着他的旗号谋求利益，常言道：靠提拔没出息，靠实力闯出来才行。察哈尔都统是察哈尔特别行政区的最高长官，高维岳位居高职却反感节假登门造访。尤其是每到春节，他命人在门前清晰注明谢客通知，曰都统已回老家过年，谢绝前来拜年。[①] 高维岳身为察哈尔都统必然与部队与地方的大小官绅交往密切，高虚心听取有关军政和地方兴利除弊之事，并提倡在会上畅所欲言。他提出察哈尔地方百废待兴，政务利弊以及军纪废弛等事均可以当面议论。高维岳泰然接受相关建议，坚决纠正错误。在这方面，高维岳从不摆官架子，做到从善如流。

高维岳对于对前任张之江、鹿钟麟留下的市政设施不仅保留还极力保护。对于至今被张家口地区人民所熟知的上堡公园和水母宫继续加强保护，专门派人看护，继续增加花圃林木种植面积。高维岳全力新筑了全城第一条马路，在按旧规分道行车之外，不忘派清洁队，每日清水泼街，保持街道整洁。高维岳算得上一名"儒将"，不仅对历史古迹保护有加，而且对传统文化也情有独钟。张家口古建筑甚多，其中明清时建的庙宇最具代表性。昔日张垣庙宇遗物因为历年战乱，损坏残缺严重。高维岳特发出指令，令察哈尔全区各行各业及各界平民百姓，全力保护所有庙宇等古代建筑，该修葺的修葺，该重建的重建，完整无缺的也要油漆彩绘，力求翻新。高维岳认为保护文化古迹人人有责，下令相关部门张贴政令通告，于是，人人保护古建筑成为行为准则。高维岳在执政期间，文物保护自上而下贯彻成为基本工作与标准规范。察哈尔地区许多历史古迹得以保存及修葺，如张垣正沟街、大境门、堡里鼓楼北、东关街等处的关帝庙，仁寿街的万寿宫，鼓楼东街的大士庙，西城墙底市区里的城隍庙，北关街的财神庙，等等。张垣地区至今仍保存着很多古建筑，且某些古建筑已成为张家口的名片，向后人诉说着这里悠久的历史。高维岳在1927年暮春时节题写的"大好河山"四个大字（见图9），如今仍高悬于大境门之上，并成为张家口的地标式景观。

此外，高维岳在振兴实业方面也有一定建树。他派人把西北军退却

---

① 中国人民政治协商会议辽宁省锦县委员会文史资料委员会编：《锦县文史资料》第5辑，1985年版，第117—119页。

后停顿的工厂加以整顿改造，恢复了缝纫、制革等生产，改称为"实业工厂"。这是张垣官办工厂的代表，为张垣失业人员提供了就业机会，稳定了社会秩序，对张垣实业做出了贡献。此外，在高主持下还将清末遗留的张家口造币厂改建为发电厂，为张家口市政电力提供了保障。

图9 高维岳题写于大境门之上的"大好河山"

1927年8月30日，内务部下达全国人口土地普查的命令，高维岳事无巨细地进行核查，统计成册向上级汇报。1928年3月22日，高维岳积极配合张作霖下达的农田收成普查指令，将察哈尔特别行政区管辖内的田地以及各县区收成情况如实上报。此外，高维岳心系百姓，经常将雹灾、开荒等事宜与北京政府沟通上报，第一时间有效地进行应对。

1928年4月，蒋、冯、阎、桂四派军团联合起来北伐张作霖。5月30日，张作霖在北京召开安国军将领会议，同意张学良"息内争，御外侮"的主张，下令撤兵，让出北京。高维岳率部弃城撤出张家口，结束了其长达两年之久的察哈尔都统生涯。

（五）步入歧途

由于政治立场不同，高维岳在担任察哈尔特别行政区都统之后，对共产党人进行严酷的打击镇压。高维岳在张家口实施了"大清洗"，不仅着重查封各个工厂公司等企业的工会组织，禁绝罢工、游行、集会等群众活动，他还命令军警特务到处搜捕所谓的"赤党"和"捣乱分子"。

在高维岳的镇压下，工人阶级成为其重点迫害的对象，一些阶级骨干被抓捕，100多名工会干部被免。掌管察哈尔大权的高维岳，在奉军进占张家口后的一段时间里，在清水河边大量屠杀被称之为"赤党"或"捣乱分子"的进步人士。

虽然高维岳的白色恐怖政策给张家口的革命力量造成了沉重打击，但是张家口的共产党人和革命群众依然在风雨中屹立不倒，他们以各种方式积极地恢复组织，开展隐蔽的地下斗争。1926年8月，丁孜孜、袁达时秘密潜回张家口，整顿和重建张家口的党组织，恢复建立了中共张家口临时地方执行委员会。1926年年底，中共北方区委又派云岭、多松年、任殿邦等到张家口，加强张家口党的领导力量，并对中共张家口地方临时执行委员会进行调整，成立中共张家口地方执行委员会，下属组织有张家口铁路工人、张垣华北电灯公司、孤石村东湾子农林试验广3个支部。1927年初，地委委员李怀才等领导电灯公司、铁路系统部分党员成立中共张家口临时支部，通过该临时支部同张家口、万全、张北等地的党组织保持联系。地委组织支部中由丁孜孜负责的民校就是国民党革命工作组织。此时，中共以及国民党与以高维岳为首的反革命势力展开了激烈的斗争。

1927年4月15日，高维岳秉承张作霖的旨意，在张家口加大了其镇压力度。万全警察所奉命搜查万全乡村师范学校，查封了"术古斋"联络点。此联络点是1927年3月初，共产党派胡若愚（化名王若愚，关南人，30多岁）于万全城北街路东开设一个附售文具纸张的小型书店，从事建党工作。①

高维岳加派军警特务，极力搜捕共产党员，中共张家口地方执行委员会领导机关由于叛徒的出卖被破坏，地执委书记云岭、中共察哈尔特别区工委书记、地执委委员多松年及地执委委员任殿邦先后被捕。蒙古

① 中国人民政治协商会议张家口市委员会文史资料委员会编：《张家口文史资料》第23辑〔察哈尔纪事特辑（1675年—1952年）〕，1993年版，第68页。

族共产党员多松年也被迫害致死。多松年是一名优秀的党员，于 1926 年秋天从苏联回国，任中共察哈尔工委书记，为开展党的工作进行了巨大努力。他奔波于北京、归绥之间，联络同志，恢复组织，开展活动。1927 年 4 月，他赴武汉参加中共四大，会后他回到北京得知李大钊等遇难，悲痛万分，冒着极大的危险回到张家口，在白色恐怖中采取应急措施，部署党的工作，不幸被叛徒告密而遭逮捕。他在狱中惨遭严刑拷打，但坚贞不屈，与军阀进行了面对面的斗争，揭露其残暴罪行。高都统气急败坏，将多松年游街示众后，钉死在张家口大镜门城门上，牺牲时仅22 岁。这是奉系军阀以绞刑杀害李大钊等之后，又一次以残暴手段屠杀共产党人的典型罪证。

自 1927 年 7 月以来，高维岳不停歇地抓捕革命人士，除中共地执委机关被破坏、部分领导人被抓捕外，电灯公司的李振庭、刘子香、李文会、杨国君以及共青团张家口地方执行委员会第一任书记杨洪涛等 20 多名共产党员、干部及工会骨干被抓捕，杨会恭、王荩臣、张玢、王延芹、杨宝昆等工会领袖被杀害。此外，高维岳还对国民党进步人士严加侦查，破坏其组织，没收其财产，并逮捕两名国民党人。

高维岳任察哈尔都统以来，疯狂捕杀进步人士，一时间察哈尔地区出现"白色恐怖"。高维岳反革命反共产主义暴行令人发指，下令军警特务一切人员进行严加盘查，厉行"宁可错杀三千，不可放过一个"的政策。

虽然，中共张家口地方执行委员会以及党的基层支部大都遭到高维岳破坏，但仍有未被破坏的中共张家口电灯公司党支部在坚持斗争，特殊的形势下展开了特殊意义的斗争，在张家口革命事业发展的历史进程中，做出了特殊的贡献。它有力地保证了共产党在张家口革命活动的继续开展，使张家口人民在黑暗中仍然能够看到革命火种的光明，从而鼓舞他们树起了坚持革命斗争的信心和决心。

（六）评述

高维岳在位期间，民心稳定，打破了当时奉军扰民的传言；治军严格，平定匪乱，发展察哈尔经济，有效地缓解了当时张垣民生凋敝的气象。高维岳在对察哈尔的治理过程中，制定相关法律法规予以规范，对于违法乱纪必定严惩，绝不姑息。对于其政治信仰而言，他是个实实在在的封建落后军阀。他还对进步势力的发展采取猛烈扼杀的政策，捕杀革命人士的残酷行径令人发指。总体而言，高维岳在任两年左右，对于察哈尔建设和民生改善方面起到了积极推动的作用，却给察哈尔民主革命事业造成了极大的破坏。

1928 年春，蒋介石联合冯、阎、桂共同北伐张作霖，阎锡山任第三集团军总司令，四五月间，奉军因作战失利，向关外转移，阎锡山所部之商震抢先占领了北京、天津和保定，另一路军则占领了绥远和察哈尔。5 月 25 日，阎锡山任命商震为察哈尔特别行政区都统，但商震因忙于军务未能到任，由张砺生代为主持。

四 "特殊存在"，张砺生恨时短

张砺生（1888—1975），原名张秉义，察哈尔尚义县大西沟村人。同盟会会员、国民党党员，早年曾参加过辛亥革命、护国运动和护法运动，任护法军政府国会议员。后任阎锡山国民革命军第三集团军骑兵第 11 师师长，参加北伐。1928 年 5 月，北伐战争后期，暂代商震任察哈尔特别行政区都统。北伐结束后，转任骑兵第 2 师师长，察哈尔省政府委员。九一八事变后，随冯玉祥在张家口组织民众抗日同盟军，任察哈尔自卫军军长。1938 年 10 月，国民政府任命其为代理察哈尔省政府主席（省政府流亡在陕西）。张砺生任职察哈尔期间正值抗日战争最艰难时期，领导本地武装义无反顾地游击抗战。拥护抗日民族统一战线，积极与中共抗日武装协同作战。张坚决反对蒋介石"攘外必先安内"政策，愤然与蒋决裂，在北方与冯玉祥组建抗日同盟军，持续抗日革命，终因敌人瓦解与内部分裂失败。张砺生一生于民族大义前毫不动摇，抗战杀敌勇猛，为了民族利益忍辱负重坚持抗日。

（一）辛亥元老

张砺生早年于北京国民大学肄业，1910 年参加同盟会，辛亥革命后任第一届国会众议员。参加过护国、护法运动，任护法军政府国会议员。

北伐时期，张砺生任国民革命军热察绥招讨使，并由蒋介石推荐给阎锡山，望阎对其予以支持。1927 年 10 月，阎锡山任张砺生为察热招讨使。1928 年 4 月，蒋、冯、阎、桂进行二次北伐，阎锡山出任第 3 集团军总司令，张砺生为阎旗下骑兵第 11 师师长。张砺生率部随商震攻下绥远、大同、张家口等地。同年 5 月 25 日，因商震忙于前线军务，张砺生暂代其出任察哈尔特别行政区都统。旋即于 6 月由赵戴文接任察哈尔都统一职。1928 年，南京国民政府将察哈尔特别行政区升格为察哈尔省，赵戴文被正式委任为察哈尔省主席。

1930 年中原大战中，张砺生为蒋介石效力，战功显赫。"九一八"事变后，张砺生对蒋介石"攘外必先安内"政策极为不满，主动请缨抗战被蒋介石拒绝，遂产生脱离蒋介石的念头。1932 年 3 月，张砺生向蒋介石提出辞呈，同年 6 月，张砺生返回北平，此后避居张家口。时冯玉祥正在张垣从事抗日活动，由于在抗日问题上志同道合，张砺生 1933 年随冯玉祥在张家口组织民众抗日同盟军，任察哈尔省民众自卫军军长。后察哈尔民众抗日同盟军在日寇和蒋介石中央军的夹击下难以为继，冯玉祥通电下野，张砺生避居故乡西沟村。其后继续从事抗日活动，与南汉宸等人在天津组织反法西斯大同盟，任常务委员。

1936 年，在宋哲元推荐下，张砺生担任察哈尔省政府委员兼察哈尔省建设厅厅长，此后一直到 1949 年中华人民共和国成立前，张砺生一直担任该职。1938 年 10 月 6 日，国民政府任命张砺生代理察哈尔省政府主席（此时察哈尔省政府流亡在陕西）。

张砺生对共产党八路军抗战心存好感，1938 年曾同周恩来会晤，并赴延安，受到毛泽东的接见，这些引起了蒋介石的不满。1939 年 1 月 14 日，下令免去其察哈尔省代主席职，令石友三继其后任，以达到疏远张砺生拉拢石友三之目的。但是仍保留了张砺生察省建设厅长及省政府委员之职。1941 年，蒋介石任张砺生为晋察绥区挺进军总司令。抗战胜利后，1946 年 10 月，张砺生改任察哈尔省军官区司令，张砺生因反对内战，常驻北平，在该任上并无作为。北平和平解放后，毛泽东对张砺生表示谅解。新中国建立后，任国务院参事，曾当选为第一、二、三届全国人大代表，第一、二届全国人大法案委员会委员。1975 年 1 月因病逝世，终年 87 岁。

(二) 接管察省

1920 年初春，张砺生奉中山先生面谕，回北方从事地下革命武装的建立，先由上海到南京，然后渡江到浦口乘京浦路火车北上。为了工作方便起见，张在济南下车，面见当时山东督军田中玉。因田中玉任察哈尔都统期间聘张为都统署顾问，二人私交甚好。面见田中玉是张砺生打入直系的最佳机会，礼貌有加，田见张砺生后即为之设宴洗尘，田观其表现不错又请山东军政首脑作陪。张砺生在与田的私谈中，不忘初衷，逐步融洽，田遂答应为其介绍军政要员。张砺生到达北京后，速与各方有关人士接洽联系，汇报相关工作，谨遵中山先生口谕，处理好一切后于 1921 年初返回张家口。时任察哈尔都统张锡元与田中玉关系甚好，所以张锡元对张砺生颇为照顾，聘张砺生为都统署参议，最终张砺生在张家口立足。自此，张砺生与察哈尔结下了不解之缘，为以后在察哈尔开展各项事宜奠定了基础。

(三) 创办实业

张砺生在张家口立足后，想方设法选择各种职业作为掩护，在 1921年至 1923 年创办了多家实业机构。张首先创办的是察哈尔实业学校，这个学校当时是张奔波劳碌多时，聘请有名望的士绅集资成立的。张砺生任董事长兼校长期间，虽名为创办实业，实际上是在为革命培育人才。张聘请的教职员工大多数都是与国民党密切相关的人物，例如校教务主任胡子恒后来担任察哈尔教育厅厅长，总务主任陈凤桐在新中国成立后任中国农业科学院党组书记兼副院长。该校在张砺生的领导下，培养了很多优秀的军事人才，有不少被保送至黄埔军校，有些学员后来还成为高级将领。在经济方面，张砺生兴办了一些经济机构，如大业银号，千利、千源两个商行，用以从事国内国际的贸易活动。张砺生亲自担任董事长兼总经理。创办实业最重要的是充足资金的支持，当时交通银行张家口分行的经理袁砺衡与张砺生关系甚好，深受张新思想启发，在经济上给予了张砺生极大的支持。

（四）积极抗战

1928 年 4 月，蒋、冯、阎、桂进行二次北伐，阎锡山出任第 3 集团军总司令，张砺生为阎旗下骑兵第 11 师师长。张砺生率部随商震攻下绥远、大同、张家口等地。蒋介石为拉拢阎锡山，将京、津、山西及察哈尔、绥远地区交给阎锡山掌握。5 月 25 日，阎锡山任命商震为察哈尔特别行政区都统，但因商震忙于前线军务，张砺生暂代其出任该职。但是其就任与否因资料所限无从查考，可以获知的是，短短数日之后，6 月，赵戴文即接任了察哈尔都统一职。这是张砺生第一次以地方行政长官之名出现在察哈尔历史中，

1938 年 10 月 6 日，国民政府任命张砺生代理察哈尔省政府主席（此时察哈尔省沦陷，察哈尔政府流亡陕西），同时国民党军事委员会也任命张为察哈尔游击总司令。这是张砺生第二次担任察哈尔地方行政长官。张砺生从武汉启程北上任职之前，专程与周恩来在扬子江饭店张的住所进行会晤，陪同周恩来的是宣侠父，陪同张的是其参谋长魏自愚。双方完全出自民族的利益会谈抗日部署：周恩来对张到前方和八路军如何配合作战等问题做了详细地安排，并由中共武汉办事处拟好密码电报以便联系，张对于周恩来的安排非常满意，也对周的各项安排部署表示赞赏。张砺生行事谨慎，办事有条不紊，先是出于程序上的原则，张砺生在武汉又分别向军委会、军政部洽领了军费和武器弹药等事项之后，即飞抵重庆。先后拜会了林森、汪精卫、孔祥熙和国民党其他各方人士，最后又到湖南衡山参加了南岳的军事会议。会议期间蒋介石单独召见了张砺生，指示其要为党国前途多努力，不要为异党所利用，"你如能忠心去干，我一定对你信任不疑，你可放手去做，有什么困难来电，我一定给以解决"。召见完毕，张即由重庆直飞西安。张砺生去西安很快就组织好省政府和游击总司令部的人事安排。10 月中旬，张在西安没有多做停留，即带上刘汝明交给其的枪马齐全的一团人以及省政府和总部工作人员，由西安经三原而到达了延安。

延安各界对张砺生的到来表示热烈欢迎，当晚由边区主席林伯渠设宴为其洗尘，翌日毛泽东主席接见了张砺生。毛泽东主席对张表示："你是我们的老朋友了，今天我代表我党中央对你表示真挚的欢迎与慰问，

希望我们今后合作得更好，为国共合作做一个好榜样。"张砺生说："我此次奉命回前方，绕道延安主要目的是能够见到毛泽东先生，这是我久已盼望的事，今日能得以实现，这是我最大的荣幸。看到您身体如此健康，我不但为中国共产党庆幸，也为全中国人民大众庆幸。我衷心希望您不要见外，多多加以指导，我这次来见您主要就是向您请教。我今后应如何在民族统一战线下做好与中国共产党合作抗日工作，并为我们民族的解放能有所贡献，那就不枉我此行了。"毛主席随即设宴招待，同桌的还有林伯渠、吴玉章、谢觉哉、任弼时、南汉宸等同志。第三日，张砺生由南汉宸陪同参观了延安的市容，当晚参加了欢迎晚会，晚会上又和毛主席坐在一起洽谈。张砺生为了民族大义，为了抗日民族统一战线的形成所尽之努力，也是其表明积极抗战的决心。

(五) 脱蒋赴察

延安各界人士对张砺生的热烈欢迎，使当时在延安的一些国民党人士大为恼火，于是他们就给国民党中央打电报，电报说：张砺生做的是国民党的官，可干的是共产党的事。[①] 在国共敌对的状态下，张砺生"如此抗日"必然引起了蒋对张砺生的反感，当时蒋介石盘算一方面拉拢石友三；另一方面瓦解张砺生等人的"亲共派"，突然下令免去张察哈尔省主席的职务，让石友三继任。张砺生满怀愤慨与抗日决心，于是去电请示蒋介石以决不愿与石友三合作为由，请辞去察哈尔游击总司令之职。张砺生一心积极革命，崇尚新思想，正计划辞职照准后奔赴延安，不料蒋介石怕其倒戈投共，立刻发来电报改愤怒为歉意，反而任命张为蒋的军事委员会第一游击总司令，言明张砺生直归蒋的军事委员会领导，并派军统特务贾荫桓为参议，带一部可直接和蒋介石联系的电台。蒋介石如此盘算，显而易见，贾是监军，密切监视张砺生并用电台随时向蒋介石报告张的一举一动。张砺生对蒋介石这种既打又拉的做法十分愤慨。

其实早在1931年的九一八事变之后，张砺生就开始与蒋介石发生政见分歧，张的民族大义与蒋的消极抗战格格不入。在抗日问题的立场上，

---

① 张仲明：《回忆先父张砺生》，政协河北省张家口市委员会文史资料研究委员会《张家口文史资料》第1—3辑，1987年版，第21—62页。

张砺生毅然选择与蒋介石决裂。九一八事变发生时，张正在上海宝隆医院治病，部队在河南归德修整。当时作战部的命令是张砺生部由津浦路移防陇海路，计划向西占领宁夏。事变消息传来，张砺生义愤填膺，即对秘书石冠英说："国破家亡何以病为，可急电蒋销假返防。"同时因石友三叛变，蒋十分着急，遂下令张砺生等一系列出谋划策的军政要员可以随时会见，9月底，张砺生亲自由沪到南京觐见蒋介石，张说："现在不是安心养病之时，敌人压境，且已失了大片土地，国家民族处于危亡之机，我又怎能安心养病?! 我身为军人，理应前敌杀贼，虽马革裹尸，也在所不计。请总司令下命令，我愿率部北上抗日。"蒋说："少安毋躁。东北之失，完全是因张汉卿为了打石友三，把看家部队都调了出来，致使日本有机可乘。现在两广又在捣乱。江西的'匪患'（指共产党领导的革命斗争）又如此猖獗，我们力量不够，顾此失彼。在这种杂乱无章的情况下，轻谈抗日岂不是自取灭亡。你看该怎样呢?"张说："当前之急务，首先是抗日收复失地。中央应派军队北上协助张汉卿尽快收复东北，否则全国舆论是不会同情我们的。两广好在都是先总理的信徒，我想他们不敢冒天下之大不韪，在国难当头之际搞内争。共产党也是中国人，我们都要从民族利益出发，可以一致对外。只要中央有决心抗日，尤其总司令出面，领衔发出全民抗日之号召，一切国内问题定可迎刃而解。如果谁捣乱破坏抗日，那么谁就是汉奸卖国贼，我们就有理由群起而攻之。至于我砺生个人，只要总司令抗日，肝脑涂地也追随总司令干到底。请总司令相信我。"蒋说："你先回防地吧! 军人以服从命令为天职，你听命令吧!"张砺生只有唯唯而退。日后，蒋介石依然态度不变，张砺生为了报国抗日，发动各方朋友，并和中央其他将领联名向西南当局发表电文"停止内争，拥护中央，拥护蒋"①，以力求统一意见，一致抗日。

10月初，张砺生返回了防地归德并在三天后召开了全师团以上干部会，讲了目前国内情况，提出了唯有抗日才能救国，并提议以全师官兵名义向中央发出请缨抗日的全国通电。通电发出后数日，蒋介石即来电召张砺生到南京面谈，蒋说："你的通电是很好的，但抗日也需有一个准

---

① 河北省政协文史资料委员会：《河北文史集粹》（政治卷），河北人民出版社1992年版，第245页。

备阶段。以我们现在装备来看，我们和日本是打不了一个月的。最大的问题就是我们还有内患，共产党口口声声还要推翻我们，内乱不除何能谈到攘外？我们现在只有先安内。你要知道共产党如得逞，我们是死无葬身之地的。你要看清楚这一点，不要受外界宣传的影响。你放心，我们一定要抗日的，但不是现在，到了我们准备好时，我一定委你以重任。你也要相信我，我蒋中正绝不会做汉奸的。我们一起渡过了不少艰难，希望你能和我艰苦共尝，有始有终。"张听了可谓"诚心之言"，随即答复说："感谢总座对我的信赖，只要有利于国家民族，我是万死不辞的。"张无奈退出。

当蒋介石重新上台后，改任军事委员会委员长，但实际上仍是南京政府主宰者。在蒋、汪等去洛阳开国难会议时，汪精卫路经归德会见了张砺生，会谈以抗日大计相询，但汪精卫却说："国内敌人还干着推翻我们的勾当。我们的力量又怎能随便分散呢？轻谈抗日是一种不负责任的态度，党国之兴亡，端赖你们这些高级将领。你一定要坚信，先安内后攘外，是我党的既定政策。你是我党的老干部，要忠心党国，与共产党势不两立，谅不以我直言为怪吧！"张砺生听后发现汪先生竟然和蒋先生同流合污，"先安内后攘外"的论调使得张砺生对这些消极抗战的人无法容忍，要想抗日就得另辟蹊径，张砺生只能选择辞职。

1932年3月中旬，张砺生召开了全师旅团长及高级幕僚人员的会议，在会上宣布其以患麻痹症需治疗为由已向军委会呈请辞职，在批准前先由副师长蒋侃如代行师长职。张遂即带着家眷径赴北平。1933年1月初，长城抗战开始。3月初热河失守，张学良自责，请求辞职。蒋介石北上，约张学良见面。在这之前，陈调元有亲笔信给张砺生，意在蒋介石想与其面谈。为了避免见蒋介石，张只身由北平先赴张家口，家眷随后再去。在张家口，张与傅作义面谈抗日国事。傅不久回绥，阎锡山部下李服膺却竭力为阎锡山说话，并希望张砺生再能回阎处任职，张不肯。自此，张砺生到达察省，逐步为下一步抗日大义尽最大努力。

（六）投身抗日

九一八事变发生后，冯玉祥吸取中原混战的教训，悉心组织决定东山再起，为了民族独立与国家危亡，抵达南京呼吁团结一致对外，但在蒋、汪勾结下，冯的抗日救亡活动成了画饼充饥。正当冯发愁抗日大计之时，宋哲元任察省主席职，冯意识到察省地处边远，活动较易，于是于1932年10月初移驻张家口。从此时起，冯与张砺生便相知相识，一起投身抗日工作。

早年张砺生与冯玉祥都与李烈钧先生有着密切联系，因此冯对张是推心置腹的。同时，冯的旧部不少也到了张家口，尤以吉鸿昌最为热情。冯有一次对张砺生说："方振武部从山西开拔来察，但由于东北军所属张诚德骑兵师之阻拦，很为费事，听说张诚德系你之旧部，你是否可派人说张，请他让路于方，他如能听从也算他间接帮助了抗日。"张砺生听罢遂派旧部团长王法之（后任傅作义部第104军副军长）去见张诚德。经过说服，张诚德答应让路，因之方部才能陆续进入察省。冯玉祥据此战功，对张十分信任。

继方振武进入察省，各方抗日人士多已陆陆续续抵达张家口。1933年5月下旬，日伪军由热河大举南侵。在沽源沦陷后，察全境告急，在此危急之秋，冯玉祥召集到达张家口的各方人士，一齐组建抗日力量。经过周密会商，立即组成察哈尔省民众御侮救亡大会。大会决议组织民众抗日同盟军，并公推冯玉祥为总司令，方振武为副总司令。5月26日，冯、方发出通电，宣告就职，同时成立张家口卫戍司令部，以吉鸿昌为司令，张砺生为副司令，先以解决张家口之治安为主。同时，冯任命佟麟阁为察省代理主席，并兼任第1军军长；吉鸿昌为第2军军长；张砺生为察哈尔民众抗日自卫军军长。其他被任为军长的有高树勋、张人杰、张凌云、邓文、冯占海、黄守中、檀自新、李忠义等。另外孙良诚被任命为骑兵挺进军总指挥。在这些人当中，任吉部师长的宣侠父，实际上是代表中共推动民众抗日同盟军的中坚人物。6月15日，在张家口召开了同盟军第一次代表大会，张砺生、张允荣、邓文、张慕陶、武纯仁等被推选为主席团主席。决议成立民众抗日同盟军军事委员会，为代表大会闭会期间之最高权力机关，处理同盟军区域内的一切军、政、财、外交等事宜。大会还选举了军事委员会的委员、候补委员及常务委员。会后，吉鸿昌就任北路前敌总指挥职，率军向北收复失地。张砺生奉命收复了康保，吉则继续率军攻克宝昌、沽源直至收复多伦。吉和张之英勇善战，实为同人等之所不及。

在抗日同盟军宣布成立不久，蒋介石就开始对张砺生开展了策反活动。蒋即派原任骑二师的政治部主任赵清源给张去信，蒋预想利用故交之谊拉张砺生回归其麾下。赵清源在信中屡屡诉说蒋对张关怀之情和借重之意，并提出只要张砺生脱离冯，蒋决在华北给其一适当位置，军政由其一人主持，甚至直接挑明让他当察哈尔省主席兼一个军长。张砺生二话没说，将信直接交给了冯玉祥。张砺生抱定抗日决心不动摇，面对多次的"劝归"弃之不理，在赵清源书信策反后，紧接着陈果夫、陈立夫兄弟又让苗培成派张砺生的旧部要亲自来张家口，目的也是要劝说张砺生"珍视在国民党内的历史"，并以私人感情劝张砺生重新回来。张砺生断然回绝："你跟我多年，对我的为人不是不知，我一生最不愿干的就是倒戈叛卖之勾当，尤其冯是在抗日，你想我能这样做吗？总之，士各有志，大人先生们这些话我不爱听，你赶快离张回平答复他们，不要再在这里进行其他活动，否则我就将你扣起来。多年袍泽，你要留下我欢迎，不然你就立刻走。"由此可见，张砺生抗日反蒋决心已定，誓死跟随冯玉祥抗击日寇，保家卫国。

同盟军自成立起就遭到多方面的反攻，抗日道路如履薄冰，蒋介石、汪精卫、何应钦的声讨指责，反动势力甚至暗地勾结日本侵略者破坏同盟军，诸多潜伏反动分子如汉奸、特务等散布各种流言蜚语，同时，使用"赤化"说，即冯借抗日之名，实则要割据赤化，等等。蒋、汪明着利用"中央"命令，迫冯取消同盟军番号，交还政权，听候"中央"处理；暗着派遣蓝衣社特务，潜入察省，策划瓦解同盟军的活动。国民党大力拉拢中立的孙殿英部，企图叫孙打冯。冯玉祥因此派张砺生和张允荣为代表去见孙，张砺生等一行同盟军代表明确态度，坚决拥护大义。张等人的气魄震撼了孙殿英，孙表示他绝不打同盟军；蒋、汪各种力量撼动不了冯、张等同盟军抗日到底的决心，于是便使用武力。他们首先联合日军，商订了协同进攻同盟军的计划，继则调集兵力20多万，准备进攻张家口。进攻前，蒋、汪先致电冯玉祥，提出四项最后通牒，即（1）勿擅立军政名义；（2）勿妨害"中央边防计划"；（3）勿滥收散兵土匪；（4）勿引用"共匪头目"煽扬赤祸。四项要求提出后，进攻张家口之军事部署也已完成。① 步步进逼，内战一触即发。这时，北平分会的何应钦，又要宋哲元入察。冯玉祥即乘势提出，如宋哲元回察，他愿交出军政权。冯玉祥在压力下，召集同盟军的高级将领开会，发表讲话，其大意是：同盟军已处在内外交逼的情况之下，如继续干下去，势必引起内战，这样徒使日本帝国主义坐收渔人之利，不如以宋哲元回察主政，这样还可以在宋的掩护下保存一部分抗日力量，以图将来等语。此刻的张砺生主张应继续保留同盟军番号，冯玉祥下野不可能瓦解同盟军，同盟军依然可以推他人继冯坚持抗战。张砺生的抗日爱国之心打动了全军上下，于是就改推方振武为代理同盟军总司令。冯离张家口后，宋哲元即于八月中旬进入张家口，同盟军各部分别退往察北一带。在同盟军作战规划上，方振武、吉鸿昌主张东进平津，张砺生则主张西退大青山，再进而到河套宁夏一带打游击，并相继与北上的共产党取得联系，在西北内蒙古形成一个抗战的局势，与日本帝国主义周旋到底。张砺生认为：进攻平津无疑是以卵击石，平津一带敌人兵团云集，同盟军的力量不够，硬碰硬必然吃亏。可方、吉两位表明立场：宁肯失败也要以这一行动来唤起国人奋起抗日之雄心。不仅张砺生提出反对，而且其所带部队都是地方武装，兵士一听要离开家乡东开，都先后溜回了家乡。最终兵至尚义县已所剩无几，不但东开不成，而且再次西退大青山也成为泡影，束手无策的张砺生只能在其家乡尚义县宣布解散。至此，由于同盟军内部不合，张砺生个人已完全处于失败的境地，方、吉二人不久也被打散，最终同盟军失败。

抗日同盟军失败后，身在家乡尚义县的张砺生在大西沟村休整了一段时间。在此期间，宋哲元曾派张允荣前去拜访，并写信希望张能与宋共事，张没有同意。后来山西骑兵司令赵承绥又邀请张砺生去山西住了一段时间，阎锡山曾会见张砺生，每日谈话数小时并持续了数日。阎锡山意图留张在山西，并任张为太原绥署的高参，但张未就职。张砺生在山西逗留数日之后，回到北平。不久张砺生又接到当初抗战挚友吉鸿昌的来信，张迅速奔赴天津会合南汉宸、宣侠父诸革命同志，从此，在中国共产党的领导下，张砺生积极投身于抗日救国活动中，为解放中国人民而战斗。

---

① 宋希濂、董其武等：《九一八事变》，中国文史出版社 2015 年版，第 343 页。

（七）评述

张砺生一生曾两次担任察哈尔行政长官，第一次是1928年5月，因蒋、冯、阎、桂进行二次北伐，蒋介石为拉拢阎锡山，将京、津、山西及察哈尔、绥远地区交给阎锡山掌握。张砺生作为阎锡山部属，代替商震担任察哈尔特别行政区都统，但任职时间很短，旋即为阎锡山铁杆亲信赵戴文所取代。这仿佛是军阀混战中某种惯例，凡是有较强实力的政治、军事集团就必然要在地方乃至中枢占据相当的席位，这是各派系、各集团所要求的一种待遇，也是中央与地方、全局与局部关系的缓冲。在这种惯例之下，张砺生第一次出现在了民国时期察哈尔行政长官名录之中。但因任职时间极短，并未有所建树。

1931年九一八事变之后，张砺生在察哈尔地区追随冯玉祥组织察哈尔民众抗日同盟军，积极从事抗日活动，并有收复察东四县的辉煌战绩。民众抗日同盟军解体后，1936年至1949年，张砺生一直担任察哈尔省政府委员兼察哈尔省建设厅厅长，并于1938年10月6日担任代理察哈尔省政府主席，这是张砺生第二次担任察哈尔行政长官。但是今非昔比，此时的察哈尔已沦陷于日寇的铁骑之下，察哈尔省政府流亡在陕西，张砺生虽身兼察哈尔省政府数职，但是也无法在察哈尔施展拳脚、实现抱负。在这段时间中，因在抗日方面志同道合，张砺生反倒和中国共产党有了接触，他不但同周恩来会晤过，还赴延安受到过毛泽东的接见，这也是张砺生在民族利益面前，能放下政治信仰，以大义为先的突出表现。但是，张砺生的亲共行为引起了蒋介石的不满，下令免去其主席职，由石友三继任。

第 二 章

国共十年对峙时期
（1927—1937）

这一时期的中国，社会矛盾复杂，主要矛盾由国内阶级矛盾演变为中日民族矛盾；基于主要矛盾的变化，国共两党关系由内战、对峙，转向合作抗日。

中共从理论上和实践上为中国革命探索出一条在农村建立革命根据地，以农村包围城市，最后夺取全国革命胜利的正确道路；中共在遭受两次重大挫折后，在同国民党反动派进行斗争的同时，也克服了党内的右倾和"左"倾错误，从幼稚走向成熟；中国抗日民主运动也不断发展，突出特点是抗日与反蒋相结合。而代表大地主大官僚利益的国民党，却坚持"攘外必先安内"的方针政策，置民族大义于不顾。

但是，随着日本侵华的一步步加深，中共终于选择逼蒋抗日，以西安事变为转折点，国共走向新一轮的合作。

第一节 日本侵华之前

日本侵华前夜，也就是1931年九一八事变之前，这个时期的中国，以国内矛盾为主，焦点主要在国共之间的纷争上，共产党虽然节节失利，但也在这种失利中渐渐找到适合自己——或者说适合中国的发展道路，确立了党的领导核心，为下个阶段做了准备。

一 "书生"——赵戴文

赵戴文（1866—1943），字次陇，别署清凉山人，山西五台东冶镇人。1866 年 12 月 9 日（清同治五年十一月初三）出生。家境优渥，从小饱读诗书，受到良好教育。后被保送至日本留学深造，结识同乡阎锡山，是早期的中国同盟会会员。归国后，投入组织山西省同盟会的工作中，是辛亥革命时期山西的主要领导人之一。曾官至山西省政府主席、国民政府内政部长、监察院长，与阎锡山关系密切，是仅次于阎锡山的山西第二号人物。1928 年，赵戴文得到了察哈尔都统的官职。由于赵戴文是文人出身，他在军政方面的贡献微乎其微，在较短的任期内，尽力安定了当地的秩序。赵戴文在抗日战争中做了大量的贡献，他坚决反对阎锡山降日，最终说服阎锡山没有走上卖国求荣的道路。赵戴文多年从事教育事业，且颇有建树，被一些人称为学界耆宿，成为山西省现代史上一位重要的人物。

图 10　赵戴文

（一）书生意气，投身革命

赵戴文的父亲赵良槐因父母早亡，为了能早早地养活自己，很小年纪便走上了经商的道路，赵戴文幼时家境优裕，无忧无虑。在 9 岁那年，入了同村的村塾，开始了启蒙教育。赵戴文天生聪颖，14 岁的时候，他已经可以熟读各种经史著作，写文诵读。因为赵戴文是家中的长子，又"生而颖异"，被自己的家族寄予厚望。在当时的大环境之下，赵戴文和当时的读书人一样，走的是一条读书、科举、做官之路。1890年，赵戴文在晋阳书院肄业，他开始了自己独自对学业的探索。1893年，赵戴文在经过数年的准备之后，正式参加了科举考试。早年艰苦的学习使他有了扎实的儒学功底，使得他的考试文章被当时的学使王梅岑擢为"今古第一文，列一等第一"。紧接着，他进入山西的最高学府"令德堂"继续学业。进入令德堂学习的赵戴文因为受到宋代程朱理学的影响和熏陶，所以并没有再沿着举人、进士的科举做官这样一路走下去，而是从此再不应试，一心只做他所追求的学问。在令德堂卒业之后，赵戴文开始了他短暂的教学生涯。赵戴文想应用他 20 余年中所学所得，为家乡的教育事业做出一点贡献，于是他先赴祁县就家馆，随后又到宁武中学教书，最后再被聘请到山西大学堂当老师，过着简单而又充实的生活。

1900 年后，赵戴文受聘于山西大学堂执教并任宁武学院院长，他目睹了清末政治腐败，外侮日亟，国是日非，激发了他的民族意识，慨然有忧国忧民的思想，倾向革命。在当时复杂的社会环境和国际背景下，中国的一些有识之士开始思考中国与国外的真正差异，于是留学海外成了最直接的方法。与中国隔海相望的日本自然成了当时中国留学生出国留学的首选之地。

赵戴文一生的重大转折发生在 1905 年，赵戴文时年已是三十有九，儿女满堂。赵戴文原配发妻刘氏系东冶镇北街人，生子效复、仰复，后刘氏早丧，继娶姚松贞乃本县樊家崄人，生二子五女。就在这一年，在当时山西省巡抚的要求之下，赵戴文被山西大学堂选中，送至日本留学，在东京宏文师范学堂攻读教育。

在日本的学习和生活彻底改变了赵戴文这个曾经立志投身教育事业的人，日本的先进与中国的落后深深刺激了赵戴文的内心，他下定决心要拯救中国、拯救民族。于是，赵戴文便开始心向革命，与反动的清政府完全决裂。在革命热情的指引下，赵戴文参加了山西同乡会，与同在日本士官学校就读的阎锡山结缘,两人一拍即合,志同道合。

1905 年 8 月 20 日,孙中山领导的中国同盟会在东京正式成立。处于思想转折时期的赵戴文听闻后,经同盟会山西分会总干事谷思慎介绍加入中国同盟会,开始革命活动(赵与阎过从甚密,曾被孙中山誉为山西一文一武。赵与阎相友善,这也是赵戴文毕业后忠于阎锡山的起步),成为山西省中最早一批的同盟会会员。

1906 年,赵戴文从东京宏文师范学堂毕业后,同阎锡山一同回国。当时孙中山认为中国革命形势大好,于是命令阎锡山和赵戴文回国领导革命运动,并给每人分发一枚炸弹,随时准备发动革命。在两人回到上海时,由于关卡戒备森严,阎锡山主动要求将赵戴文身上的炸弹一并由自己携带,最后安全通过检查。赵戴文被这种勇敢的行为所感动,自此两人的革命友谊越来越深厚。赵戴文回国后留在太原,他在山西农林学堂及公立晋阳中学从教,担任庶务长等职务的同时,也利用职务之便,在学生之间展开积极的革命活动。同时负责山西同盟会支部秘密联络会员等革命活动。后来,南桂馨由日本到太原与赵戴文接上了头,推进山西的各种革命活动,并在太原创设了振兴派旅社,代销北京《国风日报》、上海《民吁报》(于右任主持)及其他宣传革命的报刊。后由太原《晋阳时报》董事梁硕光的发起整顿该报,充实内容,由北京请回王用宾为主笔。此后《晋阳日报》实际上成了革命党人的宣传机关报,并和《国风日报》联络在一起,为传播新思想,推进革命运动起了很大作用,而赵在联络发展同志、发动青年参军,宣传新思想,推动各种活动等方面起着重要作用。

1909 年,在日本留学士官学校的山西籍学生陆续归国。温寿泉首先到达太原,任山西大学教员。继之阎锡山也回晋,任新军第二标教训官。阎锡山、赵戴文及南桂馨等策划组织一个宣传小组,试图通过舆论压力逼迫山西巡抚丁宝铨、第二标统夏学津两人下台,使革命党人的组织力量在新军中得以发展壮大。1911 年,赵与阎等建立同盟会太原核心组织。10 月 10 日,武昌首义告捷,震动全国。胜利消息传到全国各地,革命党人莫不跃跃欲试。这时山西巡抚连续召开紧急会议,为阻止晋省革命爆发,遂决定紧急命令,将新军第一标靠不住的两个营调离太原,沿风陵渡一带布防,对革命党人严加防范,以保住太原。令下以后,黄同梁与阎锡山、温寿泉、赵戴文、南桂馨、乔煦、张瑜等军运负责人，连日在黄同梁家中接头，商讨对策。大家一致决定举行武装起义，不能让新军的两个营调离太原，否则，力量分散对举事不利。一俟子弹发下来，即在太原举行起义，响应武昌革命。

1911 年（宣统三年），为积极响应武昌起义，阎锡山和赵戴文共同领导了山西的革命，结束了清政府在山西的腐败统治。随后，山西同盟会成员和参加武装起义的主要成员在山西成立军政府，决定在太原发动武装起义。会议决定推选阎锡山为都督，赵戴文为东路军总司令部参谋长，奔赴娘子关抵御清军进攻。起义的行动计划被袁世凯得知，袁世凯对娘子关进行猛烈攻击，使得山西的起义武装大败，阎锡山、赵戴文等人退出山西。直到袁世凯窃取辛亥革命的胜利果实，当上了临时大总统，阎锡山、赵戴文等人才返回山西地区，赵戴文也官复原职。

（二）文官上任，安定一方

袁世凯去世之后，北洋政府内部开始了一系列的争权夺势，对山西的控制随之减弱。于是阎锡山看准时机，开始了他的集权行动。身为阎锡山密友的赵戴文此时扮演了他的军师这一角色，不仅为阎锡山出谋划策，有时还亲自行动。他们通过一系列的策划，先后赶走了省长孙发绪和沈铭昌，又因段祺瑞为阎锡山的老师，在 1917 年 9 月，阎锡山担任了山西省省长一职。而赵戴文则亲自赶赴大同，夺取了原属北洋军袁世凯系的晋北镇守使孔庚的军权，从而使阎锡山达到了军权和政权的统一。刚刚控制了山西军政的阎锡山一方面依附于段祺瑞，一方面打出了"保境安民"的旗号，不理外界的争端，专心治理山西。经过数年的发展，羽翼渐丰的阎锡山开始对外扩张，1926 年，将自己的势力发展到了绥远一带。

1926 年 7 月国民政府在蒋介石的统治下发动了北伐统一战争，9 月阎锡山正式加入国民党，并誓师参加北伐战争。1928 年 6 月国民政府任命阎锡山为京津卫戍总司令，并且在之后不久将河北地区的统治权也交予阎锡山。1928 年 10 月 20 日，赵戴文任察哈尔特别行政区的都统，在察哈尔地区管理军政及民政事务。国民政府的这种任命，是蒋介石的一贯手法，他想通过这次任命来拉拢阎锡山集团中的重要人物，达到分化阎锡山集团的力量，扩大自己的权力。而此时的赵戴文则陷入了彷徨之中，一方面，他帮助阎锡山夺取了山西的军政大权，担任了晋军的总参谋长，并且帮助阎锡山治理山西，是阎锡山集团中的重要人物；另一方面，赵戴文看不到救国救民的希望，他所看好的生死之交阎锡山成了新生的军阀，在他身上寄托的理想也没有了着落。书生出身的赵戴文，思想方法言谈举止给人的印象，仍然还是一个学者。这一切无论于他本人，抑或于事业，都是一种无奈，然而这种无奈又不是个体的孤立的，它是一代在"革命"大潮的裹挟下走上政坛的"儒者"学人所共同存在的。

1928 年 1 月，蒋介石复任国民革命军总司令，北伐继续进行。阎锡山的晋军改编为北伐军第 3 集团军，赵戴文担任第 3 集团军的总参议兼政治训练部主任。北伐成功后，阎锡山由山西王成了华北王。开始对各有功之臣进行封赏。赵戴文得到了察哈尔都统一职。在 1928 年 10 月，国民政府下令废除察哈尔地区的都统公署和都统制度，将察哈尔特别行政区改为察哈尔省。这显然是为了将察哈尔地区纳入国民党的统治之下，从而加强国民政府对西部边防的管理，促进全国的统一。赵戴文也因此由察哈尔都统变为察哈尔省政府主席兼察省民政厅长。因为察哈尔地区动荡不安，统治这一地区需要通过武力手段解决，因此大部分管理过察哈尔地区的领导都是军人。由于赵戴文是文人，他在军政方面的贡献微乎其微，加之在任时间很短，因此在这个地区的管理工作并未全面开展，只是在其在任期间安定当地的秩序。

同年 10 月 27 日，阎锡山任国民政府内政部长，赵戴文也被国民政府任命为内政次长。11 月 27 日，赵戴文因已代理内政部长而被国民政府免去了察哈尔省主席的职务，并前往南京就职，察哈尔省主席由杨爱源接任。1928 年 12 月 27 日，赵戴文正式被任命为内政部长。

(三) 著作等身，享誉华北

赵戴文作为阎锡山的左膀右臂，辅佐阎锡山近 20 年，他与阎锡山"一损俱损、一荣俱荣"。赵戴文因为早年投身革命，所以资历老、地位高，又因为与阎锡山亦师亦友的关系，被国民党中央选为与阎锡山沟通的桥梁。从 1928 年底到 1929 年 8 月这将近一年的时间里他先后接受了南京国民政府的一系列任命：1928 年 12 月 27 日，任内政部长；1929 年 1 月，任导淮委员会委员；1929 年 2 月 9 日，特任国民政府国防会议委员；

1929 年 3 月，国民党三大选任第三届中央执行委员；1929 年 3 月，国民党三届一中全会增选中央政治会议常委。1929 年 8 月 29 日，推选监察院院长（继蔡元培之后）。

中原大战结束后，失败了的阎锡山被迫下野，赵戴文由于与阎锡山的关系而不可避免地被连带罢官，被免除了一切职务，跟随阎锡山逃往大连避难，直到 1931 年才回到山西。

赵戴文与阎锡山在一些问题的看法上基本上是"君"唱"臣"和。对于他俩之间的关系，赵戴文尝与人言："我与伯川（阎锡山字）君臣名分已定。"阎锡山的说法则是："次陇与吾相交三十年，公私事件饱经波涛，虽有危及身家之虑，亦未尝忧形于色。动念不对，次陇负进言之责。"

自九一八事变后，日本不断扩大对中国的侵略，民族危机空前严重。赵戴文与中共党员杜任之交情不错，在与杜任之交往中也认识到了中国共产党坚决抗日和解放全中国的决心，认识到要想化解民族危机，必须建立抗日统一战线，因此他不断地劝说阎锡山与中共合作，联合抗日。1939 年国民党五届五中全会召开，蒋介石明确提出"容共、防共，限共，反共"方针。阎锡山为了响应该政策，发起了十二月事变。赵戴文得知消息后，坚决反对阎锡山反共，但阎锡山却没有听从他的意见，向新军发动进攻，屠杀共产党。但这次事变反而使阎锡山的力量大大削弱。到了战略相持阶段，日本已经转向通过政治诱降侵略中国的政策，阎锡山是日军诱降的对象之一。阎锡山为了增强自己的势力，与日军交往甚密。在大是大非面前，关乎国家命运的面前，赵戴文坚决反对阎锡山投日，其间他好多次当面斥责阎锡山，甚至拿自己的生命要挟阎锡山。阎锡山在赵戴文的屡次劝说中认识到了投日不得民心，最终没有走上卖国求荣的道路，为中国抗日战争的胜利做出巨大贡献，这与赵戴文在其中不断劝说密不可分。

赵戴文由于在政界多不得志，所以他多年从事教育事业，且还颇有建树，被一些人称为学界耆宿。阎锡山在刚刚主政山西后，为了加强军队的建设，特别成立了"将校研究所"，由于赵戴文与阎锡山相交甚密，再加上他兼通兵学，早年又是老师出身，被阎锡山特别委任为首任将校研究所所长。将校研究所在赵戴文的主持之下，首先吸收了太原起义之后改编军队时的一百多名军官。在赵戴文的带领下，研究所致力于军事理论和军队操典方面的研究，除了向欧美等西方先进国家学习之外，还向国内一些著名的军校如黄埔军校、保定陆军军官学校等学校学习，以此来改良军队和训练军事干部等。将校研究所在阎锡山的重视之下，发展得越来越好。之后陆续举办的"山西军事教育团""学兵团""山西军官学校"等，都是由将校研究所繁衍而来的。其中，赵戴文所付出的努力是十分巨大的，晋绥军的建设离不开赵戴文，所以有人在谈到赵戴文的功劳之时，常常以"晋绥军将校多出其门"来标榜他的功绩。

赵戴文是书生出身，还中过进士，他对中国的传统文化十分感兴趣。赵戴文一生著述颇丰，主要有《孟子学说足以救世界》《禅净初谭》《唯识入门》《周易序卦说》《读藏录》《宇宙缘起说》等；这些成为他后半生的政治资本，并且和阎锡山的"亦师亦友"的关系，也由此得来。能够作为阎锡山的左膀右臂，其资本与阶梯也得益于此。

赵戴文是近代历史上，山西唯一一个可以与阎锡山相提并论的人物，他虽然在山西官至省政府主席，并且也曾有过在蒋介石国民政府中任职的经历——由国府委员、代理内政部长，至内政部长、监察院长。

1935—1937 年，赵戴文任国民党第五届中央执行委员、山西省政府委员兼主席、第二战区政治部主任，1943 年 12 月 27 日因肝癌不治而逝，终年 76 岁。

1928 年 11 月，赵戴文卸任察哈尔省主席职务后，由李培基接任。李培基再次临时授命，暂时代理察哈尔省主席一职。但因当时李培基作为晋军第 32 师师长，军事事务烦琐忙碌，没有到察哈尔任职。不久以后，由杨爱源代理察哈尔省主席的职位。

二 代理人——杨爱源

杨爱源（1887—1959），字星如，号革非，山西五台人，晋绥军主要将领。1914 年，毕业于保定军校步兵科。1926 年任山西第 6 师师长，后升任晋绥陆军总监。1927 年出任国民革命军北方军第 2 军军长兼任右路军副总指挥，第 3 集团军第 3 军团总指挥。1928 年，出任第 3 军团总指挥，11 月被委任为察哈尔省政府主席，任期一直延续至 1931 年。杨爱源虽任察哈尔省政府主席，但其只是阎锡山在察哈尔的代理人，人事任用等重大事项皆听命于阎锡山，除发展察哈尔报刊业和牧业之外，鲜有政绩。

(一) 革命先驱，投身抗战

杨爱源于清光绪十二年（1886）十二月初七生于今山西省五台县一个农民家庭，在5个子女中排行老大，后来过继给无嗣的大伯杨彬，祖上务农并以酿酒为业。杨爱源幼时入读私塾，接受启蒙，成绩优异，聪慧好学，颇受老师喜爱。后来在1907年（光绪三十三年）春进入太原陆军小学堂读书，为第二期毕业生。1909年（宣统元年），升入清河陆军中学，就学期间恰逢辛亥革命爆发，杨爱源回到山西参加革命军，任连长，参加对清军的作战。

后来，辛亥革命胜利果实被袁世凯窃取，杨爱源便返回学校继续读书。1912年军校毕业后，进入保定陆军军官学校学习，被分在步兵科第2连学习。1914年杨爱源毕业，完成在陆军学校的学习，进入北洋军阀段祺瑞的部队见习。

见习期满后，应山西都督阎锡山之邀，回山西督军公署服务。为了尽快充实晋军的实力，阎锡山特别看重军校毕业生。再加之杨爱源平日处事谨慎，办事勤奋，心有韬略，善于随机应变、迎合上峰意图，因而一加入晋军，便被委任为连长。不久又升任营长。1916年初，阎锡山将投降于他的，原陆建章的部下商震任命为团长，杨爱源所在的营编入商震团内，名为充实力量，实际也有监视的成分。这样，杨爱源成为商震的部属。但因杨爱源为人忠厚，恪尽职守，一直被商震视为知己。

1917年秋，杨爱源率军队跟随时任旅长的商震远赴湖南作战，但不幸遭遇伏击，所属大部官兵被俘，缴械投降。湖南之战失败，在部队损兵折将，丢盔卸甲的情况下，杨爱源不仅没有受到任何处分，甚至还官升一级，由第3营营长职位递补第1团团长，正式成为晋军高级将领。此后，随着阎锡山队伍的扩充，杨爱源也逐渐升迁。1924年，阎锡山实施第二次扩军，杨爱源由团长升任为第6旅少将旅长，独立于商震第1师之外。由此可见阎锡山对杨爱源的关爱和器重。

1926年讨伐冯玉祥的战役结束后，杨爱源率领部队参加商震指挥的中路军作战，一直把国民军逼到西北地区，依仗军功升任第6师中将师长。在联合蒋介石北伐前，阎锡山部再次扩军，杨爱源再次官升一级，升任第 2 军军长，成为与商震、徐永昌齐名的将领。1926 年冬，晋军由于不断扩充和连续作战，需要整顿，阎锡山命杨爱源组建晋绥军训练总监部，并担任训练总监，负责部队的整训。在任内，杨从阎锡山军的实际情况出发，结合兵书上的战术原则，总结出一套行之有效的战略战术，收到了良好的效果。

1927 年，北伐战争的第二年，阎锡山就任北方国民革命军总司令，杨爱源出任国民革命军北方军第 2 军军长兼任右路军副总指挥，第 3 集团军第 3 军团总指挥。1928 年初，蒋介石联合冯玉祥、阎锡山、李宗仁组成 4 个集团军进行二次北伐，杨爱源任第 3 军团总指挥，率兵先攻占平山、石家庄，最后占领保定。随后，北伐军攻占北京，阎锡山出任平津卫戍总司令，统治了平、津 2 市和晋、冀、察、绥 4 省。11 月，杨爱源被委任为察哈尔省主席。1931 年 1 月卸任。同年 8 月，阎锡山重回大同，成立"晋绥军事整理委员会"，杨爱源任主任委员。9 月，杨爱源出任山西清乡督办。1935 年 10 月，中央红军长征抵达陕北，阎锡山出于担心陕北苏区在山西地区的发展，在全省范围内成立了 12 个防共保卫团，杨爱源总负责，在阎锡山的授意下从事反共行动。

抗日战争期间，任第 2 战区第 6 集团军总司令兼任北路军总司令，副总司令是孙楚，防守晋北灵邱一带。1937 年 9 月，八路军第 115 师开启平型关战役，杨爱源部在附近配合，协同作战，战果显著。10 月，杨部参加由卫立煌指挥的忻口战役，战局十分危急，血战 23 天，杀死杀伤日军精锐坂垣师团 2 万余人，重挫敌锋。忻口战役后，奉阎锡山之命驻扎临汾，指挥晋南部队并兼理辖区各县行政。1938 年，山西大部分均脱离阎锡山控制，他感到原有的统治组织已涣散无力，于是在临汾召集第 2 战区军政民高级干部会议，组织抗战工作，并成立了新的机构——民族革命同志会，杨爱源被指定为十三高干之一，辅佐阎锡山，坚持抗日。1939 年杨爱源升任第 2 战区副司令长官兼第 6 集团军总司令。

1946 年任太原绥靖公署副主任，成为阎锡山统治之下山西的第二号人物。1948 年冬，太原被日军围困，阎锡山准备退出山西。于是，杨爱源被免去所有职务，以"交涉补给事宜"的名义，被派往南京任职。此后，杨爱源主要从两个方面着手：第一，在南京与美国驻华大使司徒雷登、代总统李宗仁，以及飞虎队陈纳德等周旋，为阎锡山做政治上的安排，争取行政院长的职务；第二，集中各地资金，留存经济资本。杨爱源以交涉给养为名，转赴南京、上海、北平、天津等地，催收各地企业变卖后的价款。当时，山西诸多官办企业，如"省营业公社""绥署会计处""中记董事会""民营事业董事会"等名义下的路局、矿局、银号、公司、供销社等，约40家企业，都有大量的资金。1948年底，阎锡山命令大部分山西企业，除西北实业公司以外，一律结束营业，货物变价款尽快运送上海，集中于杨爱源之手。在几个月之内，大约集中起了四万五千两黄金。在家国危难之际，阎锡山毫不犹豫地把山西的经济命脉全部托付于杨爱源，可见对其信任程度。

1949年4月，杨爱源奉阎锡山命令将逃往上海的原山西籍监察委员、立法委员、国大代表等召集起来，送往台湾，以便作为阎锡山今后的政治资本。离开大陆之后，杨爱源实际上也就退出了政治舞台。在台湾，杨爱源主要负责管理日本赔偿的事宜，后来就挂着"总统府战略顾问委员会顾问"的虚衔，过起隐居生活。1952年10月，杨爱源"退役"。1959年1月2日，杨爱源因病逝世，享年73岁。

（二）代理都统，实行省政

1928年，在阎锡山攻占北京之后，仍自兼任平津卫戍司令，杨爱源时任第3集团军整理委员会代理委员长。9月，国民政府通电公布将察哈尔特别行政区改为察哈尔省，原先直隶省的口北道10个县划归察哈尔省管辖。10月份，阎锡山任命赵戴文等7人为察哈尔省政府委员，并指定赵戴文为省主席。10月24日，国民政府特任阎锡山为内政部长，赵戴文为内政部次长。察哈尔省主席职务则由李培基暂代，但因李同时任晋军第32师师长，由于军务繁重没有到任，便由杨爱源代理。11月27日，南京国民政府令正式任命杨爱源为省政府主席。所以，杨爱源实际为察哈尔建省以来的第一任省政府主席。

虽然杨爱源就任察哈尔省政府主席，但政府实权仍掌握在阎锡山手中，尤其在人事任用上，更是直接听命于阎。据时任杨爱源秘书的卢宣明回忆：当时的省府秘书长和各厅处长都是阎锡山直接选用的人，杨爱源以军人身份初任政务，秘书长栗乃敬办事不力，杨爱源大发脾气，亲写一手令将栗撤职，要卢宣明立即发表，在卢的委婉劝说下，杨才逐渐平息怒气，将撤职令收回，还好并未引起人事纠纷。

自此之后，直到1930年11月，在两年多的时间里，杨爱源以察哈尔省主席身份积极推行阎锡山的政治、经济、文化等各项政策，主导察省省政。

第一，重视实业。杨爱源上任后将商都牧场改为第一模范畜牧场，两翼牧场改为第三模范畜牧场，明安牧场改为第二模范畜牧场。各场设场长，由总管兼任，其官制、畜牧数额、薪金、办公费均由上级定。

第二，重视文化事业。杨爱源初掌察哈尔省时，着力发展察哈尔报刊业。当时省政府内部有一份《公报》，专门发布政府工作情况和一些调令、指令等，逐日发往各级机关单位。"公报"由收归省直辖的公立印刷局承印。随着"公报"内容和页数的增多，需要计算工价收取印刷费，《公报》于是乎变成收费发行，需要者可以购买。1929年初，省政府索性决定把这份《公报》改成对开大的单张报纸，取名为《察省政报》，在张家口市公开发行。但是该报没有成立专职的编辑部，仍然由原来省政府编办《公报》的一些人员组稿安排版面。1930年，公立印刷局交由张潭私人承办，改称为"新立印刷局"，继续承印《察省政报》。由于《察省政报》从内容到形式都不受读者的欢迎，发行很困难，于是杨爱源批准组成专门编辑班子，改进了编排法，将《察省政报》改刊为新闻性的《察省日报》，为对开四版，使得发行量一时间呈良性发展态势。1930年11月，蒋介石、阎锡山、冯玉祥的中原大战结束，冯玉祥失意下野，晋军退走，张家口被东北军控制，东北军将领刘翼飞主持省务，《察省日报》改由夏辑五主办，成为察哈尔省的官方报纸。

1929年初，蒋介石以战争结束、节省军事开支为名，在南京召开编遣会议，实际上是借此削弱其他地方军事集团的力量，引发了阎锡山、冯玉祥、李宗仁等地方实力派的严重不满。1930年初，各方反蒋力量齐聚山西太原，怂恿阎锡山发动反蒋战争。1月，阎锡山秘密召集晋绥军主要将领开会，通报反蒋介石情况，征求将领意见。杨爱源接到通知后，日夜兼程从张家口赶赴太原。会议上，在多数人提出异议的情况下，杨爱源支持阎锡山的立场，但在内心深处却不甚赞同。在参加完太原的秘密会议回到张家口后，杨爱源与其秘书卢宣明分析当时的局势。据卢宣明回忆：

　　杨问我外间对时局的看法，我说就是非论该反蒋，就利害论反不得。他问为什么？我说："北伐之役，奉军被我们驱逐出关，老张（作霖）挨了皇姑屯一炸弹，小张（学良）'岂尝须臾忘我哉'。但他帮我们反蒋没有好处，因为平、津不能让给他；如他帮蒋打我们，平、津他唾手可得，小张又怎能放过这个机会？所以我认为战事打起来，奉军定坐收渔人之利。"杨听完我的话，围着桌子转了好几圈，叹息地说："太原（指阎锡山）完全主战，我们如说打不得，他们要骂我们是汉奸，只好跟着走，前途希望当然是很小的。"①

　　尽管杨爱源对发动反蒋战争有着自己的看法，然而他却不会也不可能置身事外。1930 年 5 月，当中原大战打响之后，阎锡山出任中华民国陆海空军总司令，杨爱源担任陇海线副总指挥，协助徐永昌指挥孙楚、杨耀芳、关福安、杨效欧 4 个军，彭毓斌的两个骑兵师，以及配置在这一线的友军刘茂恩、万选才、孙殿英、刘春荣、石友三等部。尽管杨爱源率 4 个军的兵力奋勇督战，成为倒蒋联军中主力，但因将领各怀心事，有的中途叛变投蒋，耗去不少兵力。因此，整个陇海线上实际作战的只有晋绥军 4 个军，使蒋介石的势力逐渐由衰转胜。1930 年 9 月 18 日，张学良通电率东北军入关，威胁了倒蒋联军的后路。1930 年 11 月，中原大战以阎锡山冯玉祥联军的全线溃败而告终。

　　战后，阎锡山为避免蒋介石的攻击，缓和矛盾，通电下野避居大连，晋绥军由徐永昌、杨爱源率领逐渐退入山西境内，为阎锡山善后。行前，阎锡山给杨爱源亲笔留言：

　　星如（杨爱源）……我决计下野，今后政治由启予（商震）负责，军事由次辰（徐永昌）、星如负责，次辰、星如担任晋绥警备副总司令，希望诸弟精诚团结，善为应付，共渡难关。②

　　① 　中国人民政治协商会议全国委员会文史和学习委员会编：《文史资料选辑》合订本第113 辑《杨爱源轶事》，中国文史出版社 2011 年版，第 102 页。

　　② 　中国人民政治协商会议全国委员会文史和学习委员会编：《文史资料选辑》合订本第113 辑《杨爱源轶事》，中国文史出版社 2011 年版，第 102 页。

杨爱源没有辜负阎锡山的期盼，在阎锡山远离山西不能直接控制、山西省主席商震遭到晋军各级将领的普遍反对，徐永昌又声望实力不足，蒋介石责成张学良办理晋绥善后事宜等各种复杂的情况下，附和阎锡山的立场，同徐永昌互相配合，力争尽可能多地保留晋军的实力。迫于形势，徐、杨二人不得不受制于张学良，将晋绥14个军缩编为4个军，但他们仍不断加强控制各军、师长的思想情况，从而使大战之后的山西局势一步步趋于稳定。

由于杨爱源的主要精力都集中在山西，无暇顾及察哈尔政务，1930年11月，察哈尔省政府主席一职由东北军刘翼飞掌握。1931年1月，杨爱源改任第34军军长，刘翼飞正式担任察省主席。

1931年8月，阎锡山由日本军用飞机护送下潜回山西老家河边村，立即召见了杨爱源与孙楚，指示其组织晋绥军事整理委员会，杨出任主任委员，孙楚副之，各军、师长均为委员。昔日任过军、师、旅长的20余人，也被委为中将或少将督练员，派往各处募集军队，使该会再度成为阎锡山控制晋绥军的得力工具。张学良有鉴于此，除令东北军继续前进外，为了不战而胜，电召杨爱源等到北平商讨山西未来的前途。杨爱源在离晋前，密嘱其秘书长做好第34军交接的准备。杨抵北平后，即电告秘书长他已住进德国医院治病，不料事隔几日，日本入侵东北的"九一八"事变发生。张学良不得不停止东北军进军山西的打算。把已开到晋境的东北军撤走，转而优待和安慰山西将领，同时任命杨爱源为山西清乡督办。难怪有人说："九一八"国难，倒成了山西军阀的"省庆"。

杨爱源由北平返晋后，即与徐永昌、傅作义等15名将领联名通电要求抗日。11月间，在太原农业专门学校成立抗日义勇军训练所，自兼所长。杨组织太原中等以上学校学生600多人集训3个月，传授军事基本知识。同年12月18日，国民党山西省党部武装纠察队，枪杀要求抗日的太原请愿学生，制造了流血惨案。杨爱源在阎锡山的授意下，关闭了国民党省党部，扣押肇事人员。阎为讨好蒋介石，又以"移地羁押"为名对肇事人予以开释，达到一石二鸟，既乘机铲除了国民党反阎势力，又迷惑人民群众，平息了民愤。同月，杨当选为中国国民党第五届中央候补执行委员。1932年2月，蒋介石委任阎为山西太原绥靖公署主任、蒋阎重新合流。这时，杨等即刻把山西军政大权交还阎锡山。杨在为阎锡山看守晋绥期间，既不为蒋介石诱惑，也不为张学良所利用，与徐永昌真诚相助、谨慎办事。徐永昌对人说"星如够个忠厚人了"。

1935 年 10 月，中央红军长征到达陕北，阎锡山害怕陕北边区革命影响到山西，因此，推行所谓"民众防共"政策。军事整理委员会代委员长杨爱源具体负责组织实施。杨根据阎锡山的旨意，"把全省划为 12 个'防共保卫区'，每区委派总教练一人，负责训练各村壮丁，使其人人学会投手榴弹和打枪，平时同宪兵、警察一样，维持地方治安；红军来了，就去抵御。同时，沿黄河各县成立了 12 个'防共保卫团'直接由军事整理委员会统一指挥"。杨还加强对公务人员、中学师生进行军事训练。并派出军事干部担任山西大学、山西农业专门学校、山西工业专门学校的军训主任，在其他学校也派有专人负责。"这些军训主任和专职人员每周到学校训练 3 次，每次时间为 1 小时到 1 个半小时。训练课目，一般以典范令为主，另外授以军制学和战术学。逢暑假或年假时，组织学生野营或野外演习。"各大、专院校对军训甚为反感。山西大学文学院院长因不满军训，与军训主任发生口角，险遭毒打。1935 年 12 月 20 日，国民党晋升杨爱源为陆军二级上将。

（三）评述

杨爱源在察哈尔省政府主席任上似乎并没有可圈可点的政绩，他只是阎锡山控制察哈尔的代理人。

从民国初年军校毕业投入晋军开始，杨爱源在阎锡山幕府之中前后效力 30 余年。在此期间，阎锡山有过春风得意，也有过虎落平阳，阎锡山的幕僚和手下将领不断有人离开，有的任职中枢（如徐永昌、贾景德等）、有的另立门户（如傅作义等）、有的引退闲居（如南桂馨、赵丕廉等），但杨爱源却是始终如一地效忠阎锡山，直到最后败退台湾。抗战胜利后，杨爱源被任命为太原绥靖公署副主任。此后的一段时间，他以阎锡山身边高干和太原绥靖公署副主任的双重身份主持山西省的军政联席会议，在风雨飘摇之中勉力为阎锡山维持后方军政事务稳定。在此期间，他工作上兢兢业业，政治上不偏不倚。在新中国成立前夕，杨爱源护送着阎锡山全部的经济资本和政治资本去往台湾，也足见其办事的稳妥和为人的忠诚，正如后人所评："安可成败论英雄，每逢大节见贞忠。"①

三 乱世清官——刘翼飞

刘翼飞（1893—1967），字铸宇，原名庭辅，又名一飞，别号觉僧，辛亥革命时曾用名刘瘦侠，36 岁后改名翼飞。保定军校第五期毕业。曾在皖系部队任职，皖系失败后，改投奉系。曾在张作霖部任少校参谋、团长、旅长、师长等职。1930 年 11 月，任察哈尔省政府代理主席，1931 年正式任职。在其任内，为政清廉，铁面无私，颁布新政，关心民生，设立公报，开放言论，解放妇女，禁止缠足，重视文体事业，兴建学校和体育场，为察哈尔百姓办了一些实事、好事，是历任察哈尔行政长官中较有作为的一位。

（一）同盟会员，抗日要员

刘翼飞，1893 年出生辽宁省铁岭县柴河沿刘家瓦窑村一富裕的农家。1910 年，加入同盟会。1916 年入保定陆军军官学校步兵科第五期学习。1918 年，段祺瑞假借参加第一次世界大战之名成立了参战军训练处和军官教导团。从保定陆军学院毕业的刘翼飞被分配到北京黄寺参战军军官教导团学习 3 个月。参战军正式成立后，刘翼飞任参战军第 3 师第 59 团第 3 营第 11 连中尉排长。

1919 年，参战军对外改称边防军，1920 年，直皖战争以皖系的失败而告终，刘翼飞所在边防军被遣散，皖系被瓜分，刘翼飞改投奉军，编入第 7 混成旅，任军士、军官教育班战术教官。

1922 年第一次直奉战争前，刘翼飞调任奉天"镇威军"司令部参谋处任中校参谋，此后历任卫队团团长、第 2 混成旅代理参谋长、第 6 混成旅第 17 团团长、第 2 混成旅第 18 团团长、第 4 步兵旅旅长、第 10 师师长，东北军第 4 旅旅长。

1926 年 8 月，南口战役打响，刘翼飞扼守京绥铁路右侧德胜门一线阵地，表现突出，战后，受到张作霖嘉奖。

1930 年，刘翼飞任东三省兵工厂厂长，同年中原大战爆发。东北军

---

① 陈捷延：《过客吟：捷延咏史诗存》，中国文史出版社 2012 年版，第 2132 页。

雄居关外，实力甚厚，对局势有举足轻重的作用。各方代表云集沈阳，竭力拉张学良为己助。张学良本意倾向蒋介石，于 9 月 18 日发表巧电，表示拥护和平，率东北军入关进行武装调停被任命为全国陆海空军副司令，驻扎北平，节制东北和华北地区军政，察哈尔实际被东北军控制。刘翼飞独立第 4 旅归第 2 军王树常统辖，进驻廊坊。10 月，刘旅出师塞北宣化。11 月，刘翼飞任察哈尔省政府代理主席兼察哈尔省特派员。

1931 年，南京国民政府正式任命刘翼飞为察哈尔省政府主席。次年，在长城抗战中，刘翼飞担任华北第 2 集团军抗日挺进军总指挥。但是在 1935 年 6 月，刘翼飞因拒绝南京政府聘其为参议院上将参议，在野赋闲。

同样地，1937 年，七七事变后，刘翼飞拒绝与日伪政权合作，保持应有的民族气节。

日本投降后，1945 年，刘翼飞担任华北先遣军第 1 军军长，后改称华北第九路军第 1 军军长，后来因不满蒋介石拘禁张学良而辞职。1946 年经老同盟会员王保桢的介绍加入了由李济深领导的三民主义促进会（中国民主促进会）。1949 年新中国建立后，刘翼飞被选为政协天津市第一至第四届委员会委员，民革天津市第六届委员会常委。"文化大革命"期间遭受迫害，于 1967 年 7 月 28 日逝世，终年 70 岁。

（二）从政清明，造福地方

1930 年 11 月，刘翼飞被委任为察哈尔省政府代理主席，任职之初，为防止亲友攀附，以表清廉，刘翼飞特在报纸上先后发文①：

> 翼飞久隶戎行，少娴政治，仰蒙总座知遇，承乏察省主席，受命之下惭惧殊深。百辞未获，勉力就职。第念察省当军事后方，悉索敝赋，地方则疮痍未复，人民则痛创铟深，抚辑劳来，责无旁贷，此后惟有克尽职责，博采舆论，竭尽智能，次第设施，冀副总座求治之切而慰人民来苏之望。现当就职伊始，各方戚友或自愿赞襄，或推荐贤能，匡我不逮，至深极感，惟是察省地处蒙边，局面狭小，

---

① 陈志新：《民国时期察哈尔的都统与主席（1912 年—1949 年）》，《张家口文史资料》第 28—29 辑，1996 年，第 309 页。

原有职员又皆留用以资熟手，既未便因人以择事，广予罗致，又何能以私而废公概行延揽，幸勿玉趾轻劳，有疏招待，尚祈曲加原谅，无任盼祷敬布区区，诸希公鉴。

翼飞猥以菲材忝主察政，前当就职伊始，业将区区愚衷登报声明谅邀。鉴察乃各方友好或玉趾轻劳，或频颁荐牍，大有山阴道上应接不暇之势。接待既有未周，裁答亦恐稽延，人员拥挤，无法安插，延揽有心，维系无术，负我良朋，内疚殊深。且察省乃偏僻省份，全省仅有一十六县，又当军事后方，承地方习敝之余，人则杼柚已空，家鲜盖藏，满目疮痍，抚绥有待。至省政府范围狭小，用人无多，薪俸弥薄，岁有预算，既不敢为人择事，复何敢任意铺张，种种苦衷务希曲加鉴谅。矧省政为一省行政最高机关，翼飞交遍南北，概属军人，行政机关亦非所用。万祈鉴此区区，切勿远道跋涉往返徒劳，是为厚幸此启。

两篇声明一出，那些希冀攀附刘主席飞黄腾达之辈都望而却步了。

时据万全县通报，每乡平均有饿殍约500具，等待救灾的贫困人员有5万余人。察哈尔省各地灾情汇报文件纷至沓来。尽管刘翼飞采取了各种措施进行救灾。然而灾民众多，力有不逮。为此，刘翼飞于11月13日代贫困灾民向全国各地发文，请求救灾：

翼飞等初莅是邦，抚恤乏术，目睹哀鸿，深兹悯恻，除督饬地方官绅妥为调查散放急赈，并分别筹募外，素闻尊处大同利世，胞与为怀，务恳广发仁粟；慨施义款，源源接济，藉苏孑遗，翼飞等敬当代表全察灾黎，九顿首以谢也，宁候福音，盼祷俱切。[1]

1931年2月，由于连年灾荒，以及前任主席杨爱源的积案甚多，刘翼飞开始根据实际情况，颁布一系列具体可行的措施。

---

[1] 陈志新：《民国时期察哈尔的都统与主席（1912年—1949年）》，《张家口文史资料》第28—29辑，1996年，第310页。

第一，免除苛捐杂税以解民困；第二，恢复长途汽车，晋军退却时将长途汽车运走400余辆，须重新添置；第三，修建张垣至多伦长途汽车路；第四，察省有五六个县毗邻内蒙古，风气未开，拟在上述各县开设汉语学校以启迪民智。

此外，刘翼飞还订有开发龙烟铁矿、蔚县石棉矿之计划及建设张（张家口）多（多伦）铁路等计划，后因财力所限而未能实现。

刘翼飞就任后，为开启民智，解放思想，首先将《察省日报》以政府刊登政令为主的性质转为大众化的日报，借此宣传孙中山先生的三民主义革命思想，借此发表新政言论，并公开施政方针，转载国内外重大新闻，披露社会腐朽落后现象。具有新性质新气象的《察省日报》出版后，广大民众喜闻乐见，耳目一新，由此，《察省日报》成了沟通官民关系的桥梁。

此外，为了启迪民智、广开言路，1931年还设立"民众通俗教育馆"。馆里收集了各地报纸和不少书刊供人们自由阅读。曾有记载"民众通俗教育馆"还是个利用图表、实物启迪人们认识学习历史和大自然知识的地方，把原在上堡公园陈列观赏的一个大猩猩实体标本和两袭古代盔甲（这套盔甲是在当地发现出土的文物），以及为这套盔甲配制的武士模型和一杆镶铁红缨长枪，移至馆内展出，以供人参观。同时还有许多动物标本和零碎的历史遗物陈列展出。"民众通俗教育馆"附设一个"通俗讲演所"，该所设有讲坛和能容二三百人的木条凳坐席，人们可以自由上台演说阐释见解，发表个人对政府工作的建议、批评和意见，有人也对国家大事，表述自己的看法和分析。演说不需要任何手续，也不受任何人事干扰，不受任何限制，只是在演说完以后付给讲演所人员几个零钱，并在所里准备的演说登记簿上留下本人的名字和住址就行。但是，由于张垣民众多年以来生活在落后封闭社会里，受到"免谈国事，少惹事非"习俗的深刻影响，不敢也不愿随便登台演说。唯有遇有喜庆纪念或新闻大事，才只有少数中学生上台作些宣传而已。然而"九一八"事变的发生，使得所谓的宁静空气突然被打破，民众的爱国热血也沸腾起来。"通俗讲演所"从此热闹起来。

近代以来民众饱尝八国联军侵袭滋扰洗劫、清政府压迫之苦，深知日本入侵会带来比八国联军更残酷的灾难。民众的态度由"免谈国事"

转变为"大谈国事"，由"少惹事非"变成"不怕事非"，一时间大街小巷议论纷纷。"日本鬼子打进来，为什么不把它打出去"的疑惑，彻底激怒了张垣的学生、工人及某些知识界人士，他们除了随时随地进行各种形式的宣传活动外，通俗讲演所竟无闲时。尤其是后来从东北流落逃难到张垣来的难民和学生以及一些被倭寇炮火致残的抗敌士兵，当这些人把亲自遭受的灾难和鬼子兵在东北各地肆意烧杀抢劫奸淫的残暴行径讲给张垣的听众时，讲者的谴责、质问、抗议声响彻云霄，听者激昂、愤怒、不满震动大地，任何力量都不可遏止。这个"通俗讲演所"竟变成了一个极不通俗、极不平凡的民众发出爱国怒吼、敦促政府抗击倭寇的有力场所。

由此可见，广开言路对于解放思想颇有成效。只有解放思想，民众的爱国热情和团结一心的使命感才能发挥最大的作用。

"九一八"事变消息传到张垣的第二天，已处于思想解放状态的爱国工人、学生、部分商界人士等五六千人，自发组织齐聚省政府门前要求刘翼飞对紧张的国事出来表态。据记载，刘翼飞面对此事，马上出来和大家见面并发表讲话，表达除了感同身受以外，自己来自东北，是东北子弟。日寇侵占沈阳，并一步步逼近自己的家乡——铁岭，家乡丢失，祖坟难保，敌人侵犯使他国仇家恨集于一身，不能坐视日寇猖狂而置之不理。再有保护国土是军人的职责，说罢便要立刻向北平张学良请缨出关杀敌，驱逐日寇。群众听了他慷慨激昂的讲话，激动的呼喊声淹没了一切。刘翼飞见大家久喊不散，又立刻动员大家坚守岗位，加倍努力，支援正在抵抗日寇的前方将士。会后，全张垣掀起抗日救国的爱国热潮，在刘翼飞的通力支持下，各界人士组织起"察哈尔省民众抗敌御亡后援会"，动员群众献款献物，支持东北抗争，致电慰问支持东北抗日军队。1931年秋到1932年春，张垣军民和各界群众燃起连续不断的熊熊怒火，随之展开大规模的抵制日货、查封日货、销毁日货，不和日本人合作的群众性爱国运动，除此外还大量地接待并安置了从东北各地来到张垣的难民和从北满辗转退入察哈尔的抗日义勇军。张垣成为支援抗日的前哨阵地。遗憾的是，东北军放弃反抗，成为永久的历史耻辱。

刘翼飞在察哈尔贯彻执行的政策，颇得民心。刘翼飞为禁止缠足特发公告：

　　屈折束缚，等于受刑，一也；行止艰难，有碍卫生，二也；体躯孱弱，不便工作，三也；凡属名流，不与结婚，四也。似此残酷而惨淡，实觉触目而伤心，若再不设法禁止何以除流弊而维民生。①

　　由此规定：凡年满20岁以上缠足女子，可从宽不勉强解放；20岁以下缠足女子责令其一律解放，有故意违犯者给予相当处罚；新生女子不得再予缠足，发现后责令立即解放，违者予以相当处罚。刘翼飞以教育厅为宣传主力，民政厅为检查主力，街头巷尾张贴公告，并发函至各个县区，令众人皆知此举，并限期一个月，将各县区所有缠足女子数目如实上报省政府备查，6月后方按令处置。

　　1930年以前，张家口教育资源极为匮乏，只有县立的九处初级小学和一处高级小学且校址小，容纳不了多少学生，儿童失学问题严重。为了发展教育事业，使儿童有书可念，刘翼飞在任期间在张垣陆续举办了十几处小学校。特令省政府财政厅从省教育经费下拨出专款，先后在省内办起多处由省直辖的省立小学。将新办的小学改为完小，班级数目增加，且各县均有，按就近原则入学，入学率由此大大提升，备受广大群众欢迎。同时，还把综合性的中等实业学校改办成单一的高等专科学校，并将原东山坡新村冯玉祥将军的"西北边防督办公署"一片大院择为校址，扩大了学校范围，增加了招生名额。

　　此外，刘翼飞还非常重视察哈尔省的体育事业。为此，刘翼飞在1930年底便筹建了一个省级体育场。在选址问题上，着眼于省政府东面的一座晚清察哈尔协统废衙。这片废弃衙门，占地颇广。基于此，从这片废衙始向东直到东河套，定为体育场兴建范围。1931年一开春就动工，工程进度很快，当年初夏体育场即竣工。场内东边建有主席台，两旁为用片石垒出六尺高的看台，场中央是周长四百米的跑道，四周建有各种体育比赛设施。后因经费不足，看台仅修建了半圈。体育场落实后，刘翼飞即在当年7月提倡召开运动会，全省中等学校派出不少代表队聚集

　　① 陈志新：《民国时期察哈尔的都统与主席（1912年—1949年)》，《张家口文史资料》第28—29辑，1996年，第322页。

到张垣参赛，其中不少队取得集体或个人优秀成绩。曾有记载："张垣省立女子师范最小的一学生叫岳蕞文，在此次夺得女子赛跑最优秀成绩，受到刘翼飞的接见、鼓励与嘉奖，当时的《察省日报》对她发表了不少赞扬鼓励的文章。大会闭幕式上刘翼飞亲自发奖，并在讲话中说，以后继续举办这样的大会，同时，以后还要举办全省各界人士共同参加的运动大会。"①

两个月后发生震惊中外的"九一八"事变，中国时局急转直下，到第二年春末，刘翼飞就被调离察哈尔省。修建的体育场，举办的运动会也变成了回忆。

（三）评述

1932 年 9 月，张学良派宋哲元接替刘翼飞为省政府主席。在刘翼飞主政察哈尔近两年的时间里，他确实为察哈尔人民办了一些实事，也是众多察哈尔主政者较有作为的一位。

第二节　局部抗战开始

1933 年，冯玉祥在张家口成立察哈尔民众抗日同盟军。是年 5 月 31 日，中日签订《塘沽协定》，国民革命军退出热河和冀东，日本打开通往华北的大门。果然，1935 年，日本制造华北事变，民族矛盾持续上升，直至 1937 年日本开始全面侵华。

一　抗日英雄——宋哲元

宋哲元（1885—1940），字明轩，汉族，山东省乐陵人。从军后追随冯玉祥，是冯麾下"西北军五虎上将"之一。1932 年至 1935 年间主政察哈尔，在此期间，他率军在喜峰口至罗文峪的长城一线上与日寇展开血战，从此声名远播。此外，宋哲元在察任职期间颁布政策，改革政治，整顿金融；编修《察哈尔省通志》，发展地区文化；兴修水利，改善地区

---

① 陈志新：《民国时期察哈尔的都统与主席（1912 年—1949 年)》，《张家口文史资料》第 28—29 辑，1996 年，第 322 页。

基础设施；剿灭匪患，维持地方稳定。曾因"察东事件""张北事件"向日本人妥协，亦曾带领察哈尔人民英勇抗日，并为察哈尔地区政治、经济、文化的发展做出了较突出贡献。

图11　宋哲元

（一）教师出身，国民元老

宋哲元原为私塾教师，1907 年从军，入北洋陆军陆建章部武卫右军随营武备学堂。1910 年冬从武备学堂毕业，1912 年加入左路备补军，先在陆建章手下当排长，后追随冯玉祥，任第 2 营哨长，1913 年升任连长，此后，随冯所率的第 16 混成旅转战中国各地，其间升任第 2 团少校团副。

1917 年，张勋复辟，宋哲元击破张勋的辫子军有功。后随冯玉祥移师武穴，攻克公安、石首，进至常德，击溃了南军的田应诏部、胡瑛部。冯玉祥升任第 11 师师长，宋哲元任该师团长。

1921 年，宋哲元击破陕西督军陈树藩。1922 年，随冯玉祥参加第一次直奉战争支持曹锟，因击破支持张作霖的河南督军赵倜有功，升任第

25 混成旅旅长。1924 年 10 月,北京政变,冯玉祥改组所部为国民军。宋哲元任国民军第 11 师师长。一路征战,非常受冯玉祥的赏识,与李鸣钟、刘郁芬、张之江、鹿钟麟被誉为冯玉祥麾下的"西北军五虎上将"。1925 年底任热河省都统。1927 年,冯玉祥的部队改为国民革命军第 2 集团军,其中第 2 集团军的第 4 方面军总指挥是宋哲元,此后宋哲元又赴任陕西省政府主席。

1930 年蒋冯阎中原大战,冯玉祥战败下野,此后宋哲元收拾西北军残部退居晋南,为冯玉祥看管这点西北军的种子。是年冬,被负责北方军事善后的张学良改编为东北陆军第 3 军,宋哲元被正式任命为陆军第 3 军军长,驻扎于保定地区。

1931 年 6 月,宋哲元的部队被整编成为第 29 军,宋任军长。1931 年 9 月 21 日,宋哲元率国民革命军第 29 军全体官兵向全国发出"抗日通电",表示:"哲元等分属军人,责在保国。谨率所部枕戈待命,宁为战死鬼,不作亡国奴,奋斗牺牲,誓雪国耻。"

1932 年 7 月,宋哲元由张学良和张自忠举荐,后经国民党中央政治会议批准任命兼任察哈尔省政府主席。次年 1 月 10 日,张学良命令宋哲元,率第 29 军由阳泉移往三河、宝坻、蓟县、玉田、香河一带驻防训练。为了准备在平东驻地抵抗日军入侵,宋哲元指挥第 29 军迅速构筑工事,进行战前训练。1933 年 1 月,山海关被日军占领,3 月日军又大举进攻热河,宋哲元指挥守卫长城的第 29 军,在长城隘口喜峰口、罗文峪与日军展开血战,第 29 军的战士拿着大刀与日军展开搏斗,经过激战,消灭日军 8000 余人,杀得日寇胆战心惊,从此宋哲元的名声大振,被全国人民称赞为"抗日英雄"。

1935 年,宋哲元被授为陆军二级上将。因为宋哲元的策略与蒋介石一贯推行的对日妥协政策大相径庭,于是,1935 年 6 月 19 日蒋介石以"察东事件""张北事件"为借口,下令免去了宋察省主席的职务。7 月,《何梅协定》签订,国民政府的主力军从河北省撤退,非中央系的宋哲元被任命为平津卫戍司令。七七事变爆发后,宋哲元试图通过在日本军方面的人脉达到停战的目的。1937 年 7 月 18 日宋哲元在田代皖一郎的葬礼上,与香月清司会面,表示对此次事变甚感遗憾,但是拒绝签订解决事变之书面协定。22 日,宋哲元会见熊斌、刘健群等国民党中央的代表,在获知了中央的抗日决心后，宋哲元表示了其抗日决心。同年9月中国共产党领导的八路军第115师与以宋哲元为代表的国民第29军展开了联合作战的平型关战役。平型关大捷是共产党领导的八路军第115师在师长林彪、副师长聂荣臻的指挥下，与国民党第二战区的宋哲元、佟麟阁、赵登禹指挥的国民党第29军配合，阻止侵华日军南犯山西太原，携手合作打的一场漂亮的阻击战，是中日开战以来中国共产党与国民党两方第一次合作取得的胜利。

1938年春，宋哲元任第一战区副司令长官。7月，宋离开抗日战场，赴南岳养病，其间曾遭到日军刺杀，未成功。

1940年3月，宋哲元辞职改任国民政府军事委员会委员并回到其夫人常淑清的故乡四川绵阳疗养。4月5日，宋哲元病逝，享年56岁，葬于绵阳市富乐山山麓。其墓碑由冯玉祥亲书"宋上将明轩之墓"，国民政府还追升其为一级上将。

（二）赴察任职，扩军备战

1932年8月，张学良以海陆空军副总司令的名义向南京中央推荐，宋哲元被任命为察哈尔省主席，1933年初，宋哲元率部赴察就职。宋哲元曾为冯玉祥的得力部下，察哈尔作为军事要塞，张学良为何会让出察哈尔地盘，推荐宋哲元为察省主席，前后始末，我们必须谈及东北的沦陷。

第一次世界大战后，日本政府调整了对华政策，着手实施酝酿已久的、夺取中国东北的阴谋，加快了吞并中国东北的步伐，其中原因如以下几点：英美列强卷土重来，遏制了日本在华的扩张；中国的北伐战争削弱了日本的在华利益；20世纪30年代全球性经济危机爆发，日本经济遭到沉重打击，陷入极端困境，进而导致政治危机，处于内外交困的情况下；中国国内不稳定，正值蒋介石大力"剿共"之际。

"九一八"事变次日，驻扎在晋南的宋哲元，率部向全国发出了"抗日通电"，电文中历数日本侵略暴行，呼吁一致对外。他在电文中请缨抗日："哲元等分属军人，责在保国。谨率所部枕戈待命，宁为战死鬼，不做亡国奴。"

"一·二八"事变之后，宋哲元意识到与日本交战终不可免，立刻派出以何基沣（第 38 师副旅长）为首的参观团到淞沪一带，考察国军与日军的作战情况，并将参观所得，印发全军研讨，向士兵介绍对日作战经验，说明日寇可以打败和能够打败的道理。宋哲元多次亲笔给张学良写信，表达自己抵抗日军、保卫祖国的决心。在《上张主任汉卿书》中他慷慨陈词："日本不以中国为国，更不以中国人为人，闻之令人痛心。吾侪以四万万人之国家，被六千万民族之岛国如此欺侮凌辱，闻之发指，言之心痛。誓雪国耻，唯力是视。"①

由于东北已沦陷，察哈尔地区遂成为对日前沿。张学良扶植第 29 军，将宋哲元举荐为察哈尔省主席。第 29 军在张家口扩编为 3 个师，宋哲元任军长。部队安置稳妥，宋哲元于 1932 年 8 月出任察哈尔省政府主席，这也使原属西北军系统的第 29 军获得了发展的基地，同时也为冯玉祥制造了新的机会与希望。

（三）临危受命，一辞一任

1933 年 5 月，宋哲元主动辞去察哈尔省主席一职，同年 8 月 29 日，宋哲元又正式赴察哈尔省任主席。究竟是何原因，让宋哲元在短短两个月内，一辞一任，这我们还得从"察哈尔民众抗日同盟军"说起。

宋哲元本为冯玉祥的旧部，是冯的"五虎上将"之一。1932 年 8 月，在宋哲元初任察哈尔省主席一职之时，冯玉祥便非常高兴，认为这是实现自己"在边远区域，另找根据地，以为将来发展之策源"计划的极好机会，他决定以察哈尔省的张家口为活动基地。因为在冯玉祥看来，宋哲元领导的第 29 军是他返回政治舞台的最大助力，此时第 29 军的驻地位于察哈尔省（原属西北军地盘），这里地处边远，蒋介石鞭长莫及，又位于抗日的前线，再加上原来的部将宋哲元、张自忠、冯治安、刘汝明等人对自己也一向尊重，所以到察哈尔省进行抗日为最好的选择。于是，邓哲熙奉冯玉祥的命令，前往北平面见宋哲元，向宋哲元转达冯玉祥要到张家口督战的愿望，宋哲元表示赞同。10 月 9 日，冯玉祥离开泰山，当日抵达张家口，他的到来，受到宋哲元等高级将领的欢迎。

冯玉祥到达察哈尔后，马上为既定计划的实施而进行多方筹备。

---

① 陈世松主编：《宋哲元研究》，四川省社会科学院出版社 1987 年版，第 2 页。

1933 年 1 月，日军进犯山海关，热河告急，随后日军又逼近长城一线，平津受到严重威胁。宋哲元奉命率第 29 军开赴北平以东，转到长城一线参加抗战，负责张家口警戒的只剩下警备副司令佟麟阁指挥的第 38 师彭国政第 223 团。冯玉祥加紧在张家口组军。不久，许多势力都投奔到冯玉祥的旗下，其中包括一大批从热河溃散的东北义勇军、蒙古地方武装及许多西北军旧部和土匪会党。

蒋介石得知冯玉祥积极组织武装力量进行抗战，他既不想让冯玉祥再度掌握武装、势力坐大，又害怕其抗日活动惹恼了日本，便以国民党中央执行委员会名义电请冯玉祥去南京，遭到冯玉祥的拒绝。宋哲元率部在喜峰口抵抗日军，冯玉祥在张家口积极组织武装力量进行抗日。

1933 年 4 月 11 日，日军大举进攻滦东，蒋介石欲通过调停实现停战，委任黄郛主持华北政务，与日和谈，4 月 19 日黄郛等人与日本陆军助理武官根本博开始接触。1933 年 5 月 26 日，各种武装力量通过冯玉祥联络组织了起来，并参加了在张家口举行的民众抗辱救亡大会，大会上宣布冯玉祥和吉鸿昌、方振武成立"察哈尔民众抗日同盟军"，同盟军人数达到 10 余万，总司令由冯玉祥担任，吉鸿昌和方振武分别担任前敌总指挥和前敌总司令。同盟军得到了全国许多民众团体的声援。驻华北的东北军、西北军高级将领发出电文联名响应，列名其中的第 29 军将领有冯治安、张自忠、刘汝明等。宋哲元、韩复榘也先后派密使给冯玉祥送来军费。

次日，中共为了响应同盟军抗日，组织了张家口 3000 多名工人、学生、士兵、农民集会，成立察哈尔民众御侮救亡会，并组织平绥铁路工人交通团，发动华北各地青年学生加入察哈尔民众抗日同盟军，同盟军受到各阶层团体的拥护。

5 月 31 日，国民政府和日军签订了丧权辱国的《塘沽协定》，国民政府承认了日军对中国热河、东北的占领，同时规定绥东、察北、冀东为日军自由出入区，进一步打开了日军侵占华北的大门，遭到国人痛骂。冯玉祥的抗战活动违背了蒋介石对日政策和《塘沽协定》，蒋极力阻止冯的抗战活动，6 月 9 日北平军分会代理委员长何应钦致电冯玉祥，要求其解散同盟军。同时蒋介石还逼迫宋哲元制止冯玉祥，宋哲元因为往日是冯玉祥的部下，特别受其重视，又因为冯玉祥的活动是抗日的，是保卫国土的，同盟军是抗日的队伍，不愿阻止其抗战活动，正值第 29 军由喜峰口撤到北平近郊，并未回到察哈尔，一直受到蒋介石的控制，处境十分困难，阻止冯的活动还是默许冯的活动，使宋哲元陷入了困境。最终宋哲元决定以大局为重，电辞察哈尔主席一职，暂避北平，由佟麟阁代理察省主席。

察哈尔民众抗日同盟军前期实力较雄厚，1933 年 6 月 15 日，人数共有 12 万，其中枪支约 10 万。但是国民政府不承认这支军事力量，从不拨给同盟军弹药，粮草，同盟军自身也无后援，十分困难。

6 月上旬，察北、察东不断遭到从热河来的日伪军的蚕食。重镇宝昌、康保失陷，张北危急。6 月 20 日，吉鸿昌等 26 位将领联名通电："为民族自下而上战争，应民众要求而奋斗"，"重整义师，克日北指，克服察省失地，再图还我河山"①。21 日，同盟军决定兵分两路，反击蚕食察哈尔的日伪军。其中一路由第 5 路军，察哈尔自卫军等部队组成，北上前往张北，另一路由骑兵第 3 师周义宣率领东去赤城，然后北上。22 日，北路同盟军第一梯队第 5 路军邓文部，从张北到达康保，经过几个小时的战斗，击溃防守康保的伪军崔兴五部，直取康保。23 日，同盟军进攻宝昌，周义宣部占领赤城，同时李忠义部从张北直插沽源，两支部队共同攻打沽源，沽源的伪军刘桂堂部被同盟军的声势所震慑，最终和吉鸿昌接洽反正。新反正的刘桂堂部担任同盟军游击第 6 路，此时沽源得以收复。1933 年 7 月 1 日，重镇宝昌遭到同盟军猛攻。伪军张海鹏部和崔兴五部抵抗不住同盟军的猛攻，弃城而逃到重镇多伦。

同盟军乘胜追击，决心收复多伦。多伦地理位置以及军事商业位置极为重要。它位于察哈尔、绥远、热河三省之间的交通枢纽上，是察东的商业重镇，是塞外商业的中心，同时又是塞外的军事要地。日军看重多伦的重要位置，将它看作攻掠察绥两省的战略要点。在攻占热河后，立即将其占领。这一战同盟军首次遇到日本关东军。这次战斗较为艰难，敌军人数较多，关东军骑兵第 4 旅团有 3000 多人，同时还有建制较为完整的伪军李守信部、从宝昌逃来的伪军张海鹏、崔兴五部、炮兵部队等，另外在丰宁一带，关东军第 8 师团作为外援随时待命。另一方面防备完

---

① 张成业：《蒙古族全史军事》（下卷），内蒙古大学出版社 2013 年版，第 207 页。

整，城外有日军修筑的用交通壕连接、伪军驻守的 32 座碉堡，作为外围阵地。

同盟军于 1933 年 7 月 4 日开始进攻多伦，经过 3 天的战斗，日伪军逐渐松懈。7 日，在吉鸿昌的命令下，同盟军发起总攻。吉鸿昌亲临前线督战，邓文部，李忠义部，张凌云部同时进行猛攻，一举将多伦外围阵地攻破。将日伪军压至城内。同盟军进行暂时休整后，在 12 日突然发动全线进攻。此战非常激烈，同盟军进行了 3 次爬城，才攻入城内，与日伪军进行了长达 4 个小时的白刃格斗，日伪军不敌，被迫从东门突围，向关东军第 8 师团靠拢。此战，同盟军虽然损失惨重，但战争的意义重大，它给骄横的日寇带来了沉重打击，给日本侵略者的精神带来了重创，收复了大片中国国土。这次战役之后，将察东四县全部收复，成为"九一八"以来中国军队首次从日伪军手中收复失地的壮举，给中国民众抗日御侮带来了希望。中国人民欢欣鼓舞，各抗日团体纷纷发来贺电。

蒋介石害怕形势和舆论的发展会越来越对自己不利，从而决定做两手准备，一面派李忻、刘治洲去张垣再次劝冯玉祥下野；另一面调整进攻张家口的军事部署，直接让自己的嫡系部队进驻到傅作义和孙楚两部的驻地，并将察哈尔省的地盘作为诱饵，诱惑庞炳勋率部"打下张家口，驱逐冯玉祥"。庞部以非常快的速度逼近到仅距同盟军 13 华里的下花园。冯玉祥为局势所迫，深感紧张，他连续发表声明，希望宋哲元返察任职，寄希望于宋哲元身上。7 月 15 日，他给当时正在斡旋和平的刘治洲复电说："祥就职之始，即有枪口对外不对内之表示。现多伦既已克服，态度事实，亦俱格外明显。果宋明轩能来张垣，吾人为国耻计，为国内和平计，结束军事，原无不可。惟用武力压迫我者，未必有此诚意耳。"①

冯玉祥认为，现在第 29 军"驻防地带已有准备，倘中央无理，对察用兵，绝予以援助，当即出兵北平"，因此，他很乐观地对部下说：如果宋哲元来察，"我们就对外抗日"。蒋介石、汪精卫鉴于各方舆论反对，不敢贸然发动军事进攻，授意何应钦派马伯援与冯玉祥会谈。冯再次拒绝无条件下野。南京政府递增加兵力，部署攻察，双方大有一触即发

---

① 中国人民政治协商会议张家口市委员会编：《张家口文史资料》第 26—27 辑，《抗战时期的张家口纪念抗日战争胜利暨张家口第一次解放 50 周年》，1995 年，第 55 页。

之势。

　　这时，宋哲元再也沉不住气了。他眼看冯玉祥抗日不成，自己的察省主席也辞去了。对他来说，如何阻止庞炳勋攻察，成为亟须解决的问题。他召集第 29 军首脑会议，决定采取两方面措施。第一，宋哲元派冯治安警告庞炳勋：要是庞炳勋真的敢打张家口，第 29 军就用全部军力来消灭庞炳勋的部队，并告诉他第 29 军已经做好了军事部署，请他斟酌行事。第 29 军有 4 个师，人数在 2 万多，而庞部只有几千人，战斗力不如第 29 军。由于兵力悬殊，庞炳勋见此不敢贸然行事，即刻撤回了攻打张家口的部队，并亲自向宋哲元发誓说，他没有攻打张家口的意思。同时，宋哲元向何应钦说明，只要不对冯玉祥用兵，他保证劝服冯玉祥离开察哈尔。第 29 军驻扎在呼绥路一带，北平附近地区由他直接控制，由此，即使宋哲元一再拖延、搪塞，何应钦也不能不答应他的要求。在何应钦看来，只要冯玉祥离开张家口，同盟军不再活动，日本人不逼他，也就足够了。宋哲元此举从客观上讲，保存了同盟军抗战的有生力量，为抗战做出了一定的贡献。第二，宋哲元将张家口的内外形势以及第 29 军的处境以书面报告的形式告诉了冯玉祥。又派秦德纯前往张垣，让冯玉祥看在第 29 军全体将士的分儿上，恳请冯玉祥离察。后来，宋哲元还派人前往北平向冯玉祥的代表说明，如果冯玉祥能够让宋哲元回察主政，宋哲元将负责冯下野后的一切善后及应需开支。

　　当时国民政府封锁察哈尔省，禁止任何团体、个人接济所谓的"叛军"。蒋介石又派出大批政客、间谍前往同盟军各部分化、收买。另一方面蒋介石又调集多达 16 个师的军队镇压抗日同盟军。冯玉祥此时机械装备粮食极其匮乏，同时又要应对日军威胁、中央军进攻，内部离叛之事也时常发生，处境极为艰难。冯玉祥对此不断恶化的形式一筹莫展。他一方面担心察哈尔这块地盘落入中央军的手中；另一方面，他又不想失去这支苦心召集的抗日同盟军。因此，冯玉祥不得不决定收束军事，"一方为体谅明轩进退维谷之苦衷，一方为将来重整旗鼓"。他向部众特别说明："吾同盟军之所以不与南京政府用武者，盖为不愿使日本乘隙，自落千古之骂名。故此次南京政府施尽压迫力量，而吾终以和平对之，第实不畏之也"，"弟迎宋回察，目的并不止于此而已，最大目的在联络明轩同作抗日杀敌之举"，因此，"宋返察后，我们大家应表示和蔼亲善之态度，待人以诚，毋相疑虑，勿使渠进退维谷，致失我等之本旨，误吾等抗日讨贼之大计"。8 月 2 日，冯玉祥授意在平津各报发表谈话，"坚决表明冯氏不割据，不赤化之立场"，并表示仍希望宋哲元回察主政。

8 月 3 日，蒋介石等得知了冯玉祥的最新态度，紧急命令北平军分会在各大报纸上发布消息，表明军分会及政委会早已明确命令宋哲元回察，而且始终坚持这一主张。4 日，何应钦再颁明令说："着宋总指挥即日驰赴沙城，接收察省政权，处理一切军事。"① 同日，何应钦还代表南京政府就冯要求宋哲元回察问题，向冯提出三个条件：冯即日取消民众抗日同盟军总司令名义；将张垣宣化一带杂军土匪，暂移驻张北、宝昌、康保；过渡期间，察省军政事宜，由佟麟阁暂时负责。如冯能办到一二两项，宋哲元即回张垣。冯玉祥迫不得已，只好答应。5 日，冯发表通电说：自即日起，完全收缩军事，政权归之政府，复土交诸国人。并请政府即令原任察省主席宋哲元，克日回察，主持一切，处理善后。

宋哲元见蒋、冯双方都催自己回察，认为"大局安危，系一身之进退"②，重返察省，已属义不容辞。当日，宋哲元即通电复职，并赴沙城与冯玉祥代表会谈，达成解决察哈尔善后问题的"沙城协议"。

1933 年 8 月 29 日，宋哲元正式复任察哈尔省主席。宋哲元的第 29 军将被解散的同盟军全部收编。并在征得中央同意后，把第 29 军的编制扩充到了 4 个师，6 万多人。刘汝明任新增第 143 师师长，赵登禹任第 132 师师长。第 29 军在收编被解散的同盟军的同时，还接收了他们的大量武器装备，其中有原东北军汤玉麟部的 30 多门山炮，第 29 军得以实力大增，成为华北地区一支极为重要的军事力量。

（四）致力军备，长城抗战

宋哲元任察哈尔主席期间，一直不停地操练军队，训练士兵，加强军备。

1933 年 1 月 3 日，日军侵占山海关，中国军队揭开了长城抗战的序幕。2 月 24 日，日军分兵进攻热河。由于热河省主席汤玉麟得知日军进

---

① 余子道：《长城风云录——从榆关事变到七七抗战》，上海书店 1993 年版，第 217 页。

② 陈世松：《宋哲元传》，吉林文史出版社 1992 年版，第 152 页。

攻热河后，弃守承德，望风而逃，导致日军仅以百人小队轻易占领热河省会——承德。日军侵占承德后不断进犯长城各关口。平津告急，华北垂亡，此时何应钦代理北平军分会委员长，他贯彻南京国民政府"一面抵抗，一面交涉"的方针，为了在日军的进犯下守住长城各关口，进行了紧急布防：商震第32军驻冷口，徐庭瑶第17军驻古北口，傅作义第61军驻独石口，宋哲元第29军驻喜峰口。此后，第29军驻防察哈尔不到半年，被张学良调到北平东面的冷口、喜峰口一线布防。

　　战斗首先在冷口打响，紧接着扩展到长城东段各关口。3月6日，宋哲元率领第29军各部防守冷口至马兰峪的长城上各个关口。3月9日，日军向喜峰口发动猛烈进攻，下午日军占领了喜峰口各阵地，宋哲元命王长海团部至喜峰口与敌激战。王长海团部与敌激战数小时，但不敌敌人的猛烈炮火，这段长城落入了敌手。宋哲元闻报后，急调部队增援，并电话指示前方："一定要坚守喜峰口！"宋哲元又令王昆山、孙儒鑫等人在李家峪、蔡家峪等地与日军激战，并向喜峰口阵地的日军发动猛攻。这些抗日勇士通过与日军肉搏激战，终占领白台子、蔡家峪等阵地。10日早六时，敌军又以猛烈炮火向喜峰口王长海团东侧阵地猛攻，第29军将士誓死坚守阵地，阵地得而复失，失而复得，进退多次。宋哲元将军在对比敌我双方装备武器后，避免日军武器精良的长处，发挥第29军勇敢冲锋、夜战、近战、白刃战的优势，灵活地攻击敌人，远则枪击，近则刀战，日军一直没有突破第29军坚守的阵地，战事由喜峰口转向了罗文峪。16日，一股日军进攻罗文峪，被祁光远团截击。17日，日军大举进犯罗文峪、山楂口、沙宝峪阵地，第29军刘汝明师与敌激战，与李金田所部合力攻入敌阵，拼命砍杀，激烈程度不减喜峰口之战。4月13日，日军从冷口攻打喜峰口，第29军腹背受敌，被迫向三和、平谷以东退却。

　　在喜峰口战斗中，从3月9日到4月13日，宋哲元率领的第29军与日军进行了40多天的争夺战。将士们血战日军铃木、服部旅团，一战成名。第29军士兵誓死保卫喜峰口、罗文峪阵地，共歼敌8000余，我军将士伤亡共计5000余人。喜峰口抗战的胜利是中国自"九一八"以来的首次大捷，日寇从未遇到过如此大的阻力，独喜峰口、罗文峪这两场战役使日寇遭受重创，这两场战役时称"喜峰口血战大捷"。时人不仅赞叹道："喜峰口是皇军的坟墓，宋哲元是日本帝国的丧门星。"① 日本《朝日新闻》评论道："明治大帝造兵以来，皇军名誉尽丧于喜峰口外，而遭受六十年来未有之侮辱。"②

3月19日天津《益世报》上刊登《喜峰口的英雄》的社评说："法国人忘不了凡尔登的英雄，中国人永世万代不能忘记喜峰口的英雄！做凡尔登的英雄容易，做喜峰口的英雄难。"③

3月22日北平《世界日报》社评中说："国内外舆论也高度评价了喜峰口战役：宋部力战大胜，其最大功效在于挽回因热河急败而消沉之士气及民气，提高为生存而奋斗的民族自信心……论者以为中国军队器械劣弱，与机械化之日军作战万无可胜。世界舆论，冷嘲热骂，皆讥中国之缺乏自卫力。此种论调，使军心松懈，民气消沉，以为暴日决不可抗。及宋部大胜传来，平津人士，始而疑，继而将信将疑，最后乃狂喜。视听为之一新，风气为之一变。于是中国陆军之战斗力，中国民族之自卫力，于十九路军之后，又得到新的有力证明。"④

在保定的蒋介石得到第29军捷报，喜不自胜，特致电宋哲元、张自忠、冯治安要赴保一晤。宋、张、冯三人赴保谒蒋，受到盛情款待。战后宋哲元、张自忠、冯治安、赵登禹、刘汝明等人被授予"青天白日"勋章。

长城抗战，虽然第29军在喜峰口给予日军以沉重打击，但日军却把中央军第17军的三个师在古北口相继打残，从而从此处突破，使中国军队整个防线遭到崩溃，因此张学良引咎辞职，何应钦接任北平军分会委员长，再加上蒋介石坚持"攘外必先安内"的政策，希望和日本讲和，把主要兵力放在南方"围剿"红军，只派四五个师的兵力北上抗日，两线作战，重南轻北，长城上坚守阵地的将士们得不到有力的支援，国民政府于5月31日与日军签订《塘沽协定》，此协定实际上承认了日本对中国东三省的占领，冀东、察东地区也在此协定中被列为"非武装区"，

---

① 山东省政协文史资料委员会编：《山东抗日殉国将士》，中国文史出版社1995年版，第563页。

② 耿立：《晚清民国那些人》（二），现代出版社2015年版，第105页。

③ 宋国熹：《中国长城史》，延庆延昆印刷厂2006年版，第158页。

④ 孙丰华：《大刀将军赵登禹》，山东友谊出版社2007年版，第170页。

日军自由进入。长城沿线各部被迫撤离长城各关口，标志长城抗战结束。

宋哲元在下达撤退命令的同时，特地为文昭告全军，中云："我以 30 万之大军，不能抗拒 5 万之敌人，真是奇耻大辱。现状到此地步，我们对于时局尚有何言？所可告者，仍本一往之精神，拼命到底而已！"

虽然长城抗战失利，但国人永远不会忘记宋哲元率领第 29 军在喜峰口奋勇杀敌的英雄事迹，将会永远记住第 29 军将士们手拿大刀向鬼子们头上砍去的英勇气概。

（五）兼任数职，摇摆抗日

1935 年 12 月，经中日双方协商后，成立冀察政务委员会，处理冀、察、平、津等省市政务，由宋哲元任委员长兼河北省政府主席，本计划于 12 月 16 日在北平成立。但因"一二·九"学生爱国运动的爆发，以及 12 月 16 日市民、学生示威大会的强烈反对，该委员会被推迟到 18 日成立。该委员会虽在名义上隶属于南京国民政府，但其实际上是一个半独立性质的机构，日本帝国主义和亲日汉奸势力对它有很大影响力和控制力，"郭廷以评语云：中国认冀察政务委员会系中央设置的地方机构，日本视之为华北自治行政机构"[1]。冀察政务委员会实质上就是南京政府对日妥协的产物，虽由宋哲元出任主席，但并不能表示宋哲元赞同日本人策划的自治运动。宋哲元将与日本交涉的责任交给秦德纯，要求与日交涉，采取不接受、不谢绝两种与日交涉的原则。

冀察政务委员会仅仅存在了 1 年零 7 个月，而就在这 1 年零 7 个月里它的性质逐渐由亲日转向了抗日。首先是华北人民和宋部广大官兵要求抗日，其次是宋哲元本人也不敢在国人面前承担丧权的责任。因此，日本人想让宋哲元和汉奸殷汝耕合作的意图没能得逞。冀察政务委员会是南京政府对日妥协的产物，也是华北事变后宋哲元利用蒋日矛盾见缝插针的结果。其存在前期，主要倾向摆脱日本的控制，到后期，则逐步转向抗日，但内部仍然存在着妥协的因素，这一方面表现为混迹其间的汉奸仍在暗中活动，另一方面表现为宋哲元等人对于抗日的动摇和犹豫。七七事变后，宋哲元等人终于转到抗日方面来，而冀察政务委员会内部的汉奸

---

① 黄仁宇：《从大历史角度读蒋介石日记》，九州出版社 2011 年版，第 103 页。

分子，则公开投敌，冀察政务委员会自然也就分化瓦解寿终正寝了。

（六）全心全意，建设察省

宋哲元主察期间，除了在军事方面与日周旋抵抗以外，对察省的政治、经济等方面也进行了大力的建设。

宋哲元着手进行政治改革，推行清廉政治，清减冗官冗吏，精简行政机构，在省府下只设立民政、建设、财政、教育四个厅。他还大力整顿吏治，期求改变贿赂公行、贪污成风的腐败吏治，要求各级官员经常下乡与人民合作。他说："现在的人事事讲究硬抓，抓军权、抓教育权、抓一切权利。这都不是根本办法，只要能得人民信仰，官府和人民合为整个的，何必硬抓，地方官处处本着公理替人民去谋利益，久了人民自然信任，就能与他合作。"[1] 宋还对警务、税收部门进行大力整顿，裁汰不合格的人员，以使清廉政治顺利推行。宋经常亲自审查案件，以维护人民权益，对于遭到战争破坏的家庭，便请求国民政府驻北平政务整理委员会拨公款进行救济。

宋哲元主察期间大力整顿察省金融业，并推动察省实业发展。因战争原因，察哈尔省金融业特别混乱，许多私营银钱商号大肆滥发铜元私贴，造成"货币"泛滥成灾，对察省经济造成极大的破坏。宋哲元委任亲信过之翰担任财政厅厅长，过之翰通令各县查禁私商发行的"货币"，在全省设立总的金融机关，统一币制，整顿金融。这些措施改善了金融业混乱局面，促进了经济的稳定与民生的安定。宋哲元同时鼓励实业，建立印刷厂，由省政府拨款扶植恢复已倒闭的制革厂，又令各县发展本土产业，一定程度上带动了察哈尔省经济的发展。

为推动察省文化教育事业的发展，宋哲元颁布一系列措施。在赐儿山风景区建立了一个察哈尔省物产陈志馆。命赵伯陶为教育厅长，赵很快便做出了扩展察省教育事业的计划：改革中等学校、推行职业教育、实施短期义务教育，成立培德女校等。为了培养人才，鼓励民间私人教学，考送国外留学公费生，发展多种职业学校等。设馆编书修志，编印《四书新编》和《察哈尔省通志》等。在编写《察哈尔省通志》之前，

---

① 陈世松：《宋哲元传》（上），吉林文史出版社 1992 年版，第 178 页。

察哈尔地区没有一部像样的通志，只有一部写于清乾隆年间的《口北三厅志》，很久未修，与当地实际情况出入比较大。1934年宋哲元主修《察哈尔通志》，梁建章等人撰写，此志正文分七门八十六目，大约一百万字，于1935年付印问世。"是志体例以土地、人民、主权三者为经，其余诸端分隶于下，全志脉络相衔，便于观览"①，大事记三卷，"仅记战役、收编、赈荒三事，而不及其他"。宋哲元在《〈察哈尔省通志〉序》中写道："哲元莅察次年即谋省志之创修。哲元窃以为立国之道，考旧轨，正来鑑，庶政得挈，以合准绳，则百年大计立焉。"②《察哈尔省通志》的编修促进了察省地区文化事业的发展，为察省提供了一部符合时代的全面的通志资料。

宋哲元在保护察省环境，兴修水利，植树造林和建设察省交通、基础设施方面做出了不小的贡献。在全省推行植树造林和兴修水利的计划，抢修张家口市水利设施。宋哲元在察期间，把大部分能够抽出的资金进行察哈尔境内的道路建设。在基础设施方面，他认为张家口为西北重要省会，人民不可以没有一块公共娱乐地，便重修扩建太平公园（今天的张家口人民公园），以供人民游憩。

(七) 剿除匪患，恢复民心

察哈尔地区匪患持续时间长，活动范围广，从1912年至1936年，口内外16县无县无匪踪，李占元就是察北有名的土匪，在当地横行10余年。10多年间，他们绑架、抢劫，疯狂地杀人越货，给察哈尔省人民群众的生命和财产造成巨大的损失。同时，日军也注重笼络纠集土匪。1933年，日伪从热河进攻察东的多伦、康宝、宝昌等县时，便收买了土匪头子李占元。土匪李占元有日本人撑腰，更是无恶不作。直至1933年10月，才被宋哲元率领的第29军擒获正法，枭首示众。同年被宋哲元剿灭的土匪还有石庆云。连年的匪患对察哈尔经济和社会发展造成了极大的损失和冲击，严重阻碍了察哈尔地区的农业、工商业和牧业的发展，加剧了较落后经济环境下察哈尔农村的贫困化。宋哲元剿灭匪徒李占元、

---

① 金恩辉、胡述兆：《中国地方志总目提要》，汉美图书有限公司1996年版，第3—17页。
② 来新夏：《河北方志提要》，天津大学出版社1992年版，第80页。

石庆云无疑对察哈尔地区的社会经济发展和民生民心起到了恢复推动及稳定的作用。

（八）评述

日本在占领东北、热河，从《塘沽协定》中获得一些不正当的权益后，又逐步染指察哈尔地区，在察东地区不断寻衅滋事。

1934年10月27日，日本华北驻屯军参谋川口清健、外务书记生池田克己等8人，擅自进入中国内地，不遵守中国规定，由张家口前往多伦。当时，为防御日本入侵，赵登禹率第29军第132师奉命驻扎在张北。26日午前10点左右，宋哲元部第132师卫兵和保安队员要对途经张北县南门的8名日本人进行例行检查。此举遭到川口等人的拒绝，前后僵持了40分钟后，中国军队一校官赴现场调处，随即准予放行。

事后，日本借助此事大做文章，将事实进行大力扭曲，虚传日军受侮。10月29日，日本驻张家口的领事桥本以赵登禹的士兵侮辱日本军官为理由，向29军抗议。为不给日军借口，于11月25日，师长赵登禹在宋哲元的指示下向日方道歉，29日，当日执行检查的连长张书标也被免去职务。此次事件称为"第一次张北事件"。

但日军仍然不依不饶，驻张家口的特务机关长松井源太郎要求中国军队退到长城以内，宋哲元以此事应与中央交涉为由拒绝。1935年1月15日，伪满洲军受到日军指使，到沽源县长梁、乌泥河等地掠夺，过程中和第29军发生冲突，日军借口第29军侵犯"满洲国"境，向察东派兵进犯，并发动飞机对该地区进行轰炸，1月25日，宋哲元第29军被逼至长城以南。日军同时在外交上对中国施压，北平军分会代理委员长何应钦做出妥协，让宋哲元照办。2月，中日双方代表在大滩举行会谈，并最终签订《大滩口约》，中国政府许诺日本人可以在察哈尔省自由旅行，携带物品可以不受检查，同时中国军队也被迫退到长城线以西，日军获得了原属沽源县的部分村落，察哈尔所辖长城线以东700平方公里的地区为非武装区。此事件被称为"第一次察东事件"。

1935年5月31日，日本驻阿巴嘎旗特务机关长及其属员大员桂、大井久、山本信等4人一行，从多伦秘密潜入察哈尔境内探测地形，6月5日下午4时许到张北县城北门，第29军第132师赵登禹部守卫士兵将车拦下，要求检查 4 人的护照，日方没有按惯例携带日领事签署的护照，仅出示了日本多伦特务机关证明。4 名日本官兵无理取闹，并称"第一次张北事件"后已经得到宋哲元的允许，可以不用携带护照出入察境。赵登禹部派兵阻拦，并将 4 人送到师部军法处拘留，并向察哈尔特别区政府打电话进行处理办法请示。当时察哈尔省主席宋哲元位于北平，接到省政府对此事的汇报，为避免事态恶化，决定放行。于是，4 个日本人在 6 月 6 日上午 11 时被"礼送出境"。此事件被称为"第二次张北事件"。

日军认为再次抓住了借口，6 月 10 日，日方一度逼迫中国政府，严重歪曲事实真相，中国卫兵只是执行例行检查，但日本驻张家口领事桥本和特务机关捏造成了对日方人员的拘留、询问、威胁、断食、施以种种暴行等，蓄意扩大事态，挑起事端。11 日，张家口特务机关长松井向中国第 29 军副军长（兼察省民政厅长）秦德纯提出三点"要求"：第 29 军向日军道歉；第 132 师参谋长撤职；惩办第 132 师军法处长。

日方还宣称在第一次"张北事件"时，宋哲元曾向日方允诺：日本人可以在察哈尔省自由旅行，不检查任何携带物。

对此，察哈尔省民政厅长、第 29 军副军长秦德纯反驳说：察哈尔省政府与日本领事曾有协议，日本人出入察哈尔省，须由日本领事致函察哈尔省政府，准发护照，方可通行。①

但日本关东军决心利用此事，将具有"排日思想"的第 29 军逐走。他们迅速在长春召集有关将领，商定了更为苛刻的"交涉"条件《对宋哲元交涉纲要》，并决定于 6 月 17 日交土肥原贤二，让他负责向宋哲元直接提出如下要求：（1）第 29 军移驻长城之西南，并不得再行"侵入"；（2）将一切"排日机关"悉行解散；（3）宋哲元向日方道歉，处罚责任者；（4）上述事宜必须在两周内办竣，并限中方 5 天内答复，否则"将采取自由行动"。此次事件被称为"第二次察东事件"。

事后，第 29 军副军长秦德纯代表察哈尔地方政府出面同日本东北军特务头子土肥原贤二签订《秦土协定》，察东六县被日本占领，第 29 军

---

① 戴逸、史全生：《中国近代史通鉴（1840—1949）》第 8《南京国民政府时期》，红旗出版社 1997 年版，第 172 页。

被迫撤到张家口以南。

日本借两次张北事件，使中国签订了《大滩口约》和《秦土协定》，致使中国在冀、察二省主权大部丧失。

1935 年 6 月 19 日，蒋介石以"察东事件""张北事件"为借口将宋哲元察哈尔省主席的职务免去。宋哲元在察哈尔忍辱负重，委曲求全，同日本人不断周旋，不成想仍然被罢官，他非常愤懑，一气之下离开察哈尔前往天津休养，临行前在张家口火车站公开指责蒋介石："谁再相信蒋介石抗战，谁就是傻瓜笨蛋！"[①] 至此，宋哲元为期近两年的察哈尔主席生涯宣告结束。

宋哲元是一个相当复杂的人物，因为他内心爱国意识和军阀意识同样强烈，致使他常常陷入激烈的思想斗争中。他曾因与日本的"弱性"外交而遭唾骂，但也因喜峰口大捷、卢沟桥奋起抗日而彪炳史册。虽有不屈的民族气节，但因思想上致命的缺陷，无法成为抗日救国的中流砥柱，最终未能战死沙场，得到一个军人理想的归宿，令人惋惜，是中国数十年军阀混战造就的典型人物。他为人处世谨慎、练兵有方、治军严谨、勇猛沉着、尊重文化、遇事不苟，在察哈尔从政两年里，虽被迫向日本人妥协过，但带领察哈尔人民英勇抗日，为保护人民生命财产，稳定察哈尔地区的发展做出巨大贡献，也算功大于过，可称为抗日英雄将领。

二　受人爱戴——佟麟阁

佟麟阁（1892—1937），字捷三，满族人，河北省保定高阳县人。1911 年参加北洋左路备补军。1914 年任北洋第 16 混成旅第 1 团第 2 营第 2 连连长。在四川参加过护国讨袁战役。1917 年，参加冯玉祥领导的"廊坊起义"，反对张勋复辟。1922 年后，任冯玉祥在南苑设立的陆军检阅使署高级教导团团长。1924 年 10 月，任冯玉祥部国民军第 11 师第 21 混成旅旅长。1926 年 9 月五原誓师后，随部参加北伐。1927 年任甘肃陇南镇守使兼代理甘肃督办。1928 年任国民革命军第 2 集团军第 35 军军长。1929 年任暂编第 11 师师长。1930 年中原大战后，任第 29 军副军长。

① 黄耀奎：《保定抗战史话》，新华出版社 2015 年版，第 9 页。

1933 年，曾指挥第 29 军参加长城喜峰口抗战。同年 5 月，参加察哈尔抗日同盟军，任第 1 军军长兼代理察哈尔省主席，跟随冯玉祥在察哈尔省打击日寇，收复失地，为察哈尔省光复做出卓越贡献。1935 年后，复任第 29 军副军长兼军官教导团团长。"七七"事变后，坚决主张抗战。1937 年 7 月 28 日率部抗击进攻南苑的日军，激战中壮烈殉国。

（一）直系红人，坚决抗日

佟麟阁，原名佟凌阁（1937 年卢沟桥事变殉国，第 29 军上报国民政府壮烈牺牲经过时，国民政府文官处将其凌字错写成为了麟字，媒体宣扬之后已无法另外更正，便将错就错，改写称佟麟阁）。1892 年 10 月 29 日出生于河北省保定市高阳县边家坞一个农民家庭。7 岁便开始拜师学习。他本人喜欢学习经史，尤其擅长书法，在 16 岁时考入高阳县衙，得到一份缮写员的职务，每月可以挣到几两银子。1912 年 10 月佟麟阁加入京卫军，担任第 3 营前哨的正兵，曾是冯玉祥的"十三太保"之一。在 1913 年 9 月，得以升迁，成为左翼第 1 团的左哨什长。1914 年 12 月，又得到升迁，担任陆军第 7 师（师长陆建章）第 14 旅（旅长冯玉祥）第 27 团（团长杨桂堂）左哨哨长。同月，任改编陆军第 16 混成旅（旅长冯玉祥）步兵第 1 团第 3 营第 11 连排长。

1916 年 2 月，被调任第 3 营第 12 连连长。1917 年张勋率领辫子军进京，欲图复辟，恢复封建帝制。面对这一局势，第 3 营营长李明忠召集第 3 营各连连长，其中包括佟麟阁、刘汝明等人，针对请回冯玉祥领导讨逆这件事进行商议。

1918 年 2 月，开始担任第 16 混成旅第 1 团的副营长。到 1922 年初，担任陆军第 11 师（师长冯玉祥）步兵第 22 旅（旅长张之江）第 44 团（团长宋哲元）第 2 营营长。1923 年 8 月，开始接任陆军步兵中校一职。

1924 年 2 月，担任宋哲元旅长旗下的陆军第 25 混成旅步兵第 1 团团长。后来陆军扩编，佟麟阁又得到升迁，担任了陆军第 11 师步兵第 21 旅旅长。后来参加了第二次直奉战争时期冯玉祥发动的"首都革命"。此间，在徐水以南，他曾率领一个加强营打垮了曹世杰率领的北洋第 16 混成旅。同年 10 月，冯玉祥组织国民军，调动佟麟阁担任了第 25 混成旅的旅长。

1925 年第 25 混成旅得以扩编，成为第 4 师，此时佟麟阁升任第 4 师师长。同年秋天，奉军郭松龄因不满张作霖，开始和冯玉祥进行密约，准备联手反对张作霖，冯玉祥命令佟麟阁率部进攻热河。占领滦河后，郑金声和佟麟阁分别担任了热河防守正副司令。同年 12 月，佟麟阁又率领部队参加了天津战役，打败了李景林部。

1926 年，任国民军第 11 师师长。这一年 4 月，国民军遭到吴佩孚、张作霖、阎锡山等讨赤联军的五路进攻。佟麟阁的第 11 师和刘汝明的第 10 师两军联手，共同坚守南口、青龙桥、延庆一带。双方持战长达 5 个月之久，但是因为多伦失守，于 8 月 13 日，两军奉命撤退，转而进入五原。冯玉祥于 9 月 17 日在五原进行誓师，宣布担任国民联军总司令，率领全军加入国民党，参加国民党的北伐战争。佟麟阁充当"先锋"一职，奉总司令的命令率部入甘，平定了张兆钲、孔繁锦等军阀割据势力，将平凉克复，为大军前进扫清了通路，然后进入陕西，参加了西安解围之战。

1927 年 4 月底，冯玉祥的部队被改编成为国民革命军第 2 集团军，佟麟阁担任第 35 军军长、第 5 路司令。在同年 5 月初，率部东出潼关，参加了克复洛阳、孝义、郑州的战役，在中原同北伐军胜利会师。此后在豫东大战中，给直鲁奉联军以重创。不久，为了安定后方，他又率部回到天水，兼任陇南镇守使一职，平定张兆钲、黄得贵等残部。

1928 年，回族军阀马仲英叛乱，佟麟阁奉命率部进行讨伐，但是因为双方均损失较大，佟麟阁不得已引咎辞职。10 月回到原籍高阳边家坞村子里。

1929 年 1 月，南京国民政府的整编会议后，将第 2 集团军改编为第 2 编遣区。第 2 编遣区下辖 12 个师，佟麟阁奉命担任第 3 师师长，后被调为国民政府参事。

1930 年中原大战爆发，阎锡山同冯玉祥、李宗仁组成反蒋联军，佟麟阁担任联军第 2 方面军的新 1 军军长，同时兼任第 27 师师长。11 月，联军失败，杨虎城率领部队进逼西安，佟麟阁率领后方的留守人员向北渡过黄河，同冯玉祥一起奔赴山西峪道河，开始隐居生活。

九一八事变后，冯玉祥主张同日本开战，在南京开会期间，他的主战观点没有得到认同，于是前往泰山读书，而佟麟阁则从山西迁居到了北平。

1933 年，时任 29 军军长的宋哲元兼任察哈尔省政府主席一职，任命佟麟阁前往张家口担任察哈尔省警务处长，同时兼任张家口的公安局局长。2 月 6 日，在宋哲元奉命参加长城抗战，佟麟阁又兼任张家口警备司令，留守并保护后方。同年 5 月，冯玉祥在张家口组织察哈尔省民众抗日同盟军，此后佟麟阁被任命为同盟军第 1 军军长兼任察哈尔省政府主席。后来同盟军被迫解散，佟麟阁在北京香山隐居。

1935 年，第 29 军进驻平津，佟麟阁担任副军长同时兼任军事训练团的团长，在南苑坐镇。1937 年 7 月 7 日，"卢沟桥事变"爆发，佟麟阁坚决主张对日军进行抵抗，保家卫国。在派张克侠等前往山东乐陵向宋哲元汇报情况并请求宋返回北平坐镇的同时，立即以军部名义命令全军官兵坚决抵抗进犯北平的日军。7 月 28 日，日本的陆军和空军联合进攻中国南苑，佟麟阁为抵抗进犯的日军亲自赴前线指挥，但是头部遭受严重创伤，壮烈殉国，时年 45 岁。1937 年 7 月 31 日，国民政府追赠其为陆军上将，遗体收殓运回北平城，秘密寄厝于雍和宫附近的柏林寺内。到抗战胜利，方丈一直保守着寄柩的秘密。1946 年 3 月，在北平市政府和各界人士的主持下，为佟麟阁在八宝山忠烈祠举行了隆重的入祠仪式。1964 年，他的墓地被建在海淀区四季青乡北正黄旗村旁的山坡上，1979 年 10 月又得到重修。

(二) 组织同盟，保家卫国

1931 年，"九一八"事变爆发，日军占领东三省，察哈尔成为抗日斗争的前沿阵地。1932 年 8 月，宋哲元任察哈尔省主席职务，因宋哲元曾经担任过佟麟阁的上司，深知佟麟阁的为人，遂请佟麟阁出山担任察哈尔警务处处长兼张家口公安局局长。

察哈尔省自清末始设警政，维持市民治安，自清光绪二十八年(1902) 创立洋务局开始，嗣后屡经变迁，扩大组织，或缩小范围，皆以时局为转移。佟麟阁任职期间，悉遵部章设置，公安权限，始臻完善，作风严谨，为官清廉，对察哈尔军警事务处理得井井有条。"他见军警往往不遵法令，拘押人民，滥行处罚，便颁发禁令，严饬各县局，遇有案件，非法律所规定的，一概不准处罚，作弊者一律严办。并通过招考，挑选外事警官；整理警官补习所，自兼所长，训练男女军警二百七十六名，造就警材。"①

在佟麟阁担任察哈尔警务处处长兼张家口公安局局长期间，冯玉祥特由山东前往张家口与佟麟阁共同策划商讨组织抗日同盟军问题。

"九一八"事变后，察哈尔省是抗日前线，冯玉祥的旧部宋哲元、佟麟阁等均在区里驻军，1932 年 10 月，冯玉祥由山东泰山到张家口，找佟麟阁磋商组织同盟军等问题，从事抗日大业。

冯玉祥要到访之事，佟麟阁事先并未告知家人，佟夫人因事先不知，未做准备，问如何接待冯先生。佟麟阁说："还是照旧用小米面窝头，外加大萝卜咸菜招待他。"② 冯玉祥吃得很香甜，并夸奖说："你不愧是我的好部下，做了大官还没丢失农民的本色。"③ 冯玉祥告诉佟麟阁这次到他这里来是想给他说要下决心武装抵抗日本时，佟麟阁表示将会大力拥护支持老上司。此后，他们一起谋划，为了抵抗日本，保家卫国，做积极充分的准备。当冯玉祥与佟麟阁会商组织抗日同盟军时，佟麟阁兴奋地挥笔书写王昌龄的《出塞》诗句"秦时明月汉时关，万里长征人未还。但使龙城飞将在，不教胡马度阴山"以示决不准许日本鬼子跨越长城一步，冯玉祥非常赞赏。

1933 年 5 月 23 日，日本关东军参谋长小矶国昭向路透社记者发出狂妄叫嚣："为保卫'满洲国'西境安全，日军有进驻张家口之必要。"④ 察哈尔省的形势非常危急，奋起抵抗日军的侵略已刻不容缓，张家口的各界代表进行集体商议，决定马上召开察哈尔省民众御侮救亡大会，大会决议：组织成立察哈尔省民众抗日同盟军。

冯玉祥在共产党的支持下，通过和共产党合作，于 5 月 26 日，和吉鸿昌、方振武等人在察哈尔成立了察哈尔民众抗日同盟军，揭露国民政府的妥协政策，宣布将与日本侵略者作战。冯玉祥发出通电，宣告抗日

---

① 郭雪飞、陈小龙：《守卫河山寸土不让的赵登禹与佟麟阁》，吉林人民出版社 2011 年版，第 46 页。

② 宫淑燕、刘晓军：《历史丰碑》(3)，西北工业大学出版社 2012 年版，第 101 页。

③ 同上。

④ 中国人民政治协商会议河北省保定市委员会文史资料研究委员会编：《保定文史资料选辑》第 4 辑《纪念抗日战争五十周年》，1987 年，第 25 页。

同盟军的成立：

> 玉祥深念御侮救国为每一民众所共有之自由及应尽之神圣义务。
> 自量才短力微，不敢避死偷生，谨依各地民众之责望，于民国二十
> 二年五月二十六日以民众一分子之资格。在察省前线出任民众抗日
> 同盟军总司令。率领志同道合之将士及民众，结成抗日战线，武装
> 保卫察省，进而收复失地争取中国之独立自由。有一份力量，尽一
> 份力量，有十份力量，尽十份力量。大义所在，死而后已。[①]

同日，包括佟麟阁、高树勋等人在内的十多名将领在张家口联名通
电，他们积极响应冯玉祥抵抗日军、保家卫国的做法，决定参加抗日同
盟军。电称："奉读宥电，慷慨陈词，抑郁精神，大为振奋，表示今后愿
在冯总司令领导之下，团结民众，武装民众，誓以满腔热血，洒遍疆场，
保我河山，收复失地。"[②]

察哈尔民众抗日同盟军以非常积极高涨的热情同日军开展收复失地
的战争。6月9日，蒋介石令何应钦通电冯玉祥，要求冯玉祥解散同盟
军，并要求宋哲元制止冯玉祥的抗日活动。由于宋哲元之前是冯玉祥的
部下，深受冯玉祥重视，又因为同盟军是抗日的队伍，不想执行蒋介石
的命令，但长城抗战失败后，宋哲元部撤到北平近郊后，一直没有回到
察哈尔，受到蒋介石的严格控制，所以此事使宋哲元陷入了两难的境地，
宋哲元遂电辞察哈尔省主席一职，由佟麟阁代理察哈尔省主席兼民政厅
厅长。冯玉祥任命佟麟阁为抗日同盟军第1军军长，第一军所辖四个师
和一个独立旅，是支持察哈尔抗日同盟军的主力部队，主要警卫张家口。
从此刻开始，佟麟阁在冯玉祥的领导下，猛烈打击日军，为收复失地和
察哈尔省的光复做出了不可磨灭的贡献。

冯玉祥、佟麟阁一经举起抗日同盟军的旗帜，引起了全国人民群众
的广泛拥护，很多人民团体、社会名流、省市当局及爱国将领纷纷致电
冯玉祥、佟麟阁，表示支持祝贺。从平津大学生到全国爱国志士，奔赴

---

① 熊先煜、张承钧：《佟麟阁将军》，北京出版社1990年版，第23页。
② 王成斌等主编：《民国高级将领列传》（第二集），解放军出版社1999年版，第363页。

张家口的投效同盟军的人络绎不绝，总数超过了 10 万人。

6 月 15 日冯玉祥在张家口召开了抗日同盟军的第一次代表大会，目的是加强同盟军的军政设施和内部团结，这次代表大会通过了同盟军的纲领决议案，要点为：抗日同盟军为革命军民的联合阵线，以外抗暴日、内除国贼为宗旨。主张与日断交，不承认一切卖国协定，反对任何方式的妥协，誓以武力收复失地；联合世界反帝势力共同奋斗，完成中国之独立自由，实现抗日救国的民众政权；释放爱国政治犯，保障民众集会结社、言论出版、武装自由；取消苛捐杂税，改善工农贫民大兵生活。同时还对同盟军的军事、政治、经济、民众运动等纲领做了决议案，并成立同盟军军事委员会，筹划制定收复失地的措施，选举委员 35 人，常委 11 人。佟麟阁是常务委员会委员和常委之一。①

6 月上旬，察北、察东不断遭到从热河来的日伪军的侵扰。宝昌、康保这两个重要的城镇失陷，张北形势危急。6 月 20 日，佟麟阁、吉鸿昌、方振武等 26 名将领联名通电表示：为民族生存而战斗，应民众要求而奋起，敢对国人一掬肺腑，凡与敌人同一战线者皆为吾仇。并宣布："重整义师，克日北指，克复察省失地，再图还我河山……四省不复，此心不渝。"②

21 日，同盟军兵分两路，发起反击，打击蚕食察哈尔的日伪军。佟麟阁同吉鸿昌、方振武等进行积极密切的配合，并将第 1 军的第 2 师交给吉鸿昌指挥，让他们向张北出兵，向日伪军发起猛烈的攻击。22 日，同盟军北路的第 1 梯队从张北直取康保，仅几个小时的战斗就将敌军击溃。23 日，同盟军收复沽源。7 月 1 日，同盟军猛攻宝昌，伪军弃城逃往重镇多伦。同盟军又乘胜追击，7 月 12 日克复多伦。共击毙日军茂木骑兵第 4 团及伪军李华岑等千余人。至此，察东 4 县全被收复，中国人民欢欣鼓舞，抗日同盟军军威大振。

（三）下野隐居，伺机救国

日寇决定在中国推行"华北特殊化"，但是蒋介石的国民政府坚持

---

① 熊先煜、张承钧：《佟麟阁将军》，北京出版社 1990 年版，第 25 页。
② 王成斌等主编：《民国高级将领列传》第二集，解放军出版社 1999 年版，第 364 页。

"攘外必先安内"和对日不抵抗的妥协政策。因此抗日同盟军的成立就成为日寇和蒋介石推行妥协政策的严重阻力，所以冯玉祥组织建立的抗日同盟军必然要遭到日蒋双方的极力扼杀。日寇要求冯玉祥让出多伦，并采取军事行动逼迫蒋介石取缔抗日同盟军。蒋介石集团对冯玉祥进行造谣中伤，声称冯玉祥"勾结日本，联俄投共"。蒋介石还同日本签订了《塘沽协定》，此协定实际承认日本将长城及山海关以北地区的占领的合法化，而且长城以南的察北、冀东20多个县划成了不设防区，整个华北门户被打开。国民政府还调兵对同盟军进行武力压迫，将察哈尔省进行封查，导致同盟军腹背受敌，难以支撑。此外，同盟军还存在供给不足的致命问题，察省地瘠民贫，补给极其困难。

1933年8月12日，佟麟阁参加了冯玉祥主持的"民众抗日同盟军收复察东失地阵亡将士纪念塔""全国军民抗日死难烈士祠"落成典礼，并在烈士祠内题词："慷慨壮烈——建国以来战死者众矣，此猛谥以烈华哀之荣，义昭所得，愿与我武装同志共凛之。"[1]

冯玉祥在8月13日的晚上，召集了佟麟阁等20多名抗日将领话别，并建议组织成立抗日救国同盟会。8月14日冯玉祥离开张家口，到此，深为日寇所忌惮的察哈尔省民众抗日同盟军被撤销。

抗日同盟军被迫撤销后，1933年8月29日宋哲元正式复任察哈尔省主席，佟麟阁拒绝宋哲元的挽留，离开了察哈尔省。佟麟阁深感抵抗日军的志向不能如愿实现，面对山河破碎，国运垂危的现状，佟麟阁非常悲愤，因此自己退回北平香山寓所居住，同家人团聚在一起，奉养双亲。同时还酷爱研读《圣经》《周易》，喜欢写字、摄影、打猎等，以此来等待报效国家的时机。

（四）评述

1935年冬，华北局势继续恶化。在日本的压力下，中央军退出华北，冀察两省中国军队仅剩下第29军，军长宋哲元兼任冀察政务委员会委员长，佟麟阁也在此危难时刻重出，任第29军中将副军长兼军官教导团团

---

[1]　陈志新：《民国时期察哈尔的都统与主席（1912年—1949年）》，《张家口文史资料》第28—29辑，1996年，第250页。

长，驻在北平南苑军部，掌军部事务。

1937 年 7 月 7 日，卢沟桥事变爆发，佟麟阁坚决主张对日抵抗，保家卫国。此时，第 29 军军长尚在山东，佟麟阁在派人前往山东乐陵向宋哲元汇报情况并请求宋返回北平坐镇的同时，立即以军部名义命令全军官兵坚决抵抗进犯北平的日军。7 月 28 日，日本的陆军和空军联合进攻中国南苑，佟麟阁为抵抗进犯的日军亲自前往前线指挥，头部遭受严重创伤，壮烈殉国，时年 45 岁。

佟麟阁将军是全面抗战开始后，为国捐躯的第一位高级将领。在强敌压境、民族危亡的生死关头，佟将军挺身而出，以气贯长虹般的英雄气概亲赴疆场，从容指挥，身先士卒，直至壮烈殉国。佟麟阁将军是中国人民世代敬仰效法的楷模，他作为一位杰出的爱国者，将被中国人民永远铭记。察哈尔抗日，他带领将士们同仇敌忾，南苑一战，佟将军与第 29 军战士誓死拒敌，最后以壮烈捐躯之壮举，实现了他"誓以满腔热血洒遍疆场，保我河山，复我失地"的誓言。

1937 年 7 月 31 日国民政府追晋佟麟阁为陆军上将，毛泽东同志高度评价佟麟阁"给了全中国人民以崇高伟大的模范"。1945 年北京市政府将西城区的一条街改名为佟麟阁路。1979 年中共北京市委统战部追认佟麟阁为抗日救亡的革命烈士。

观佟麟阁与察哈尔省之缘，随同盟军兴起而上任，随同盟军夭折而离开。任职时间虽然仅有短短的三个多月，但这三个月带领察哈尔省民众抗日保家，却是轰轰烈烈，尽职尽责。1933 年 5 月，冯玉祥在张家口组织察哈尔省民众抗日同盟军，此时的宋哲元正在奉命参加长城抗战，故任命佟麟阁为同盟军第 1 军的军长同时兼任代察哈尔省政府主席。任职时间虽不足百日，但带领察哈尔省民众抗日保家，却是竭尽心力，烈烈轰轰。佟麟阁在察哈尔省主政期间，做出了不可磨灭的贡献，他在治军理政方面，运筹帷幄，军需筹备非常及时，把后方治理得非常安定，同时出版《国民新报》，积极组织民众武装，宣传自己坚决抵抗日寇的主张，承担同盟军的前方运输任务，坚持不懈地救护伤员、收容难民。

在察哈尔地区抗战的历史舞台上，曾出现多位省政府代理主席，有的遭人民唾骂，有的受人民称誉，但没有一位署理主席像佟麟阁将军一样受人民爱戴。

第三节　察哈尔沦陷期

1937 年七七事变之后，日本开始全面侵华行动，国共两党开始第二次国共合作。抗战初期，战争节节失利，察哈尔很快沦陷。

一　亦正亦邪——秦德纯

秦德纯（1893—1963），字绍文，山东省沂水县后埠东村人，国民党高级将领。参军后历任陆军第 5 师团副、旅长、师长、集团军副总参谋长、国防部次长等职。1935 年，宋哲元因两次张北事件而被免去察哈尔省政府主席职务，由秦德纯代理省政府主席，秦在察哈尔省主席任上只区区数月，未见作为，反倒因留下了一部屈辱的《秦土协定》而受到了诸多指责。此后，秦德纯就职冀察政务委员会，负责与日本交涉，冀察政务委员会的性质由亲日转向抗日。七七事变发生时，秦德纯正是华北最主要的军政负责人之一，既是第 29 军副军长，又是北平市市长。因顽强抗击日寇，第 29 军遭受毁灭性打击，秦德纯失去军队，在此后，他都只担任了一些参谋的职务。1945 年日本投降，土肥原作为甲级战犯，在远东国际法庭上受到审判。秦德纯是出席法庭的主要证人，在法庭上据理力争，控诉土肥原的侵华行径，为绞死土肥原贤二提供了有力的证据。1948 年 12 月，济南已解放，秦德纯被任命为山东省政府主席兼青岛市市长。1949 年 2 月，秦德纯在上海设立山东省政府办公处（这时除青岛外山东各地均已解放，秦只得在上海设立了山东省政府办公处），1949 年 3 月他才到青岛就主席职。3 月底青岛解放在即，秦德纯逃回南京。1949 年 12 月，随蒋介石败退台湾，秦德纯任总统府战略顾问。1959 年退役，1963 年 9 月 7 日于台北病逝，终年 70 岁。

（一）耕读世家

秦德纯祖上世代耕读，其祖父秦仙桥在清朝咸丰年间曾组织乡团，抵抗捻军，城郊村庄因此而获得保全。变乱平息之后，沂水知县要以军功的名义保举秦仙桥，秦仙桥再三推辞不掉，便提出增加县里的秀才名额。于是，经过批准，沂水县的秀才名额从 16 人增加到 18 人，第二年举

图12 秦德纯

行院试，秦德纯的父亲秦鉴堂正好考了第 17 名，得中秀才。秦德纯的父亲兄弟共三人，二伯父光绪五年中举人，曾在山西省任知县，民国成立后返回沂水养老。他父亲中秀才之后，三次参加乡试都未能中举。清末废科举之后，开办学堂，他父亲被推举为沂水县劝学所所长，一干就是很多年，当时沂水县的读书人，很多出自其门下，可见，秦德纯也算出身书香门第。秦家有兄弟姐妹四人，秦德纯年龄最小，上有一个姐姐，两个哥哥。秦德纯出生时，父母均已 40 岁。小时候的他很听话，性格温顺，父母都很喜欢他。

秦德纯幼时授业私塾启蒙，13 岁时就读沂水高等小学堂。1908 年，秦德纯持沂水知县的公文，去济南投考设在济南南关附近的陆军小学，该小学教育目标在于培养陆军低级干部，秦德纯在上课 3 个月后的考试中名列第一。1909 年夏天，秦德纯以第一名的成绩，从济南陆军小学毕业。1911 年后，秦德纯又只身到北京，考入北京第一陆军中学。

陆军中学位于清河镇，专门接收各地陆军小学的毕业生，距离清华大学约有一站路。开学两个月后，武昌起义爆发，革命大火熊熊燃起。北京第一陆军中学停办，学生纷纷参加革命队伍。秦德纯从北京回到济南，不久因母亲病重，返回沂水。母亲去世后，秦德纯奉命回北京复学，于 1914 年毕业，后升入保定军校。1916 年毕业的秦德纯被分配到山东陆军第 5 师做见习军官，见习期过后留在该师第 2 补充旅第 1 团任副官。1918 年随团长何均慈调到皖系参战军任上尉参谋。

1920 年夏天，北京陆军大学开始招生，恰逢 7 月直皖战争爆发。根据北京陆军大学规定，如果战争爆发，学生要回原来所在部队。秦德纯所在的师为皖系，师长眼看皖系大势已去，为保存国家力量，遂向直系军阀首领吴佩孚投降。待直系战胜皖系后，陆军部派遣秦德纯入北京陆军大学第 6 期深造。1922 年冬从北京陆军大学毕业，至此，秦德纯的学习生涯结束。秦德纯毕业后由盟兄安锡碬介绍到豫东镇守使王文蔚手下充任上校参谋长。

1924 年冬，王文蔚部扩编成第 24 师，秦任师参谋长同时兼任骑兵团团长。

1925 年，国民军第 2 军军长岳维峻督办河南军务，第 24 师被收编，仍驻防豫东。是年秋，吴佩孚东山再起，任 14 省联军总司令，秦德纯因率领骑兵团攻入泰安有功，升任第 24 师第 47 旅旅长。次年 5 月，秦德纯提升为第 24 师师长。不久，秦调任第 27 师师长，仍驻郑州。1927 年 1 月，秦德纯任河南保卫军第 1 军第 1 师师长。1928 年秦德纯兼任山东省政府委员。

1930 年中原大战后，秦德纯转任张学良总司令部参议、第 29 军总参议。1932 年宋哲元任察哈尔省政府主席，秦德纯任察哈尔省政府委员兼民政厅长。1933 年 1 月，长城抗战开始后，宋哲元任第 3 军团总指挥，秦德纯任副指挥。在喜峰口、罗文峪取得局部胜利。1935 年 7 月秦德纯因此次战功获青天白日勋章，官升陆军中将。《塘沽协定》签订后，军政部长何应钦代替张学良任军委会北平分会委员长，秦任分会委员。1935 年，国民政府指派秦德纯与日军代表土肥原贤二谈判，并签订《秦土协议》。1938 年，秦德纯调任国民政府军事委员会总检委员会主任委员。

1946 年，远东国际军事法庭要对东条英机、广田弘毅、土肥原贤二等 28 个日本战犯进行审判，秦德纯以证人的身份出席参加。在去日本前，蒋介石要求秦德纯，一定要证明七七事变是日本对中国的侵略，一定要证明土肥原贤二是执行侵略政策的主谋，他不辱使命，为绞死土肥原提供了有力的证据。

1948年12月，济南已解放，王耀武被俘，秦德纯被任命为山东省政府主席兼青岛市市长，收拾山东残局，1949年3月赴青岛就职。3月底青岛解放在即，秦德纯逃回南京。次年12月，随蒋介石败退台湾，任总统府战略顾问。1963年9月7日于台北病逝，终年70岁。

（二）"秦土"之辱

秦德纯在察哈尔省主席任上只区区数月，非但没有什么政绩，反倒留下了一部屈辱的《秦土协定》。

察哈尔省北接外蒙古，南邻山西、河北，东接辽宁和黑龙江两省，西靠绥远省。热河被日军占领后，察哈尔自兴安岭南麓起一直到延庆长约近千公里的边界线与东二省相连，张家口等地住有日本侨民、领事机构以及特务机关，再加上甘心投靠日本人的汉奸蒙奸，中国军队的一举一动无疑都在日本人的严密监视之下。

第29军整训结束后调回察哈尔布防，经过宋哲元等人的苦心经营，兵力发展到6万人左右，拥有4个整编师，武器装备也大有改进。当时第29军军长是宋哲元、佟麟阁，秦德纯任副军长，萧振瀛任总参议，张维藩任参谋长，冯治安任第37师师长，张自忠任第38师师长，赵登禹任第132师师长，刘汝明任第143师师长，可谓兵强马壮强盛一时。

第29军不断壮大，日本人不会坐视不理，他们不断在各地寻衅滋事。宋哲元为执行蒋介石隐忍待变的政策，总以"下不为例"了事。日本见其纵容，没有进行强硬的反抗，就挑起事端，派特务到独石口、东栅子、小厂、张北县等地不断进行骚扰，先后制造了两次"张北事件"。

1934年10月发生第一次张北事件。1935年1月，日军又制造"察东事件"或称"热西事件"，南京国民政府被迫承认察哈尔沽源以东地区为"非武装区"（见第二章第二节）。

1935年5月30日发生第二次"张北事件"。6月19日免去宋哲元察哈尔省政府委员兼主席职务，由秦德纯代理察哈尔省主席，秦德纯等人于6月23日开始与日方代表土肥原贤二等举行谈判。6月27日中方被迫接受日本所提的条件，签订屈辱的《秦土协定》。该协定具体内容如下：

一、从日中亲善的角度，为了将来日本方面在察哈尔省内的合法行动不受阻扰，向察哈尔当局提出以下要求：

要求事项：

（一）撤退地区：

将驻于昌平和延庆一线的延长线之东，并经独石口之北、龙门西北和张家口之北，至张北之南这一线以北的宋（哲元）部队，调至其西南地区。

（二）解散排日机构。

（三）［对日］表示遗憾，并处罚负责人。

（四）从六月二十三日起，在两星期内完成以上各点。

（五）制止山东移民通过察哈尔省。

二、此外，作为要求事项的解释：

（一）必须承认日满的对蒙工作，援助特务机关的活动，并且停止移民，停止对蒙古人的压迫。

（二）对日满经济发展和交通开发工作予以协助，例如对张家口——多伦之间，以及其他满洲国——华北之间的汽车和铁路交通，加以援助。

（三）必须对日本人的旅行予以方便，并协助进行各种调查。

（四）［从日本］招聘军事及政治顾问。

（五）必须援助日本建立各种军事设备（如机场设备和无线电台的设置等）。

（六）中国军队撤退地区的治安，应根据停战区所使用的方法予以维持。①

与《秦土协定》签订的同一天，秦德纯向土肥原就张北事件提出书面回答：

---

① 复旦大学历史系中国近代史教研组：《中国近代对外关系史资料选辑（1840—1949）》下卷第 1 分册，上海人民出版社 1977 年版，第 275—276 页。

一、对张北事件表示遗憾，责任者免职。

二、认为对日中邦交有不良影响的机关撤出察哈尔省。

三、尊重日本在察哈尔省内的正当行为。

四、宋哲元军撤出经昌平、延庆、大林堡至长城线以东的地区，及独石口北侧起沿长城经张家口北侧到张北县南侧线以北的地区，撤退后的治安由保安队承担。

五、以上的撤退，自6月23日起二周内撤交完毕。①

《秦土协定》的签订，中国丧失大部分察哈尔省的主权，察省疆土的大部也落入敌手。这一协定与《何梅协定》一起，为日本入侵华北打开了方便之门。

此协定遭到众多爱国人士的反对，秦德纯也因此受到了诸多指责。为此，秦德纯也是满腹的委屈，他曾与香河县县长赵钟璞谈及该协定签订的经过时说②：

> 张北事件发生后，日方借词侮辱日本臣民，提出抗议，坚持在北平解决。宋主席派我负责交涉，指示要大事化小，小事化了。我不愿意和日本人打交道，又是军人，不懂得外交是怎么样办，但既经宋主席委托，不能不勉为其难。经面报何应钦，并请派员会同谈判。何很不高兴地说："你们总惹乱子，谁惹出来的乱子，就由谁负责办理。"我在无可奈何中，和日本驻华武官高桥在北平接洽。他先向我讲一大篇中日亲善滥调，接着就提出六项要求：我方驻察北的军队，全部撤至长城以南，改由日军驻守；省政府聘用日本顾问；合资开发龙烟铁矿；逮捕抗日分子；撤销察省的中央机关；严惩肇事人员。经过屡次谈判，他撤回了开矿和聘用日籍顾问两项，并声

---

① 中央档案馆、中国第二历史档案馆：《日本帝国主义侵华档案资料选编·华北事变》，中华书局2000年版，第586页。

② 陈志新：《民国时期察哈尔的都统与主席（1912年—1949年）》，《张家口文史资料》第28—29辑，1996年，第257页。

明保留其余四项，有的缩小范围，例如"撤退全部中央机关"，规定只限于察哈尔省党部；有的作了文辞上的修改，例如"逮捕抗日分子"，改为"取缔排日"；"严惩肇事人员"，改为"处罚肇事人员"；而驻兵一项，则坚决不让步。这时土肥原正在北平，有时也参加谈判，曾以恫吓的口吻说："察北是抗日同盟军的根据地，中国军队包庇抗日分子在察北活动，为了满洲国的安全，根据日满议定书，日军必须驻兵察北，如中国加以拒绝，日军即自由行动。"经一再接洽，土肥原、高桥表示对日本驻兵一节不作明文规定，只规定我方不再驻兵察北，实际上，即不作明文规定，日本军队早就自由出入了。协定是中央批准的，是何应钦同意的。应该说是《何土协定》，不应该把签订的责任，放在我的头上。

1935 年 11 月，秦德纯离任，任北平市市长，由萧振瀛继任察哈尔省政府主席。

（三）护军不力

七七事变发生时，秦德纯正是华北最主要的军政负责人之一，他既是第 29 军副军长，又是北平市市长。

1937 年 7 月 7 日夜，秦突然接到冀察政务委员会外交委员会主委魏宗翰及负责对日交涉的林耕宇电话，谓日本特务机关长松井称：日军一中队在卢沟桥附近演习，在整队时，遭第 29 军部队射击，因而走失一名士兵，并见该士兵被迫走入宛平县城，日本军官要求率队进城检查。秦德纯当场指示：卢沟桥是中国的领土，日军事前未得我方同意在该地演习，已违背国际公约，妨碍我国主权，走失士兵我方不能负责，日方更不得进城检查。可等天亮后，代为寻觅，如查有日本士兵，即行送还。日军对这一答复不满，仍求进城检查，否则将包围该城。秦立即电告部队"要严密戒备，准备应战"。次日拂晓，日军包围了宛平城，先要求外交人员进城，继而派武官进城，均遭到拒绝。日军即向城内炮轰，并掩护其步兵前进，于此战斗打响。"我方先不射击，待他们射击而接近我最有效射击距离内，我们以'快放'、'齐放'猛烈射击，因此，日军伤亡颇重"①。七七事变，亦即中日全面战争之序幕。

从表面上看，日本由局部侵华扩大为全面侵华，源于这一次偶发事件，但实际上，以秦德纯在回忆录中的分析：

> 日本自明治维新后，革新内政，发展工业，军事装备趋于现代化，嗣经日俄、中日两次战争胜利，日本武人，骄横跋扈，不可一世，遂积极向外扩张。其侵略目标，一为北进占据满蒙，以阻遏苏俄之东进与南下；一为南进征服中国以驱除欧美势力于中国及亚洲之外，完成亚洲人之亚洲，实际上即为日本人之亚洲……民国二十九年（即1931年）九一八，是日本侵略我国的行动开始。②

经过七日、八日两天，第29军官兵的坚决抵抗，使日军大吃一惊，于是日军想用和平解决的办法来等待援军，秦德纯与日方签订了三项协议。后来，28日时，第29军已经造成重大伤亡，于是当即决定由北平退回保定，后来平津地区大部分地区都落入日军之手。

这一场战争使宋哲元的第29军及各个机构遭受了毁灭性的打击，秦德纯再也没有军队了。在整个中日战争中，他都只担任了一些参谋的职务。

（四）走私卖国

1938年，秦德纯出任点验委员会副主任委员。1939年，秦被派为军风纪第5巡察团主任委员，负责巡察陕甘晋等地。1940年春夏间，蒋介石设立军法总监部，以何成浚为总监，秦德纯辅之。何成浚利用其亲信打着军法执行总监部的旗帜，专干秘密走私勾当，秦德纯亦暗中参与其事。1943年，秦德纯调任新设兵役部之政务次长，这是应部长鹿钟麟的要求而上任的。

---

① 戴守义、秦德纯：《七七事变》，中国文史出版社2015年版，第17页。
② 秦德纯：《七七卢沟桥事变经过》，《七七事变亲历记》，中国文史出版社2015年版，第11页。

(五)　力惩战犯

1945 年日本投降，土肥原作为甲级战犯，在远东国际法庭上受到审判。秦德纯是出席法庭的主要证人，在法庭上据理力争，控诉土肥原的侵华行径，为绞死土肥原贤二提供了有力的证据：

秦德纯关于日军制造察北事件的陈述书

（1946 年 7 月 22 日）

远东国际军事法庭审讯词摘要

日期：民国卅五年七月廿二日

证人秦德纯（前二十九军副军长，现国防部次长）在法庭提出陈述书

日本侵略华北

1. 察北事件。一九三五年六月，日本军官二名及士兵二名乘汽车由多伦经张北赴张家口，抵张北县门时不服从守卫兵之检查，亦未携带通行证（依照规定，日人往察哈尔省须由张家口日本领事馆，向察哈尔省政府取得通行证）。在此情形下，北门守军官长当偕其至城内一三二师赵登禹师长师（司）令部，赵师长以电话向驻在张家口二十九军军长宋哲元请示，得宋许可，准该日人等经由张北赴张家口，并告以不能以此为例今后日人入察仍须照向例取得通行证。于是，该日人等至张家口旋去北平。该日人等去后，驻张家口日本领事桥本突向我方提出抗议，谓华军对日本军人有侮辱行为，要求将当事者处罚，向日方道歉，并保证将来不再发生类此事件。于是宋将军命余为代表与之交涉。经几度谈判，桥本突以事件情势严重，领事无解决之权能，应移往天津日本驻屯军司令部处弹。德纯即赴北平时，驻屯军代表土肥原少将亦来北平，乃开始交涉，结果约定项目如次：1. 将守卫张北城门之团长免职；2. 将拘留日军将校于一三二师司令部之军法处长免职；3. 将驻扎于张北县以北之宝昌、康宝、商都、沽源、化德等县之二十九军部队调出，另以地方保安队维持秩序；4. 以后中国不得在察哈尔北部屯田移民；5. 国民党在察哈尔省之活动，应即撤退；6. 察哈尔之排日机关及排日行为应予取

缔。交涉经过及结果均已电报中央政府，请予核准。我政府为维持和平起见，不得不一再妥协，而日本军阀之侵略阴谋，则永无终止。当交涉时，日本驻华大使馆武官高桥坦曾参与其事，实际仍全由土肥原主持。

秦德纯陈述秦土协定的记录

（1946 年 7 月 22 日）

远东国际军事法庭审讯词摘要

日期：民国三十五年七月二十二日

太田辩护人（土肥原之辩护人）与证人秦德纯问答词（问为辩护人；答为证人。下同此）

一、问：世人所称之"土肥原秦德纯协定"，是否为天津市长程克与北宁路局长陈觉生斡旋之结果？

答：所谓"土肥原秦德纯协定"实无其事，此为德纯奉中央命令与土肥原协商之暂时解决事件办法，其时程克与陈觉生系任交涉之翻译。

二、问：察北事件，是否因日军官兵四名被张北县守城兵举枪射击，横加殴打并拘禁五日？

答：事实并不如此，日兵四名达张北县北门时，守城兵要求检阅通过证。依当时规定，此项证书应由日领事取得中国官厅同意发给，而日官兵拒绝检阅，守城兵为执行任务虽有发枪之姿势，实未发枪。正争执中，一排长赶到，即偕其入城至一三二师司令部招待进餐，并向长官请示。似此进餐报告等，自需时三四小时，该日人等决未被拘留。

三、问：察北事件协商是否六月廿三日完毕，六月廿七日得中央政府承认？

答：日子不能确记，约在六月廿日左右事件即已解决。但此种解决自为中国政府为求得和平让步之结果。

问：此项解决未如日方初提出条款，是否为日方为维持和平作相当让步之结果？

答：此问题得以暂时解决，足下谓为日方让步所致不合事实。

问：此项协商之成立不是也为中国人民所热烈欢迎的吗？

答：适才所云，中国为寻求和平乃忍痛与日方解决此案，故此实非一协定，并非中国人民所心愿者。[①]

（六）评述

秦德纯是一个相当复杂的人物，他内心深处既有爱国情怀又有务实利己的阴暗面。他曾带领第29军官兵与日寇浴血奋战，却也在全国抗日紧迫形势下不忘参与走私、中饱私囊；他曾在国际军事法庭历数土肥原贤二种种罪状，为惩办战犯做出突出贡献，但却也终究无法抹去签订《秦土协定》留下的屈辱。

对于察哈尔而言，秦德纯从1935年6月接替宋哲元出任省主席，在主席任上未足半年。1935年11月，秦德纯离开察哈尔，任北平市市长，由萧振瀛继任察哈尔省政府主席。萧振瀛未到任，并于11月底出任天津市市长，由张自忠暂代察哈尔省主席职。1935年12月，张自忠被正式委任为察哈尔省政府主席。

二　忠烈爱国——张自忠

张自忠（1891—1940）（任察期间像），字荩臣，后改荩忱，汉族人，出生于山东临清，第5战区右翼集团军兼第33集团军总司令，国民革命军上将衔陆军中将，1935年11月张自忠任察哈尔省主席，1940年在襄阳与日军遭遇，实力悬殊，拼死力战，不幸牺牲，牺牲后追授为陆军二级上将衔。张自忠自始至终都坚定自己的信仰与报国的决心。

（一）抗战英雄

张自忠6岁入私塾读书，9岁随同父亲张树桂前往江苏赣榆就任巡检，1911年考入天津法政学堂，同年秘密加入同盟会。目睹列强侵略欺凌，清廷昏庸无能，痛感国家不幸，民族多难。1914年仍在读书的张自

---

① 中央档案、中国第二历史档案馆：《日本帝国主义侵华档案资料选编·华北事变》，中华书局2000年版，第590—591页。

图 13   张自忠

忠选择了弃笔从戎，投奔驻扎在奉天（今沈阳）的陆军第 20 师第 39 旅第 87 团团长车震。两人同为老乡，张自忠有学问，又吃得下当兵的苦，深得车震赏识。其后，于 1917 年加入冯玉祥部，张自忠跟随冯玉祥南征北战，先后从排长、连长逐级升任旅长、师长，并成长为西北军的一员虎将。

周恩来同志曾为悼念张自忠将军撰写文章称："其忠义之志，壮烈之气，直可以为中国抗战军人之魂。"[①] 身授上将军衔，担任集团军总司令，为国捐躯的张自忠，是中国在抗日战争中，也是世界反法西斯联盟 50 个同盟国中牺牲在反法西斯战争中的最高将领。因此张自忠将军也被国人称为"中国抗战名将第一人""抗战第一英雄"。新中国成立后，人民政府追认张自忠为革命烈士。

---

① 周恩来：《追念张荩忱上将》，《新华日报》1943 年 5 月 10 日。

（二）坚决抗日

1930 年中原大战后，冯军损失惨重，冯玉祥宣布下野，蒋介石收编西北军大部，仅有张自忠部第 15 旅、第 16 旅一部和手枪团大部，近万人，是西北军残部中最为完整的部队。随后，张自忠率部同其他西北军溃退山西。

1931 年 1 月，张学良收编了西北军残部，组建成东北边防军第 3 军。同年 6 月，改番号为国民革命军第 29 军。第 29 军驻扎在晋东南，由于山西一直是由晋系军阀阎锡山经营，第 29 军在此寄人篱下，无军费来源，士兵们衣着破旧，形同乞丐，以至于 1932 年第 29 军奉命移防察哈尔时，不得不夜间行军，以防被人误认为土匪。

1932 年 7 月，宋哲元由张学良和张自忠举荐，后经国民党中央政治会议批准任命为察哈尔省主席。这一任命也得到了蒋介石的认可，因为蒋介石认为第 29 军能够在华北地区起稳定作用，利用西北军旧系来牵制阎锡山和张学良。第 29 军因此在张家口被允许扩编为 3 个师，军长由宋哲元担任，副军长秦德纯，参谋长张维藩，总参议萧振瀛；第 37 师师长冯治安，下辖赵登禹的第 109 旅，王治邦的第 110 旅；第 38 师师长兼张家口警备司令张自忠，下辖黄维纲的第 112 旅，佟泽光的第 113 旅；暂编第 2 师师长刘汝明，下辖李金田的第 1 旅和一个特务营。在驻防察哈尔期间，第 29 军自己形成了由宋哲元、张自忠、秦德纯、张维藩、萧振瀛、冯治安、刘汝明、赵登禹 8 人组成的领导核心，要求凡事必须经过 8 人共同商议，谋定而后动，其中张自忠的地位仅次于宋哲元的地位。第 29 军这支非蒋介石嫡系部队之所以能够在华北得以发展壮大，由 1931 年的 2 万余人扩充到 1937 年的 10 万余人，是因为拥有团结稳固的领导集体。这其中，张自忠对于维护第 29 军的团结稳定做出了重要贡献，特别是在拥护宋哲元的核心地位和反对宋哲元"自治"等问题上，张自忠避免了第 29 军的分裂，并维护了国家统一。

1933 年初，正值第 29 军刚刚北上立足未稳之际，日军就发动对长城各要塞的进攻，其中 2 个旅团 3 万余人进攻在军事上具有极其重要战略价值的喜峰口和罗文峪等要塞。

一旦长城各口为日军所占，不仅华北将直接面临日军的威胁，察哈尔也将被分割开来，第29军亦将失去尚未进驻的察哈尔地区，后果不堪设想。因此，第29军将领一致认为当死战到底，通电"宁做战死鬼，不做亡国奴"。张自忠坚决执行这一决定。宋哲元任命他为第29军前线总指挥之后，即令先头部队进入防御阵地打击来犯之敌。随后，张自忠与冯治安在距前线不足20里的三里屯组成联合指挥所，并与驻守在罗文峪的刘汝明部密切协同作战，"力求出击、不死守挨打"。战役期间，第29军官兵利用大刀、手榴弹等落后的武器装备，以近战、夜袭、侧击等灵活战术，与拥有飞机、坦克、大炮的日军机械化部队激战40多天。在战斗紧张时，张自忠亲自率领师直属部队及手枪营到第一线督战。经过第29军全体将士浴血奋战，取得了长城抗战的唯一胜仗喜峰口、罗文峪大捷，并严重挫伤日军进犯关内的锐气，这对第29军在察哈尔的立足和发展的意义非常重大，这是第29军自建立以来第一次被划定出自己独立的防区，蒋介石为宋哲元、张自忠、秦德纯、冯治安及刘汝明颁发青天白日勋章，并答应增编1个师，使第29军达到了4个师的兵力，张自忠对此可谓功不可没。

喜峰口、罗文峪大捷是抗日战争前期中国军队取得的少有的胜利之一。但因此时蒋介石的主要注意力集中在"围剿"共产党和红军上，长城防线防守兵力空虚，给以日军可乘之机，商震部在冷口设置的防线被日军攻破，攻入长城以南地区，接着又攻占了迁安，陷入腹背受敌、孤立无援的第29军，被迫放弃了喜峰口、罗文峪阵地，向西南方向退却。国民政府加紧向日军谋求停战，最终被迫同日方签订了屈辱的《塘沽协定》，长城抗战结束。

长城抗战期间，张自忠抗日决心就十分坚决，他曾对冯治安和赵登禹表示：他不在乎生死，他认为打鬼子死，死得其所。第29军开进察哈尔，有了自己独立的防区未必是一件好事，第29军的防区正好是同日军直接对抗的前线。

在长城抗战结束后，张自忠的第38师在山西平定、阳泉一带整训。1934年，第38师回到察哈尔驻防，师部设在宣化。当时，由于察哈尔省除口北10余县其他地区属于内蒙古境内，日军为贯彻其满蒙政策，一直觊觎察哈尔地区。《塘沽协定》虽然能使中日双方停战，但是那只是一时的，并不能阻止日本关东军少数干部擅自行动继续侵略，日本关东军参谋长小矶国昭就曾扬言威胁，可以不占平津，但要占领察哈尔。对此，第29军积极调整部队防御态势，下花园与涿鹿一线由刘汝明师驻守，张家口由冯治安师和军部驻守，张北由赵登禹师驻守，宣化和察东一线则由张自忠师驻守，直接面对热河日军。

1935年1月18日，日军宣称察省沽源县是"满洲国"的领土，并以武力威胁第29军。22日，日伪军4000余人在飞机、坦克的掩护下突袭张家口东方向、独石口以南的东栅子，威胁到了察省东门户龙门。坐镇北平的何应钦曾经要求第29军在长城外避免与日军发生冲突，以免给日军再次挑起战争以口实。张自忠根据当时情况违抗蒋介石军令，命令所部死守察东门户龙门，绝不能后退一步。他在前线沉着地指挥战斗，粉碎了日军的企图，日军见第29军早有防备，最终称误会了事。

1935年11月8日，南京国民政府任命察哈尔省政府主席由萧振瀛担任，由张自忠担任政府委员，因萧振瀛未到任暂由张自忠代行省主席一职。1935年12月，中日双方协商后，成立冀察政务委员会，以宋哲元为委员长兼河北省政府主席，张自忠为委员兼察哈尔省政府主席。在任职察哈尔省主席期间，张自忠出于对第29军战略利益的考量，奉命对日采取"折冲"态度。1935年6月《秦土协定》的出笼，意味着张自忠"忍痛含垢，与敌周旋"的开始。

1935年6月5日，"有日本特务机关工作人员四人被宋哲元部队扣押，八小时后释放，但亦因此招致日方威胁。倭寇要求我河北党部取消，免冀于（河北省政府主席于学忠）察宋（察哈尔之宋哲元）二主席之职，并派飞机任意侦察监视我军撤退之行动，且十八日飞至济南、徐州纵横盘旋威胁"。可见蒋介石在18日日军武力威胁之下，选择了对日妥协。27日，代理察省主席的秦德纯被迫同土肥原签订《秦土协定》，"承认察境亦撤退驻军，取消反日团体，协助日本在内蒙活动，中国不得对察省移民"。这对第29军的利益损害巨大，失去了沽源、宝昌、康宝、商都等县，失去了坝上地区的战略屏障，宋哲元就声称如若再相信蒋介石抗日，就不是人。由于第29军面临着孤军抗日的局面，宋哲元欲改变对日强硬的政策，20日在天津发表谈话："察省过去向抱人不犯我、我不犯人的宗旨，此后负责者将亦本息事宁人的方针而行。"这是第29军第一次公开表示要改变对日政策。而张自忠对这一政策的改变持反对意见，特别是对《秦土协定》的签订表示"虽受逼亦确不妥"。在一次八人会议上，秦德纯汇报说为搞好同驻北平日特的关系，每个月花费 1 万元作为其补助费。张自忠猛烈批评了此行为，但是，面对当时华北出现军事真空以及冀察地区日伪势力扩张，直接威胁第 29 军生存和宋哲元等人的政治命运，张自忠不得不委曲求全，在 1935 年 12 月至 1936 年 5 月担任察哈尔省主席期间，以及之后任天津市长时，张自忠对日折冲态度尤为明显。

在当时特定的历史条件下，担任察哈尔或天津的最高行政长官，须承担起处理对日外交关系的重任。张自忠初任天津市长时就表示："深恐将来弄得人不人，鬼不鬼，成为团体之罪人，国家之败类，朋友不以我为人，朋友均以我为耻"。但是，为了第 29 军的生存和发展，为了民族利益，他最终服从了决定，表示："在和平未绝望以前，我希望能打开一个局面，维持一个较长的局面，而使国家有更充实的准备，其他毁誉我是不计较的。"周恩来在《追念张荩忱上将》一文中指出："迫主津政，忍辱待时，张上将殆又为人之所不能为。"

"忍辱待时"的态度转变，并不说明张自忠已改变抗日决心。事实证明，张自忠执行对日缓和政策是有度的。一旦日军的进犯严重威胁第 29 军的生存时，他就会坚决抵抗。

（三）评述

曾任职察哈尔省秘书长、天津市政府秘书长的马彦翀先生在 1991 年 8 月出版的《民族英烈——纪念张自忠将军诞辰一百周年》① 中这样描述过张自忠任察哈尔主席时对日斗争经过：

> 张荩忱将军，先是我的朋友，后是我的长官。将军任察哈尔主席及天津特别市长，都是我任秘书长，对于将军之一言一动，当然知之最悉……将军任察哈尔主席之日，正倭寇自称根据《塘沽协定》强占我察北六县为李逆守信驻军之时，并强调该协定曾注明以长城

---

① 临清市政协文史资料研究会：《民族英烈——纪念张自忠将军诞辰一百周年》，1991 年 5 月。

线为界。当将军初到任所，我初受任不几天的时候，倭寇特务机关便设在张北县，倭寇及逆军，更将要直开到张家口大镜门外，以察哈尔省治在张家口，张家口之大镜门，即长城之一部。倭寇并谎说，他们军队之要开到大镜门外，是根据协定办的。如果要准他的话，则不但省府时时感受到威胁，简直等于放弃了全察哈尔；即平绥铁路，将来亦无法畅通。因张家口的地势是如此。凡是到过张家口的人，当承认我这话并非危词。因一时风声鹤唳，军民震惊。将军却毫不迟疑地一面调兵遣将，布置在大镜门以北的罕诺坝一带（罕诺坝距大镜门四十五里），一面令我去找敌驻张家口特务机关长大本，叫我告诉他说："不管什么协定，也不管什么长城线，照他们这样作法，直令我们无法站足。现在大镜门外，完全驻有我的部队，如果他们军队由张北南开，双方发生误会，责任应由他们负之。"我记得我把这一段话说了以后，适有敌由张北县派来了一位田中中佐，专为办此事来的，也在那里。他们看我态度很强硬，语气很坚决，他们说你这话也有理由，容我们考虑考虑。我说："不行，现在你们的军队，正由张北南开；我们的军队，正由大镜门北上，千金一刻，不容迟缓。你们如承认你们的部队仍驻张北，我们的部队分驻大镜门外，以罕诺坝为双方缓冲地带，就得马上双方派人连夜前往。刻已下午六时，待到明晨，且不可能，尚有何考虑之余地？"经我这一说，他们俩咕咕嘀嘀好几次。我看他们或许是没有作战的决心，或者知道将军的部队，素著忠勇，曾在喜峰口战役领教过，所以他们马上就答应了。双方派人分别制止。他们的部队，不再由张北南开，我们部队分驻大镜门以北各地。此一段交涉经过，虽未详详细细地登过报，可是凡驻在张家口的人，大概没有不知道的。使当时将军的态度，如稍一犹疑，恐在民国二十四年（1935 年）冬，察哈尔即非我有，最少限度，在张家口的察哈尔省政府，总得搬家。自这次交涉之后，双方零零碎碎的摩擦，当然不能说没有，但终将军之任（1936 年 5 月），再无大的事件发生。

将军并常常告诉我说："哀莫大于心死，我想不明了华北真相的同胞们，或许认为现在的华北，已成为日寇可以随意猎獗的华北，或进一步，认为形势上徒为我有的华北。这实在是最不好的心理，不说尚不到此限度；即已到此限度，并连东北四省算上，我们还要卧薪尝胆，时时企图收复失地才好，何能先自甘暴弃，作此消极的态度，你有机会，应以私人立场，多方疾呼，唤起国人注意。"我听了这段话，认为甚有见地，也确有此情形与必要，所以在民国二十五年（1936 年）春间，凡有来张家口赴大同游云冈的团体或学校教职员，我同教育厅长柯昌泗，都要代表将军招待一下，说明察哈尔的实在情形，唤起他们注意，并请他们各处游览，看看察哈尔，确确实实仍为我们所有，代告国人，千万不要人未亡我，而我们先把我们的地方认为亡了。张自忠始终都坚定自己的信仰与报国的决心。

1936 年 5 月，张自忠由察哈尔省主席改任天津市长。日方对其百般拉拢，企图分化第 29 军，但均被张自忠拒绝。

1937 年 3 月，日方要求他代表冀察当局赴日访问，张自忠本想力拒，无奈宋哲元已答应，并已电报南京政府，为不失信，张自忠只好服从，以冀察平津军政工商考察团团长身份赴日考察，正赶上名古屋展览会开幕，受邀前去剪彩，但由于有伪满洲国参加，他认为这是对中国的侮辱，他拒绝参加剪彩。在日期间，日本妄图逼迫张自忠在经济提携条约上签字，被他断然拒绝。在冀察特殊局势下，张自忠等人欲稳住日军，维持现状，对日军做出妥协，却被国人误会。其后误会有所解除，在萧振瀛遗著《华北危局纪实》中有所体现"余责之曰：'此汉奸之计也，宋并未接受，其错在汝'"[1]，同时在秦寄云、赵钟璞《秦德纯的一生》中也有所描述"张（自忠）向宋淮说：'只要委员长离开北平，我就有办法维持'，宋闻言，面色刷白，没再说话，即提笔委张代理冀察政务委员长兼代北平市市长"[2]。

虽被国人误解，但后来张自忠用行动证明了一切。

1937 年 7 月 7 日，日军挑起了卢沟桥事变。事变发生时，张自忠正卧

---

① 李惠兰：《七七事变的前前后后》，天津人民出版社 1997 年版，第 226 页。
② 中国人民政治协商会议全国委员会文史资料研究委员会编：《文史资料选辑》第 52 辑，中华书局 1964 年版，第 231 页。

病在床，高级官员中唯有北平市长秦德纯在主持工作。10 日夜，张自忠在住处会见前来诱降的日军驻北平特务机关长松井太久郎与日本驻北平陆军助理武官今井武夫，二人无功而返。蒋介石议和，张自忠一度被平津舆论界称是"汉奸"。8 月 6 日，在东交民巷的德国医院，张自忠偕副官廖保贞、周宝衡通过《北平晨报》等媒体发表声明，宣布辞去一切代理职务。8 日，北平沦陷。9 月 3 日，张自忠离开北平。张自忠回到南京后，蒋介石信任他，让他继续率领军队作战。之后张自忠率领部队辗转安徽、山东、湖北多省，参与了临沂向山战役、徐州会战、随枣会战和枣宜会战。

1940 年 4 月 15 日，老河口五战区长官司令部官邸的照片，是刚刚结束枣宜会战前会议的第 5 战区主要将领合影。这张照片也是张自忠将军生前最后一次合影。

纵观自 1932 年 8 月第 29 军进驻察哈尔到 1940 年 5 月将军殉国的这段时期，无论是对日抵抗还是折冲，张自忠将军一切都是为了民族的大义和第 29 军的存亡。为此，张自忠将军宁可牺牲个人的一切，但可以肯定的是，将军的内心是坚决抗日的。张自忠自己很坦然，在 1937 年潜出平津南下见蒋介石时，立下军令状，如果有对不起国家的地方，即以军法从事。张自忠将军为国家为民族不避艰险，不惜牺牲的勇气和精神永远都活在中国人民心中。

新中国成立后，人民政府追认张自忠将军为革命烈士，将烈士墓扩建为张自忠烈士陵园，并于 1986 年 10 月，经民政部批准将其列为第一批全国重点烈士纪念建筑物保护单位。北京、天津、武汉等城市建有以"张自忠"命名的道路。

2005 年 9 月 3 日，胡锦涛在"纪念中国人民抗日战争胜利暨世界反法西斯战争胜利 60 周年大会"上赞誉张自忠将军是一位"中国人民不畏强暴、英勇抗争的杰出代表"。2009 年 9 月 10 日，张自忠在由中央宣传部、中央组织部、中央统战部、中央文献研究室、中央党史研究室、民政部、人力资源和社会保障部、全国总工会、共青团中央、全国妇联、解放军总政治部 11 个部门联合组织的"100 位为新中国成立做出突出贡献的英雄模范人物和 100 位新中国成立以来感动中国人物"评选活动中，被评为"100 位为新中国成立做出突出贡献的英雄模范人物"。

张自忠离任察哈尔省主席之后，由第 143 师师长刘汝明兼任察哈尔省主席一职。从刘汝明任察哈尔省主席后，察哈尔省政府进入流亡阶段，反观流亡之前国民政府期间的这些省主席，有的留下的政绩不多，但也有的虽在位时间短，却留下了宝贵的足迹，得到充分肯定。如赵戴文、杨爱源为阎锡山手下的忠将，在察省任主席期间无大作为，只是安定秩序而已。秦德纯，不但未见作为，还留下了屈辱的《秦土协定》，遭到贬责。刘翼飞和宋哲元颁布新政，整顿金融，关心民生，兴修水利，设立公报，编修通志，带领人民英勇抗日，为察哈尔地区政治、经济、文化的发展均做出较为突出的贡献。佟麟阁和张自忠忠于国家、忠于人民，坚决抗日，战死沙场，是不折不扣的抗日英雄。这一时期的中国是内忧外患，内部争权，外部抗日，而察哈尔以其重要的地理位置处于这一历史阶段的政治斗争、军事斗争的旋涡之中。

第三章

抗日与解放战争时期
（1937—1949）

从抗日战争到解放战争，中华民族经历了艰苦的挣扎，迎来了光明的到来。中国人民为最终战胜世界法西斯势力做出了历史性贡献，同样中国的抗日战争对世界反法西斯战争的胜利起了重要作用，是世界反法西斯的重要组成部分，对中国国际地位提高产生了深远影响。

之后，国内各个势力之间的变化，随着国际格局的变化以及各个势力内部政策的调整而变化。最终，符合最多数人民群众利益的共产党取得了解放战争的胜利，建立了新中国，带领人民走向光明。

第一节　抗日战争时期

1937 年，日本帝国主义发动七七事变，开始了全面侵华行径，其目的就是把中国变成其殖民地。

国共两党也为了对付中华民族共同的敌人，走上合作抗日道路。国共两党由于阶级属性的本质区别，合作中始终存在着矛盾与斗争；中共始终把反对日本帝国主义的民族解放斗争放在首要地位，在抗战中起着中流砥柱的作用；国民党在抗战中，政治态度和政策上具有两面性的特点。

一　行伍出身——刘汝明

刘汝明（1895—1975），字子亮，籍贯为直隶省献县，国民革命军陆军上将。从小家境贫寒，17 岁便开始军旅生活，冯玉祥的十三太保之一。冯玉祥于 1930 年 11 月 4 日通电下野后，刘汝明被张学良收编。1936 年 6 月，已晋升为陆军中将的刘汝明兼任察哈尔省主席一职，任职期间刘汝明与日友好，为日寇在察省行不法之事大开方便之门，滥用军政公费，敛财敛货，给张家口的经济带来了极大的破坏。后跟随蒋介石，坚决反共。纵观刘汝明一生虽带兵有方，战功颇著，但是不顾民族大义，阻扰人民解放军解放全国各族人民、建立共和国的事业。

（一）少年从军

刘汝明祖上世代务农，家境贫寒，不得已而去参军。刘汝明在 1912 年 1 月第一次离开故乡，前往景县参军，17 岁的他从此便开始了 40 年的军旅生活。

他在景县参加的是"左路备补军"，他参军时，陆建章刚建立起这支部队，当时由冯玉祥任营管带。1913 年，军队的编制称号进行改编（管带改为营长，哨官改为连长，哨长改为排长，什长改为班长），刘汝明在此契机下得以升任为排长。同年 8 月"左路备补军"被改称为警卫军，冯玉祥任警卫军第 1 团团长，而刘汝明担任冯玉祥手下第 3 营第 10 连排长。同年 9 月，袁世凯开始调动军事力量围剿白朗起义军（白朗于 1912 年发起了反对袁世凯的起义），陆建章奉袁世凯之命担任剿匪督办一职，率警卫军尾随白朗起义军前往潼关。刘汝明奉命进入河南新乡，这次作战是他入伍后打的第一仗。

警卫军于 1914 年 2 月再次进行整编，其中第 1 团和第 2 团合编成为第 7 师的第 14 旅，旅长由冯玉祥担任，刘汝明也被擢升，担任了第 27 团第 3 营第 10 连连长的职务，跟随第 7 师从潼关开赴西安。9 月警卫军再次改编，成为陆军第 16 混成旅，刘汝明仍然担任连长，跟随第 16 混成旅向汉中移防。

1915 年袁世凯想复辟帝制，蔡锷在云南组织护国军，进行讨袁护国运动。1916 年，陆军第 16 混成旅与护国军在川南进行了激战。其中一次，刘汝明所在的连队和护国军遭遇，刘汝明展现了他的军事才能，冷静沉着指挥作战，最后转危为安。不久以后，刘汝明跟从冯玉祥，转向了护国军，对袁世凯进行讨伐。此后不久，冯玉祥便被北洋军阀免去了军职。冯玉祥的部下都不想让冯玉祥离开。"刘汝明平时寡言，这时却痛哭流涕，把冯身上穿的马褂拉了下来，撕成布条，分给送行的同事作为留念，使冯玉祥十分感动。"①

1917 年 6 月，第 16 混成旅的新任旅长拥护张勋复辟，刘汝明和孙良诚代表第 16 混成旅的官兵对新任旅长的这一行为表示反对，并到天津把冯玉祥请回来，让其领导组织讨逆事宜。7 月 11 日，段祺瑞率领部队攻打被辫子军占领的北京。同时刘汝明接到命令，带领两个连沿铁路向北京前进，去配合段部。他在 12 日将永定门占领，并攻入了北京，和段祺瑞的部队一起将张勋的三千辫子兵全部缴械。

11 月，第 16 混成旅进驻南京浦口，刘汝明升任旅部少校副官跟随前往，在此期间他还兼管旅部刚组建的两个手枪队。1919 年 9 月，他开始进入教导团对战策进行指导，在此同时还学习日文，学成后担任了第 3 团第 1 营营长的职务。但是很不幸，他的父亲在哈尔滨去世了，他接到消息后，便直接去找冯玉祥请假，请求冯同意他去哈尔滨处理他父亲的丧事，不过冯玉祥没有批准。刘汝明非常生气，给冯玉祥留下一封书信后就不辞而别了。冯玉祥对于刘汝明这种藐视军纪的行为十分生气，让人将他追回，并给他打军棍、关禁闭的处理。后来，冯玉祥又念其孝心，认为情有可原，便利用和他一起吃饭的机会，宽慰了他一番，随后送给他 500 元路费，让他去安葬他父亲。

1922 年 4 月，第一次直奉战争爆发，冯玉祥想利用"助直战奉"的机会调离陕西开赴河南。刘汝明所在团接到命令前往郑州增援，他率领一营进攻古城寨，晚上途经一个小村庄，刘汝明便命令士兵在此构筑工事进行宿营。半夜奉军对其进行偷袭，幸亏刘汝明部及时发现并鸣枪告警，在刘汝明的指挥下将偷袭的奉军打退了。刘汝明在侦察兵的报告下得知古城寨防备不严，便率部连夜奔袭古城寨，一举将其夺回，这一胜利受到了冯玉祥的嘉奖。同年 10 月，冯玉祥奉命接任陆军检阅使，第 11 师也因此调动而移防北京，刘汝明在此时升任团长。1924 年 9 月，第二次直奉战争爆发。冯玉祥被策反并得到了张作霖的巨款"援助"，此时他便酝酿倒戈，向北京班师。刘汝明在直军出发时化装成便衣只身出现在

---

① 王成斌等主编：《民国高级将领列传》（第二集），解放军出版社 1999 年版，第 63 页。

丰台车站，对情况进行侦查，等兵车过完后，便紧急致电请冯玉祥班师。1925 年 7 月，刘汝明得到晋升，担任陆军少将并加中将衔。

1926 年 4 月，张作霖、吴佩孚等各派军阀进行联合，共同组成了"讨赤联军"，大举进攻国民军。国民军在各系军阀的进攻下被迫放弃天津、北京，撤至南口，将南口作为预设阵地进行防守，在南口担任正面防御的是刘汝明的第 10 师和佟麟阁的第 11 师，其余部队在察东和晋北各地进行部署，对奉军和直军作战。但主要战场是南口方面，奉、直两军的主要军事都集中在南口，并在南口用大炮和飞机进行轮番轰击。刘汝明率部浴血奋战，同奉、直两军激战了四个月之久，但最终国民军因为伤亡过半，弹尽粮绝，决定在 8 月 15 日向绥远、包头一带撤退。

1926 年 9 月 17 日，冯玉祥在五原进行誓师。此后不久，刘汝明带领部队到达了五原。国民第 2 军的杨虎城部和国民第 3 军的李虎臣部，都被刘镇华的镇嵩军在西安城内围困了六七个月，他们急需救援。刘汝明接到冯玉祥的命令立即率领部队前往陕西，和孙良诚、孙连仲、方振武、马鸿逵等部进行会和，他们共同解决了西安之围。

1927 年 1 月，刘汝明进一步得到升任，成为国民联军第 2 军军长，指挥第 8、第 10 两个师和直隶总司令部。同年 5 月，冯玉祥离开潼关，刘汝明在陕西留守，和陕西军阀进行作战。刘汝明担任副总司令攻打同州，但是因为敌军将防御工事做得非常坚固，攻打了一个多月都没有攻克下来，刘汝明因此而受到了处分。后来，他终于想到了坑道爆破的办法一举拿下了同州，将守敌全部歼灭。同年 9 月，蒋介石与冯玉祥联军同直鲁联军进行激战，刘汝明奉冯玉祥的命令率领部队出关增援，在河南兰封，冯玉祥所部受到了直鲁联军的反击，情况非常紧急。刘汝明在侧后方进行迂回包抄直鲁联军，将其一举击溃，使危局得以扭转。12 月 16 日，刘汝明带领部队进入徐州。1928 年这一年刘汝明的军职多次改动。3 月，他担任国民政府军事委员会委员；10 月，由于部队缩编，他成为第 2 集团军暂编第 10 师师长；同月，第 2 集团军被改称为陆军第 29 师，刘汝明仍然担任师长一职；11 月，他被调任为陆军第 26 师师长。不久，军职被免，跟随冯玉祥进入南京，成为国民政府参事。

1929 年 2 月，刘汝明接任中央编遣区办事处委员这一职务。同年夏天，他跟从冯玉祥离开南京，担任第 2 集团军特务师师长。不久，孙良诚放弃山东，把部队撤到了河南。冯玉祥又命令刘汝明放弃河南，把部队撤退到洛阳以西，部队总部向陕西华阴口撤退，刘汝明将部队驻扎在潼关的"道台衙门"。此时，韩复榘、石友三率领部队投靠蒋介石。原来属于刘汝明第 29 师的五六千士兵纷纷归来，刘汝明全部收容了他们，然后就发表了第 10 军的番号，刘汝明担任军长，同时兼任第 5 路军的总指挥，保卫陕西南部，观察有利时机攻战襄樊、老河口。冯玉祥后来受到阎锡山的邀请进入山西，想争取和阎锡山进行合作，没想到被阎锡山软禁在了建安村。在此期间宋哲元命令刘汝明进入山西，实地了解冯玉祥的情况。刘汝明在太原见到冯玉祥以后，便接到了阎锡山的宴请，随后而来的是山西诸位将领的宴请，他们都不同刘汝明谈论公务。冯玉祥暗示刘汝明赶快回到陕西，并转告宋哲元对兵力进行部署。刘向阎辞行时，阎对刘说，回去转告大家，他请冯在太原，完全是为了"朝夕请教""共商国是"，绝无他意。[1]

(二) 亲日卖国

1930 年 5 月，中原大战爆发。刘汝明接任第 5 路军的总指挥，带领三个军的兵力，在陕西镇守。8 月，冯玉祥进攻陇海线受挫，他命令刘汝明带领第 5 路军离开陕西，做好投入主战场作战的准备，但是在山东被国民党军包围，蒋介石通过派人劝降的方法，劝刘汝明投蒋，不过刘汝明很坚决，丝毫没有动摇。中原大战失败后冯玉祥被迫下野，张学良收编了败退山西的冯军残部，这支部队后来被整编为第 29 军，军长宋哲元，副军长刘汝明。

1933 年，第 29 军暂时增编第 2 师，刘汝明调为暂第 2 师师长。在 1933 年春天，长城抗战爆发前夕，为了增援抗击日寇的东北军，刘汝明率领第 2 师向喜峰口及罗文峪移防。长城抗战爆发后，3 月 16 日，日军两个联队和伪军一起企图将罗文峪一举攻占下来，刘汝明率领全师做好严密的军事防御，同进攻罗文峪的日寇激战了三个昼夜，最终打退了日寇的进攻。罗文峪战斗结束后，暂第 2 师被改称为第 143 师，师长仍由刘

---

[1] 　陈志新：《民国时期察哈尔的都统与主席（1912 年—1949 年)》，《张家口文史资料》第 28—29 辑，1996 年，第 294 页。

汝明担任。第 143 师在刘汝明的带领下向涿鹿、下花园地区进行移防。蒋介石在庐山主持召开剿共军官训练团受训。1934 年 7 月刘汝明前往参加，并同时担任训练团副营长。同年 11 月 3 日，蒋介石和宋美龄一起从北京前往察哈尔省进行视察，蒋介石的专车到宣化时，刘汝明、张自忠、冯治安、赵登禹等人陪同蒋介石夫妇西行张家口，在张家口车站迎候蒋介石夫妇的为宋哲元。同年 12 月 20 日，在宋哲元的带领下，刘汝明和第 29 军其他将领一起，向蒋介石致电请求抗战，表示"哲元等分属军人，仅率所部枕戈待命，宁为战死鬼，不作亡国奴。誓以公理战胜强权，奋斗到底"①。1936 年 4 月，刘汝明得到晋升，成为陆军中将。同年 6 月，宋哲元为了第 29 军内部团结，使刘汝明兼任察哈尔省主席一职。同年 7 月，刘汝明又得到了察哈尔省保安司令的职位。同月，被授予国民革命军誓师 10 周年纪念勋章一枚。他不仅是察哈尔政府主席、察哈尔省保安司令，同时还兼任冀察政务委员会委员。同年 9 月，刘汝明又兼代察哈尔省民政厅长，可谓是身兼数职。同年 11 月，刘汝明又得到三等云麾勋章一枚。

刘汝明上任以后，就和日本在张北县驻防的特务机关长田中久达成了互不侵犯的默契，并同意日本人在张家口"经商"。但是，日本借助通商的名义，向张家口派出了大批特务，这些特务和汉奸一起在张家口市暗中进行活动，这些暗中活动为日本进一步入侵张家口做了充分准备。

由于刘汝明与日本互不侵犯的"默契"，日本特务、浪人和中国汉奸，就犹如有恃无恐一般，他们多次向中国军队内部渗透，刺探中国军事情报。日本人在张家口公开或私下从事一系列非法活动，例如，公开出售毒品、私开当铺、设立赌场等。日本人的非法活动均无人干涉。更可恨的是，日本浪人竟敢在光天化日之下刺杀热、辽边界上的抗日名将胡锡侯。日本浪人没有成功，虽然他们刺杀未遂，但是时任察哈尔省主席的刘汝明却无动于衷，不予处理。所以，维持治安的稽查处大刀队长，在现场慨叹地说："即便将凶手抓住，送到上边还是要放的，以后多加防

范吧!"①

刘汝明在察省主政期间，在财政部批准下成立了一家商业银行，在察哈尔省发行流通券纸币。该行由于治理不严，所以表面上确立宗旨为富国利民，并要求媒体利用报纸对其宗旨进行大肆宣传。在报纸的大肆宣传下，民众多被欺骗，导致该行营业非常兴盛。1937 年 7 月 7 日卢沟桥事变爆发，察哈尔省成千上万的存户手持商业票每天到商业银行进行现金兑换。一开始的两天商业银行还可以勉强兑换，但是 3 天以后就把一个"暂停业务，停止兑换"的牌子挂了出来。这些存户感觉被坑害了，便每天成群结队到银行砸门打窗户，并不断咒骂刘汝明本人。刘汝明不但坑害察哈尔的老百姓，而且连与日军作战的士兵都坑害，给士兵发的军饷便是商业银行发行的流通券纸币。

刘汝明兴办一家商业银行并不甘心，同时还成立了一家聚义银号，这家银号的资本大部分都是军政公费。每次军政公费下发时，刘汝明就把这笔费用存入他兴办的聚义银号，利用提前领、晚发放、充分利用时间差的办法，进行投机倒把，这件事情持续时间很长。刘汝明在财务上的这种无本取利的方式，害苦了察哈尔省的公职人员和士兵。

1937 年卢沟桥抗日的枪声打响之时，张家口没有做好一点备战的准备。当日本侨民撤走之后，刘汝明才意识到：日本人不会因与自己的默契而不进攻张家口，这才开始调动军队，摆出了应战的架势。② 宋哲元在七七事变发生后，迟迟不来张家口，在 16 日才从山东赶往北平。次日刘汝明便从张家口到北平拜见宋哲元，但宋哲元因为有事未及会见。此后宋哲元对刘汝明欲将察省交予友军，并将第 29 军全部集结北平待命的建议迟迟不予批示。21 日午后 3 时，刘汝明正在同宋哲元谈话，忽然得到消息：日军千余人由古北口向南口与北平间疾进，似有截断平绥路的企图。③ 宋哲元立即命令刘汝明赶回张家口做好迎战准备，并指示刘：战事

---

① 陈志新：《民国时期察哈尔的都统与主席（1912 年—1949 年)》，《张家口文史资料》第 28—29 辑，1996 年，第 296 页。

② 阎兴华：《沧州名人传·刘增祥》，河北人民出版社 2005 年版，第 454 页。

③ 同上书，第 454 页。

一旦发生，联系中断，不得已时可向蔚县撤退，然后沿平汉线转进。① 刘汝明在当日 5 点乘车返回张家口进行驻防，日军得知消息后紧急赶到沙河站，将铁轨拆除了 500 米，想阻止刘汝明返回张家口，由于刘汝明所乘坐的车已经开出了 10 分钟，日军的阴谋没有得逞。

1937 年 8 月，刘汝明被授予第 7 集团军副总司令一职。为了保存实力，他积极贯彻落实蒋介石以谈判扭转时局的方针。8 月 24 日，日方派部队大举进攻张家口，刘汝明率领驻防张家口的第 143 师进行抵抗，此次部队损失伤亡惨重：马玉田旅长和刘山田团长都阵亡了，李金田旅长和刘居信团长、李凤科团长均负重伤，营级以下的军官伤亡共计 230 人，士兵伤亡共计 5100 多人。不过给日军也造成了一定的损失，其中日军指挥官本多大佐被击毙。后来察省的吕咸、张砺生、童效贤等人曾联名向南京政府控告，要求惩办刘汝明，当然南京政府不会有下文。当年《大公报》记者范长江报道了国民党军队丢失张家口的经过，刘汝明对此大为恼火，耿耿于怀。1937 年 9 月，第 29 军得到扩编，成为第 1 集团军，刘汝明的部队被改编为第 68 军，刘汝明接任军长。同年 11 月，蒋介石在郑州召开军长以上将领会议，刘汝明参加。

1937 年末到 1938 年初，刘汝明将一部分队伍派到道口、滑县、内黄、清丰、大名一带对日军开展游击战，战果颇丰。

1938 年 3 月，台儿庄会战爆发，此时刘汝明在菏泽驻防，此后不久刘汝明奉命向徐州方向开赴，归到李宗仁部下。他在徐州会战中带领部队在萧县、蒙城一带进行布防，抗击从蚌埠向北来的敌人，在此战中将日军一旅团长击毙。5 月中旬，战斗失利，萧县被日军占领，徐州遭到日军围困，刘汝明带领部队向皖西、鄂东一带撤退。最后又从宣化方向撤退，进入石家庄地区，张家口失守！直到 1939 年 1 月，刘汝明的察哈尔省政府委员兼主席的职务才被国民政府免去。

1943 年 3 月，刘汝明再次得到升迁，任第 2 集团军司令一职。1944年 8 月，他进入陆军大学，接受将官第 1 期的培训，再次晋升，成为陆军上将。1945 年的春季，日军兵分 3 路向南阳进攻，不久南阳便失守了，

---

① 河北省政协文史资料委员会：《政治军事卷》（下册），河北人民出版社 1997 年版，第114 页。

驻守南阳的刘汝明在失守后向第 5 战区靠拢。同年夏季，刘汝明当选为中国国民党第 6 届中央候补监察委员。1945 年 8 月 15 日，日本接受《波茨坦公告》，宣布无条件投降。侵华日军第 12 军团独立旅团原田少将在许昌投降，刘汝明代表国民政府在许昌受降。此时，刘汝明已经升任为第 5 战区副司令长官，同年 12 月，他接任郑州绥靖公署副主任一职。

在解放战争即将胜利的前夕，中国共产党想让刘汝明站在人民这一边，站在民族大义这一边，通过各种渠道，争取刘汝明起义。但是刘汝明完全不明白民族利益的重要性，坚决支持蒋介石。1949 年初，刘汝明受蒋介石之命担任京沪杭警备副司令兼第 8 兵团司令一职，下辖第 55、68 和 96 军，任务为对铜陵至九江段进行防守。刘汝明常常派小股部队袭扰江北，对人民解放军的渡江准备工作进行破坏。4 月 21 日，人民解放军突破了长江天险，百万雄师渡过了大江。刘汝明此时已顾不上上级命令，立即带领部队向南撤退。此时共产党的地下工作人员再次争取刘汝明起义，但是到最后刘汝明还是执迷不悟，坚决跟随蒋介石。9 月，人民解放军将漳州、厦门解放，刘汝明所率领的兵团部及其所属部队全部被人民解放军歼灭，刘汝明和他的弟弟刘汝珍只带了少数随从去了台湾。不久后刘汝明从军界离开，当上了寓公。在他 70 岁时，台湾出版了记述刘汝明 40 年的军旅生涯的《刘汝明回忆录》。1975 年 4 月 28 日，刘汝明在台湾因病去世，享年 80 岁。

(三) 评述

刘汝明带兵有方，战功卓越。刘汝明是冯玉祥手下大将，是西北军中响当当的人物。他在冯玉祥手下，也算是出生入死，屡经战阵，先后参加了长城会战、抗日战争、徐蚌会战、渡江战役等多次重大战役，40 岁擢升少将，45 岁位列上将。有诗这样评价刘汝明："季布一诺重千金，抱真守信是忠臣。退韩可谓珍名节，拒共却是哑羊僧。"

他在 1942 年作战间隙练兵期间，对士兵要求练心、练功、练技，此三项缺一不可。他要求士兵拥有强壮的身体和熟练的技能，除此之外还要忠诚不贰。可以说刘汝明是一个真正的将才，他在重视练兵的同时，也重视带兵和用兵，是一个真正会练兵和善于用兵的人。

从他参军开始，他便经历了大大小小的战役，其中有正义的也有非正义的。不过应该肯定的是他在护国反袁、保卫国土、抵抗日寇方面也做出了不可磨灭的贡献！

刘汝明主察期间滥用军政公费，聚敛财货，无本取利。他在察哈尔省创立的商业银行和聚义银号是聚敛财货、无本取利的工具。让商业银行发行流通券纸币，最终导致察哈尔省存户无法兑换现金，给察省人民的生活带来了伤害；与此同时还拿流通券纸币给士兵发放军饷，导致士兵拿不到切实的军饷，军心紊乱，间接导致战斗力低下。他创办的聚义银号的资本大部分都是军政公费，利用提前领、晚发放、充分利用时间差的办法，进行投机倒把，而且实行时间很长。这两个机构可谓是他个人的"提款机"，使察省人民的生活处于了水深火热之中，给察省经济造成了极大的破坏。

刘汝明与日军达成所谓的"默契"，对日军抱有幻想，抗战不积极。刘汝明一到察省就与日方达成"默契"，准许日本人在华"经商"，可是日本浪人、特务等借"经商"之名在察省行不法之事，却无人管理。

西安事变发生之时，张学良为了扩大抗日力量，派张诚德前往察哈尔省召集旧部组织抗日力量。张诚德携带张学良致刘汝明的亲笔信，请刘汝明给予一定的帮助，刘汝明阳奉阴违，表面向张学良示好，但在实际操作时，对于张学良请求的供应给养、住所，统统拒绝，甚至限制人员的来往。等张诚德再次找到刘汝明说这件事情时，刘汝明拒绝接见他，并且下令将张诚德逐出察省境外。但与此事恰恰相反的是，刘汝明对待日伪当局所派来张家口人员非常友好，设立了几个专门接待站，为日寇在察省行不法之事大开方便之门。

晚年的刘汝明不顾民族大义，坚决反共。在解放战争期间，刘汝明对中国共产党地下工作者的劝说不予理解，漠视民族大义，坚决跟随蒋介石，阻扰人民解放军解放全国各族人民、建立共和国的事业。张家口失守，最终导致国民政府免去刘汝明的察哈尔省政府委员兼主席的职务，蒋介石为了拉拢石友三，委任他为冀察战区副总指挥兼察哈尔省主席。

二 反复无常——石友三

石友三（1891—1940），字汉章，吉林省长春农安县人，国民党第39集团军总司令，陆军中将。出身农家，幼年贫寒，曾给地主家的儿子侍读。1908 年开始从军，先后投靠过吴佩孚、冯玉祥、阎锡山、蒋介石、张学良等，又先后叛之，尤其是曾三次背叛冯玉祥，反复无常。之后，石友三为了与日军对抗，表现出了亲共的态度，但是蒋介石以第 39 集团军总司令兼察哈尔省主席的职务来笼络他，石友三随即与共反目，并采取了一系列的反共措施。纵观石友三一生，"朝秦暮楚、反复无常"这八个字是他的真实写照，被世人称作"倒戈将军"。

（一）马弁出身

石友三的父亲因家道贫寒，在地主刘炳南家做工，赶车。石友三兄妹几人只好以捡煤球、拾柴火度日。石友三年纪日长，后经由他的义父于某介绍，到长春城里的毕家粮坊当学徒工，由此和毕家结下不解之缘。后来石友三进入长春东关龙王庙小学念书，商震当时在该校当教员，故商石二人有师生之谊。

1908 年，石友三因生活所迫，辍学投军，到了北洋常备军第三镇曹锟部，吴佩孚营下当兵，后随部队回防关内驻扎在直隶廊坊。1912 年，部队发生哗变，石友三流落街头。当年四月，石友三又投靠陆建章统领的左路候补军，恰逢冯玉祥（时任营长）在北京招兵，被冯看中，冯见他虽其貌不扬，却也机灵，让石友三做了他的马夫。石友三颇受冯玉祥的青睐，不就便做了冯玉祥的贴身侍卫。1919 年，冯玉祥做了旅长，升任石友三为该旅模范连连长，副官为高树勋，次年又升任第 3 团第 2 营营长（韩复榘时任第 1 营营长，两人相处融洽，关系很好）。

1921 年石友三升任冯部第 8 旅第 1 团团长。在 1924 年北京政变后，段祺瑞政府任命冯玉祥为西北边防督办兼甘肃省军务督办，冯玉祥派部下刘郁芬代理甘肃军务督办、张之江任察哈尔省都统、李鸣钟任绥远都统，此时的石友三再次升任为第 8 混成旅的旅长。1925 年春，冯玉祥部与奉军发生冲突，石友三的第 8 混成旅扩编为西北陆军第 6 师，石友三任师长。1926 年春，中原大战，冯玉祥军队与直奉联军大战南口期间，石升为第 5 军军长。石友三自从 1912 年投靠冯玉祥直到 1926 年，在短短的的 14 年之间，随着冯玉祥的发迹，石友三也紧随其后历任连长、团长、旅长、师长、军长，最后成为统军数万的高级将领，而对待自己一手提拔起来的石友三，冯玉祥肯定是极其倚重。

1920年春，张作霖、吴佩孚、阎锡山等军阀联合攻打冯玉祥，主力为张作霖的奉军。张作霖以察哈尔、绥远两省的地盘为代价，联合阎锡山出兵大同、小孤山、天镇、阳高等地，想要切断京绥路，斩断冯玉祥西北军的后路。为了清除来自后方的威胁，冯玉祥命令石友三、韩复榘两支部队（石友三是第5军军长，韩复榘是第6军军长）进攻阎锡山控制范围内的雁北各地。石友三的进攻目标是左云县、雁门关一带，韩复榘的进攻目标是小孤山、大同一带。韩复榘石友三在战争的最初阶段也都十分英勇，经常亲临前线指挥作战，战争进展十分顺利，给了阎锡山部极大压力。但是经过两个多月的鏖战，士兵疲惫不堪，军队战斗力下降颇多，加上晋军据险以守，石部和韩部伤亡巨大。由于种种原因，冯玉祥的人员粮弹在前线都得不到充分补充。针对此种状况韩复榘、石友三都对冯玉祥产生极大不满情绪，只能和阎锡山暗中联系，投靠山西，由山西供给粮饷，以资维持。

石友三再次背叛冯玉祥，是在1929年的5月，有趣的是，这次也是和韩复榘一起干的。韩、石两人的这次背叛行动对西北军产生了极其恶劣的影响，也可以说直接导致了西北军的土崩瓦解。

石友三这次背叛冯玉祥是由于以下几个原因。第一，石友三的第一次背叛已经使两人之间的关系产生了无法弥补的裂痕。也就是在石、韩投靠阎锡山不久，冯玉祥从苏联回国，在到达五原后，马上电令韩复榘、石友三二人到五原开会，二人因不清楚冯玉祥的真实意图，于是未曾前往。之后冯玉祥派萧楚材到石友三的指挥所解释原因，石友三的父亲也责怪他不应该临阵脱逃，忘恩负义，背叛对自己有知遇之恩的冯玉祥，石友三这才重新回到冯玉祥的帐下。他先是把所属的韩由元师改为冯玉祥的卫戍部队开赴五原，然后自己率大军继续跟进。即便是石友三再次回到了冯玉祥的麾下，经过一次自己心腹爱将的叛变，冯玉祥对石友三也不是毫无警惕。冯玉祥治军素来严格，石友三也是常常心怀畏惧。

1927年春，石友三的部队在移防平凉时，冯玉祥以部队纪律松弛、沿途抢劫的名义撤换了石友三的师长张凌云、旅长米文和、团长时念新等军官，并且还押往西安囚禁；不久在移防邻州的时候，部队之中又传来谣言，说是石敬亭将要代替石友三担任第5军军长。这些事件的接连发生使石友三心生不安，唯恐大难临头。

石友三治军相当严苛，他的部队也一向骁勇善战，自跟从冯玉祥以来，每次战斗都冲锋在前。在北伐战争中，冯玉祥的西北军主要作战对象是原张作霖的奉军，但石友三是吉林人，冯玉祥鉴于石友三有投降阎锡山的前科，为了防范张学良的策反，把石友三的第5军编为全军的总预备队，不让他有和张学良军接触的机会。石友三目前的级别仍然是军长，而与他同时当军长的人，现在大部分都升任了军队的总指挥，部队也都开赴前线与敌作战。恰在此时，冯玉祥将石友三原来的参谋长张隆华撤职，派自己的高参李秉钧接任，这在石友三看来，和监军没有什么两样，况且从李秉钧的所作所为来看，冯玉祥确实有要将石友三撤职查办的意图，冯玉祥目前的所作所为加深了他和石友三的矛盾与间隙。

第二，石友三和张自忠、石敬亭两位将军在早先有仇，害怕被他们算计。首先他和张自忠结仇始末如下：张自忠原本是石友三手下的旅长，石友三攻打雁门关时，张自忠在其手下任职，石友三令张自忠限期攻下雁门关的重要关卡水峪口，张自忠因无法及时完成任务，便畏罪潜逃，两人结下仇怨。至于和石敬亭的梁子是这么结下的：在南口溃退后，冯玉祥的溃兵多在归绥、包头一带云集，因没有长官约束，部队军纪荡然无存，士兵大多拦路抢劫，影响十分恶劣，社会治安更是一塌糊涂。因此西北军总部冯玉祥决定收集溃兵，整饬军纪，石友三负责包头，鹿钟麟负责归绥。就是在这次整饬军队的过程当中，石友三枪毙了一个姓籍的团长，很不凑巧，这个团长是石敬亭的外甥。虽然将士出征，便应将家事放在一旁，但肯定的是任谁碰到自己的外甥被自己的战友枪毙的情况都不会很愉快，石敬亭同样如此，两人的矛盾同样不小。就在五原誓师之后，冯玉祥任命石敬亭为他的参谋长，冯玉祥任命张自忠为自己的副官长，两人都颇受冯玉祥的亲近和喜爱，石友三一方面怕冯玉祥的不信任，另一方面怕两人向冯玉祥进谗言导致裂痕越来越大。事实上张自忠和石敬亭两人也曾向冯玉祥进言过，说石友三此人善反复、无忠心、不可靠。但冯玉祥始终认定只要有他在，石友三不会叛变投敌，如此才没有撤职查办石友三。

第三，石友三杀害了冯玉祥派去的参谋长李秉钧。前面讲过冯玉祥曾经将李秉钧派到石部任参谋长，李秉钧常常以监军自居，对军事指挥指手画脚，两人之间常有矛盾和抵触。1928年春，石友三部参加鱼台战役,大胜,归军途中,恰逢大雨,沿途道路泥泞不堪,李秉钧乘马不幸颠落路旁,浑身污泥,大气之下便打骂马夫说他不用心牵扶,没想到马夫也真是条汉子,没有屈服甚至还反唇相讥。李秉钧和马夫相持不下,气不过了便诉之石友三,想要让他查办那个马夫,石友三一笑置之,实在是没想到自己的参谋长和马夫打架,甚至还找自己做裁判。李秉钧在盛怒之下,坚决要求辞职不干。在鱼台之役石友三部英勇奋战,大败孙传芳军队,收复山东济宁,蒋介石十分欣喜,并传令嘉奖石友三部,并赏洋7万元。石友三顿感受宠若惊,秘密派他的秘书长刘郁周持函到徐州拜谒蒋介石并致谢,蒋介石再次赠与石友三10万元。石友三怀疑李秉钧察觉到这件事,于是在李秉钧辞职离去时候,电告驻扎在民权车站的孙光前师长,让他将李秉钧留下,然后派亲信副官蒋家安持密信叫孙光前师长暗杀李秉钧,孙光前遵令将李秉钧及李的随从活埋在民权车站附近。战争结束后冯玉祥曾追问过李秉钧的下落,石友三常以不知去向回答冯玉祥,虽然蒙蔽了一时,但还是经常担心事情被人告发,因此获罪。再加上蒋介石对石友三经常暗通款曲,收买利诱,本来生性便桀骜难驯,反复无常的石友三岂有不叛变冯玉祥的道理?最终还是乘机投降了蒋介石,背叛了老长官冯玉祥。

对于军界政界各种敌人,蒋介石一向惯于采用收买、分化其部下的方法。正如针对他的拜把兄弟冯玉祥,蒋介石便成功地拉拢了冯的部下石友三。北伐革命期间,在石友三参加鱼台之役收复济宁之后,蒋介石对石友三实施了第一次收买。第二次是在蒋介石、李宗仁武汉战争期间,冯玉祥为了讨好蒋介石,电令韩复榘、石友三两部向武汉进军,就在韩复榘部的先头部队进军到湖北孝感时,蒋介石一方面致电冯玉祥表示感谢,并以武汉之战已经结束之由,不让冯玉祥的军队继续向前进军;另一方面派人携带大批款项到孝感、襄樊两地劳军,石友三部得到劳军费50万元,蒋介石还邀请石友三到武汉与其见面。石友三本人因害怕冯玉祥起疑心,并未亲自前往,但还是派了他的亲信秘密到汉口会见了蒋介石,蒋介石又暗中送给石友三私人50万元,这便是蒋介石对石友三的第二次收买。不久,石友三便和韩复榘投降了蒋介石。

石友三投降蒋介石之后,被蒋介石委任为第13路军总指挥。1929年秋,石友三从河南许昌移防安徽亳州,在经由蒋介石派人检阅之后又再次开往山东德州。恰在此时，安徽省主席方振武意欲反叛蒋介石，被蒋介石解除武装，蒋介石决定派石友三接任安徽省主席的职务，就在石友三赴任之时，蒋介石更改命令又派石友三任广东省主席。广东省是南方革命的根据地之一，石友三这个北方人很难站住脚，此时的石友三意识到蒋介石可能是蓄谋拆解自己的实力，所以满腹狐疑。不久唐生智派人前来拉拢石友三对付蒋介石，广东方面也派人劝说石友三不让他跟随蒋介石，石友三动心了，并且同意共同反蒋。

1929 年 12 月，石友三在浦口车站召开紧急军事会议，决定反叛蒋介石，将蒋的代表卢佐扣下，然后用数十门大炮排列在浦口江岸向南京猛烈轰击，并派便衣队潜进南京城内乘势扰乱，蒋介石根本没料到石友三会来这一手，顿时南京各部院乱成一团。石友三炮轰南京后即率领部队北撤，并将沿途其他驻军全部缴械，把津浦线车皮全部带走，退入河南商丘。

即便石友三已经先后两次背叛冯玉祥了，但冯玉祥仍对石友三抱有再次回归的幻想。冯玉祥派人见了石友三，表示自己的诚意。经过各方势力的疏通，两人的仇怨渐渐缓解。

(二) 朝秦暮楚

1930 年春，冯玉祥、阎锡山酝酿讨伐蒋介石，鹿钟麟秉承冯玉祥的意思派人劝说石友三采取一致行动。随后，阎锡山又派人拉拢石友三攻打蒋介石，答应将山东省的地盘给石友三并委以第 4 方面军总司令的要职。此时，石友三部驻扎豫北新乡一带，粮饷弹药等军需品主要依靠韩复榘接济，石友三权衡利害，认为在炮打南京之后，得罪了蒋介石，一味依靠韩复榘，也不是长久之策，加上韩复榘在一边怂恿他，石友三便决定和阎锡山、冯玉祥联手，共同攻打蒋介石。石友三于 5 月中旬由兰封坝头渡口渡过黄河，参加对蒋作战，接连攻克数城。8 月底，石友三率部擅自脱离战场，北撤到河南新乡、安阳、彰德、顺德一线。1930 年 9 月 18 日张学良发出拥蒋通电，石友三第一个响应，第三次倒戈。蒋介石把握战机，倾全军之力向阎冯联军兰封一带进攻，不久阎锡山、冯玉祥两派联军便全数溃败。中原大战最终以蒋介石获得全胜告终。战争的转折点便是石友三不顾信义，擅自撤离阵地，归顺张学良的部队。

石友三投靠张学良的意图其实很简单，主要是看到了张学良在华北的特别地位，想利用张学良在东北、华北的人际关系，达到扩充自己的势力的目的。

石友三退到新乡、彰德和顺德之线后，在南方虽然和蒋介石军队有一定默契，但还没有正式建立指挥系统；在北方虽然和张学良的东北军邻近，但也没有建立联系，孤悬在冀豫边区，无所适从，不知道到底如何是好。最终只能派人与张学良接洽，表示投诚，张学良便慨然允诺，代替石友三向蒋介石请求粮草、军饷和部队，并指定石友三在冀豫边区的驻地整顿训练。1930 年冬，张学良派部下富占魁率领点验团到石友三的军队点验，石友三招待十分周到，富占魁回到东北之后对石友三赞赏有加，张学良对石友三更加重视。1931 年农历春节期间，石友三率领毕广垣等东北同乡亲赴沈阳拜见张学良，张学良对他们优待之至，派人隆重招待。

石友三反张的原因有三。

第一，石友三到达东北之后，传来这样的消息：蒋介石密电张学良，让其将石友三扣押下来，设法解决石友三的部队，打通平汉铁路，恢复张学良与蒋介石的交通联系。此时的石友三部队驻扎冀豫边区，扣留铁路客货运车皮四五百辆、机车 20 余台，石部自己组建了运输司令部，指挥车辆行驶在新乡、石家庄之间，平汉铁路管理部门不敢过问，这种不听指挥，超越本分的行动惹怒了蒋介石。张学良此时有意收留石部，来扩充自己的东北军实力，虽蒋密电已到，但张学良一面挽留石友三在东北多住些日子，没有紧急事情不必回防；另一面和蒋介石沟通，替石开脱。但张学良的好意，石友三没有理解，石天性薄凉，善于猜忌他人，反而误认张学良蓄意扣留他，因此埋下了仇恨的种子。

第二，在石友三从东北归来途中，曾在天津邀请了和张学良不对付的张学成、李景林原先的部下天津大流氓张化南一同回到驻地，张化南甚至还成为他的座上贵宾。这些人最大的本事就是溜须拍马，不久石友三的军队便被这些来路不正、心怀巨测之徒搞得"兵"不聊生，军队士气与战斗力也大幅下降。1931 年四五月，石友三军所在之冀豫边区常有异动，石友三一边在豫北、冀南等区大肆抓壮丁，搜集粮草；另一边还屡次电告张学良部索要军饷，故意制造不和的借口。石友三的倒张行动已经箭在弦上。

第三，张学良曾经派自己的亲信张云责做石友三的秘书长，张云责对于石友三的各种挑衅行为十分震惊和愤怒。经常在石友三的军部会议上提出质疑。此时的张云责已经成为石友三的眼中钉，肉中刺，石友三对他也是势在必除。没过多久，石友三最终还是下令，让他的手枪旅旅长毕文山除掉张云责，某日夜间张云责还是遇害了，但石友三对外宣称，说是张云责弃职潜逃了（此处和石友三除掉冯玉祥派来的参谋长李秉钧如出一辙）。大家表面上不说，但心里都清楚张云责突然失踪，其实是惨遭了石友三的毒手，因此人人自危，石部的军心也日益涣散。与此同时，自己亲信被干掉的张学良也不可能不闻不问，张学良严厉质问石友三未果。石友三的倒张行动，已经图穷匕首见了。

在反复无常这一方面和石友三相近的韩复榘此时也与之反目成仇了。石友三、韩复榘两人原本是结盟的兄弟部队，在合作背叛冯玉祥以后的几年中，他们总是协同一致，互为补充与支援。这次行动石友三向北平进军，请求韩复榘与之协同作战，从津浦路一路北上，最后在平津会师，则大事可图，但被韩复榘婉言拒绝。韩复榘屡次警告石友三，讲明华北局势，劝他不要盲动，以免生乱。当时韩复榘在山东的处境也很差，处处受人钳制。南方的蒋介石在徐州驻有重兵，监视韩的行动；刘珍年盘踞胶东21县，牵制住了韩的主力；第三支力量便是王树常统率的东北军，此时也在逐渐向河北的沧州一带集结，针对山东。很尴尬的是韩复榘的兵力不过5万人，自保尚且不足，哪里来的军队去支援石友三呢？两人电报往返磋商，最后兵力捉襟见肘的韩复榘也没给石友三增兵抑或协同作战。最后的石友三气急败坏，认为韩复榘拂了自己的面子，拆了自己的台，下令给电台部门不再接收韩复榘部的电报，与之断绝了联系。

1931年7月中旬，石友三自认为战机成熟，于是在顺德一带集结部队，宣誓就任广州政府委任的第5集团军总司令之职，7月18日早发出讨张通电，部队也于当日全部出动。此战以石友山的失败告终，石友三最后率残部4000余人逃到山东德州，张学良命韩复榘负责收容原属石部的士兵，编为4个团，以唐邦植为旅长，受韩复榘的节制。经此一役，石友三数万军队全部化为尘灰，而其本人也只能受制于人，不复当年盛景。

1931 年 8 月，石友三的倒张战役失败，部队溃散，他本人也只能寄居在韩复榘这位老战友的济南省政府别院内，石友三再次"赋闲"一年有余，但长期的军旅生涯又让他不甘寂寞，不愿屈居人下。此时困厄不堪的石友三竟然与日本人取得联系，并不断骚扰我华北地区。

1935 年，梅津美智郎和何应钦签署了卖国的《何梅协定》，出卖了我国在华北的许多利益。蒋还于 12 月在华北成立冀察政务委员会，宋哲元任冀察政务委员会委员长，此刻善于把握机会的石友三立刻派亲信张化南前往拜见宋哲元，表示愿意帮助宋哲元扩大冀察政权的局面，稳定地方治安。宋哲元对石友三为人十分了解，石友三和日本人勾结，宋也早知道，宋哲元正在为石友三借助日本人的势力在冀东搞日伪组织，在自己的势力范围之内捣乱而发愁，正要收买石友三以为己用，张化南作为特使的到来正中宋哲元的下怀。石友三因自己力量薄弱未得到日本人重视也想借宋哲元来扩大自己在冀察的势力，于是彼此得利，心照不宣。1936 年 1 月，宋哲元委任石友三为冀北保安司令，果然自此石友三担当保安司令后，虽仍与日本人联系不断，但始终与宋哲元相安无事。

石友三做上冀北保安司令后，将其收拢的杂牌军编成保安第 2 旅，另调两个保安团编成保安第 1 旅。就这样石友三又重掌兵权。不久，石部又扩充为 3 个旅，驻防北平清河。

（三）阳奉阴违

1937 年，卢沟桥事变发生后，冀察政务委员会垮台，石友三保安队改编为宋哲元第 1 集团军第 181 师，石友三任师长。1937 年底，蒋介石任命石友三为第 69 军军长，高树勋的新 6 师归该军建制。后来，蒋介石又升石友三为第 10 集团军军长，将第 181 师扩编为两个师，属第 69 军建制，石友三兼任军长；高树勋第 6 师扩编为新 8 军，高树勋任军长。

1937 年冬，蒋介石为装点门面，表示抗日，任石友三为第 39 集团军司令，开赴冀南"敌后抗日"，由冀察战区司令长官兼河北省主席鹿钟麟指挥。

石友三很清楚在敌后抗战要依靠共产党领导的八路军，所以首先取得八路军的支持，在一段时间内与八路军保持了和睦关系。邓小平同志为了团结石友三部联合抗日、减小国共双方摩擦积极开展了对石友三的统战工作。

但蒋介石对此十分不满,当时蒋介石对石友三的态度是:既怕石投降日本人,又怕他靠拢共产党。所以1939年初,蒋介石再次提拔石友三为第39集团军总司令兼察哈尔省主席以笼络石友三。蒋介石派出20名重庆政工人员到石友三总部工作。

待这些人来到石友三部后,石友三原形毕露:撤销原共产党的政工人员,将他们押解后方、强令全军所有官兵集体加入国民党,宣誓效忠蒋介石、查抄共产党的进步书籍。石友三的反共措施得到了蒋介石的赞赏,于是拨给石友三部步枪800支、机枪30挺、步枪子弹100万发以及半年的军饷。蒋介石催促石友三加快行动,抓紧时间消灭盘踞在冀南的八路军。3月份,蒋介石又委任石友三为冀察战区副总指挥兼察哈尔省主席,并将戴笠在山东组建的忠义救国军第8师调到南宫,归石友三指挥。

石友三明面上抗日,但是暗地里经常征收各种苛捐杂税,拉壮丁,抢军粮,当地百姓不堪其扰,奋起反抗。石友三不自我反省,反认为百姓的自发运动是受到了八路军的唆使,石友三派人将八路军派往地方征收给养的士兵逮捕并且活埋,并不断派兵偷袭八路军的部队及政工人员。八路军为了惩罚石友三,决定在当年的农历正月初一,攻其不意,趁其不备,给予打击教训。不料攻击行动被石友三部侦查得知,石友三当即率部南逃,意欲逃到濮阳,途中被冀南军区司令宋任穷率部包围,经过四个昼夜奋战我军战果颇丰,石友三率部全力向北部突围,行军到河北曲周县转而向南,奔赴濮阳。

石友三到濮阳依然无法解决给养等问题,石友三知道无法在此长期驻扎、拓展势力,于是前往山东曹县一带。曹县紧邻陇海路,距离商丘只有60华里,石友三料定八路军不敢逼迫至此,可以趁机恢复实力,以图后事。此时的石友三与日伪方面还没有取得切实的联系。日伪军认为石友三的军队驻扎在此对陇海路有巨大威胁,一方面派兵进驻刘口镇,另一方面用飞机轰炸石友三部。石友三顿感在铁路北面随时都有全军覆灭的危险,向蒋介石发电请求越过铁路;蒋介石对石的反复无常早就有了清醒的认识,戒备之心早就存在,蒋介石之所以允许石友三的部队存在,主要是因为石部远在敌后,可以抵制八路军又可以防止他投降日本人。蒋介石复电严禁石友三向南开进。石友三召集师长以上军官开会，决定向日军投诚。1940 年石友三在开封与日本驻军司令佐佐木签订协议，公开投敌。

石友三部下的新 8 军军长高树勋，在冀南地区时，因不愿进攻八路军被石友三得知，石便挑拨日军袭击高树勋的部队，两人之间的矛盾迅速激化。为了挽救抗日的大业，石友三的总参议毕广垣、第 69 军政治部主任臧伯风与高树勋密谋在 1940 年底铲除汉奸石友三。

1940 年 11 月，臧伯风、毕广垣、高树勋决心已定，定要将这卖国之徒铲除。他们请出原西北军将领、时任鲁西行署主任兼游击主任的孙良诚，由他出面请石友三到高树勋部会谈，来消除二人的隔阂、间隙。石友三见是自己的老长官出面邀请，便欣然同意（高树勋铲除石友三之事孙良诚并不知晓，孙的任务只是去做和事佬）。12 月 1 日，石友三率领 1 个连的骑兵跟随孙良诚到高树勋部的驻地河南濮阳柳下屯。高树勋率旅长以上的军官欢迎，大家谈笑风生，共叙往事，气氛很是融洽。过了没多久，一勤务兵入内对高树勋说"太太有事相请"，高树勋当即离室而去，突然，四名卫兵闯进会议室，将石友三架走。当天夜里，高树勋命士兵将石友三活埋在黄河岸边。

（四）评述

纵观石友三的一生，从马弁出身到北洋军阀，"朝秦暮楚、反复无常"这八个字可作为他一生的写照，逐渐成为各路军阀唾弃的人，最终走上了反民族、叛国家的不归之路。

1940 年 12 月，毕广垣因与高树勋联合将准备投敌的石友三活埋，被升任为第 69 军军长并代理察哈尔主席至次年 8 月。后冯钦哉奉命担任察哈尔省政府主席一职，由于当时的察哈尔省已沦入日寇手中，所以冯钦哉的察哈尔主席之职，实际上没有实权，但是他一直保持着一颗为察哈尔省服务的心，以至于后来与傅作义合作，共理察省军事。

三　陆军上将——冯钦哉

冯钦哉（1890—1963），原名叫作冯敬桂，后来改名为冯敬业，字钦哉，籍贯为山西万泉（今万荣）。早年加入中国同盟会，武昌起义爆发后，在山西参加革命。1914 年在包头发动讨袁战争。1917 年参与组织陕西靖国军，追随杨虎城。1929 年 4 月，杨虎城脱离冯玉祥，依附蒋介石，冯钦哉任新编第 14 师旅长，其后屡获升迁。但因在抗日战争中同情察哈尔民众抗日同盟军，并与共产党关系密切而引起蒋介石不满，随后被褫夺军权，但仍任军职。1941 年 8 月 26 日，冯钦哉奉命担任察哈尔省流亡政府主席，由于省政府流亡在异地，中央各部下达的政令根本无法实施，只能临时处理一些无足轻重的事务，实际上仍是空头职务。抗战胜利后，傅作义任察哈尔主席，冯钦哉协同傅作义参与了对察哈尔省会张家口的军事行动，担任一些形同虚设的副职。冯钦哉对蒋介石也失望至极，解放前夕，不愿前往台湾，并为和平解放出力。1956 年，冯钦哉成为民革的一员，担任第一届北京市政协委员。1958 年被错划为右派分子。1963 年 1 月 22 日因病在西安逝世，1980 年民革北京市委据共产党的政策对其进行平反。

图 14　冯钦哉

（一）任期最长

冯钦哉 1890 年（清光绪十六年）出生于一个普通的农民家庭。为人忠厚耿直、性格火辣、能征善战。1906 年，他进入山西省运城县城的宏道学校学习。在他人介绍下，他于 1909 年加入中国同盟会。次年，通过考试，他被太原优级师范学校入取。辛亥革命爆发时，他积极与同盟会会员联络，并在万泉县组织了一支独立武装大队，自任队长，进行革命活动。

1913 年夏，他投身山西都督阎锡山组织的征蒙队，后因不满于阎锡山投靠袁世凯而于 1914 年初脱离晋系，转而来到绥远特别区归绥城（今呼和浩特市）投靠绥远将军、垦务督办张绍曾。1914 年 2 月准备讨袁的冯钦哉又与同盟会员在归化建立"江北元帅府"组织讨袁军队。1916 年，众叛亲离的袁世凯郁郁而终。1917 年，冯钦哉到达陕西西安，当时陕西各地的革命党人响应孙中山的号召反对段祺瑞政府，纷纷发动政变，成立靖国军。时任陕西陆军第 3 混战团第 1 营营长的杨虎城也在三原、渭南等地成立靖国军。1918 年，冯钦哉参加陕西靖国军，任杨虎城的第 3 路第 1 支队第 3 营营长。从此，冯追随杨虎城，相继担任团长、旅长。

1929 年 4 月，杨虎城脱离冯玉祥，依附蒋介石，冯钦哉任新编第 14 师旅长。"九一八"事变后，冯钦哉力主抗日。1935 年 1 月至 1936 年初，冯钦哉奉蒋介石之命，率部阻截北上的徐海东红第 25 军及"围剿"陕北革命根据地。1936 年 12 月 12 日，张学良和杨虎城发动"西安事变"，冯钦哉认为他们扣押蒋介石是"背叛党国"，不服从杨虎城的调动。在西安事变和平解决以后不久，冯钦哉的部队进行扩编，成立了第 27 路军。自此，冯钦哉脱离了西北军系统。

1938 年的春天，第 27 路军又进行改编，成为第 14 军团，军团长由冯钦哉担任。同年 11 月，他被调任，成为第 14 集团军的副总司令，不久被委任为第 13 集团军代总司令兼第 98 军军长。其间，冯钦哉与共产党领导的部队配合，共同抗日。1939 年冬，冯钦哉调任第 1 战区副司令长官，实际上被褫夺兵权。1941 年，冯钦哉奉命担任察哈尔省流亡主席一职，后不久就被免去了第 1 战区副司令长官的职位。1945 年 5 月，冯钦哉被选为国民党第六届中央执行委员。1946 年，冯钦哉参加反人民的内战。

此后不久,冯钦哉的察哈尔省主席职务被免,被调任为第11战区副司令长官兼张垣绥靖公署副主任。1947年冬,奉命接受北平行辕副主任一职。北平行辕在1948年夏天被撤销,冯钦哉被委任为华北"剿总"副总司令。这些副职皆为虚职。

此外,冯钦哉为北平的和平解放做了有益的工作。北平和平解放后,冯钦哉拒绝中共为其安排工作。1956年,冯钦哉成为民革的一员,担任第一届北京市政协委员。很不幸,他在1958年被错划为右派分子。冯钦哉于1963年1月22日因病在西安逝世,1980年民革北京市委据共产党的政策对其进行平反。

如此泛泛而述,我们大致得以了解冯钦哉的一生。值得注意的是,冯钦哉自1941年被委任为察哈尔省主席至1946年卸任,在察省主席任长达五年,是民国时期察哈尔行政长官任期最长的一位。那么,他与察哈尔究竟有怎样千丝万缕的联系?

(二) 抗日先锋

"九一八"事变后,冯钦哉积极主张抗击日本侵略。不久,双十节的到来让他抓住了机会,他在陕西省大荔利用这个节日组织了"永久对日经济大会",与会者由社会各界人士组成,人数达到六七千人。大会主张武装抗日,抵制日货。

1933年春,日军侵略的铁蹄踏入热河。冯钦哉请缨北上抗日。4月下旬,冯钦哉接到命令,率领第42师从潼关出发赴顺义、怀柔地区进行抗战,此后接受北平行营主任何应钦的指挥。5月,冯钦哉部协助傅作义部与日军交火,战争持续数小时,双方损失惨重。5月26日,冯玉祥在旧部及部分共产党支持者的支持下在张家口组织成立了察哈尔民众抗日同盟军,并致电通告全国,宣布同日军作战。7月,抗日同盟军以奋战重创日军。而国民党当局奉行蒋介石"攘外必先安内"的政策,计划瓦解破坏同盟军,何应钦令冯钦哉等率部攻击察哈尔民众抗日同盟军。冯玉祥电冯钦哉等人,述说其部艰辛应战,亦有战绩,其举保国保土,是为义战,希望能够得到冯钦哉等人的支持。电文如下:

> 顷接吉总指挥鸿昌文日电称,我军自阳午围攻多伦以来,血战

五昼夜，共死亡官兵千六百余人。兹于今晨拂晓，攻克多伦，敌向东溃窜，详情另报等语。祥自维衰朽，久伏山林。前只以东北沦亡，滦热继陷，多沽失守，全察震惊。一时为良心血性所驱，不得不调集义师，为武装保卫察省收复失地之举。今幸赖民众之多方援助，总理在天之灵，将士之奋不顾身，克复多伦，完成察土。惟保察之志愿虽达，而东北之失地未收，自当一贯初衷，再接再厉，挥师东进，复我河山。兄等皆国内贤豪，一时俊杰，爱国之心，当更切于弟。深盼即日率部，一致向滦热推进，俾得早期光复四省，解东北同胞于倒悬。届时与兄等作黄龙共饮，何快如之。谨电奉闻，伫候明教。冯玉祥文申。

八（七）月十二日①

①疑为七月十二日之误。八月十二日已被迫收束军事。十三日即离张垣返泰山了。故不可能在离开之前还请上述人员收复东北四省。①

此后，冯钦哉在 7 月下旬前往张家口去见冯玉祥。8 月初，冯钦哉到达北平去见何应钦，表示绝不愿意打冯玉祥部，他义正词严地说："冯玉祥总司令是抗日的，我不能打他；我又是他的旧部，也不能打他；他姓冯，我也姓冯，虽然不是本家，他抗日，我也觉得光荣，更不能去打他。"② 9 月，冯钦哉撤回原驻地西安。

此外，冯钦哉还联合中国共产党共同抗日。1937 年 7 月 7 日，卢沟桥事变发生后，冯钦哉于 1936 年 7 月 12 日领衔致电卢沟桥的抗日将领们："本路将士，愿作后盾，同仇敌忾，灭此朝食。"③ 8 月，冯钦哉率部开往河北参加继续战斗，相继参加了保定会战、石家庄会战、娘子关战役等，所部损失惨重。

1938 年春，冯钦哉的部队进行改编，成为第 14 兵团，军团长一职由

① 中国人民政治协商会议张家口市委员会文史资料委员会：《纪念抗日战争胜利暨张家口第一次解放 50 周年》，《张家口文史资料》第 26—27 辑，1995 年，第 53 页。

② 沉度：《国民党高级将领传略》，华文出版社 2005 年版，第 93 页。

③ 黎桦：《死者人格利益的民法保护——以死者的名誉保护为中心》，中国出版集团、世界图书出版公司 2013 年版，第 209 页。

他担任。冯钦哉部在晋南游击战争中配合友军，打了几次胜仗。后来，冯钦哉以第 13 集团军代总司令的名义兼第 98 军（原第 27 路军旧部）军长，在晋东南与中共领导的第 18 兵团军（即共产党直接领导的八路军）协同抗日，多次打败日军进攻。冯钦哉对中共的抗日活动报以肯定和支持的态度。后人曾因其经历赋诗云①：

> 反满讨袁真革命，参加北伐克诸城。
> 领兵保国树雄志，抗战为民消日兵。
> 率卒御倭防要隘，赴前谋划治方明。
> 晋南游击多赢仗，联共挥军力结盟。

同时，他还与朱德、彭德怀建立了亲密的关系，冯钦哉"对八路军官兵团结一致，同甘共苦的作风十分敬佩。为此，冯提出双方互派常驻代表，以加强联系。冯当时还请彭德怀到他的部队来给官兵们讲当前形势和游击战术，不时双方官兵在一起联欢，感情十分融洽"②。

（三）空头都统

自 1937 年七七事变后，张家口被日军侵占，察哈尔省政府被迫撤出张家口，成为流亡政府，先南下河南，后又流亡至陕西、绥远等地。期间，南京国民政府共任命了刘汝明、张砺生、石友三、毕泽宇、冯钦哉五名察哈尔省流亡政府主席。原察哈尔省政府所在地被日本一手扶持的傀儡政权伪察南自治政府、伪蒙疆联合自治政府所盘踞。刘汝明为察省主席时，与日友好，为日寇在察省行不法之事大开方便之门，滥用军政公费，聚敛财货，给察省经济带来了极大的破坏。石友三，不断倒戈，从冯玉祥到日军、到中国共产党、再到蒋介石，最终倒在了高树勋为他特挖的坟坑中。在察哈尔省沦陷期间，大好河山在日伪铁蹄之下，民不聊生，生灵涂炭，此阶段可以说是察省人民最悲惨的时期。

---

① 张喜海：《大张人诗词集——国民党抗日将领颂》，三秦出版社 2013 年版，第 49 页。
② 陈志新：《民国时期察哈尔的都统与主席（1912 年—1949 年）》，《张家口文史资料》第 28—29 辑，1996 年，第 334 页。

冯钦哉与共产党的密切关系，引起了蒋介石的不满。1939年冬，蒋介石命令冯钦哉离开其部第98军。冯钦哉不久又调任第1战区副长官，驻洛阳。冯钦哉虽任军职，但已无实权，每日无所事事，百无聊赖，靠打牌消磨时光。

1940年2月，冯钦哉赴重庆见蒋介石，要求带兵抗战，蒋介石表态说"研究一下"，其实是在敷衍他。冯钦哉在重庆等了一年，也没有获得带兵的权力。

1941年8月26日，冯钦哉奉命担任察哈尔省政府主席（兼）一职后不久就被免去第一战区副司令长官的职位。而当时的察哈尔省已沦入日寇手中，省政府则设在河南洛阳，所以，冯钦哉的察哈尔主席之职，实际上是空头职务。冯钦哉一直在西安家中"办公"。据当地老人回忆，日军飞机轰炸西安时，冯家即把大门打开，使百姓能进到院子，从防空洞进入城墙下。新中国成立后，冯家老宅改为碑林区政府，如今这里变成了一座古玩市场（见图15）。

此时的察哈尔省政府流亡在异地，中央各部下达的政令根本无法实施，只能临时处理一些无足轻重的事务。以下是冯钦哉致内政部的关于察省民间早婚原因及限制意见的公函。

察哈尔省政府报告该省民间早婚原因与限制意见致内政部公函①
（1942年11月17日）
察哈尔省政府公函民字第七五〇号

案准贵部三十一年十月十三日渝礼字第二三六二号公函嘱转饬各县府查明当地民间早婚原因，并详陈限制意见，以便参考。等由。准此。查本省县政机构，尚未正式恢复，所有民间早婚情形，未能转令就地分别切实查察。惟事关国民体格，兹就本省全部情形，考查所得，分举早婚原因、过去状况及限制意见，俾供参考。

（一）早婚原因：约有两端，一为宗法观念过深，此种现象，多出于中上人家，因其经济丰富，转而着重于精神之享受，所谓含饴

①　中国第二历史档案馆：《中华民国史档案资料汇编·文化（二）》，江苏古籍出版社1998年版，第560—561页。

图15　冯钦哉在西安的旧宅变古玩市场

弄孙、五世同堂等观念，犹深印人心，男婚女配，纯出于家长心理的要求，并非为当事人身心之需要。二为民生艰难。此种现象，多出于清寒人家，如童养媳等是，在女方当事人之保护人，以生计所迫，代为童女订婚而送于男家，既轻养育之累，复可收受财礼以苏艰窘，在男方亦以家贫难为婚娶，有关嗣续，为避免来日之巨额财礼计，故乃尔尔。

（二）过去状况及现时情形。本省蒙旗地区，婚姻制度另有所尚，设县地区，过去婚配状况多如上述，迫教育渐次普及，则此风仅见于僻壤陋乡，省境沦陷后，政令难于推行，居民任敌蹂躏，尤难望其改善。

（三）限制意见。一为普及教育，开发民智；二为绝对禁止婚姻买卖制，以杜塞借儿女婚配财礼，为父母生计之路；三为倡导嗣续，男女平等，矫正无男即为无后之偏见。准函前由，相应函复，即希查照参考为荷。此致

内政部

察哈尔省政府主席冯钦哉

中华民国三十一年十一月十七日①

国民政府内政部档案

（四）发挥余热

1945 年 5 月，国民党第六次代表大会在重庆召开，冯钦哉当选为中央执行委员。1945 年抗战胜利后，冯钦哉带察哈尔省政府人员从西安到达北平。此时的冯钦哉在沙场上的骁勇已近乎被遗忘。1945 年 8 月 21 日，蒋介石将中国战区划分为 15 个受降区，命傅作义任第 14 受降区受降主官，接受绥远、察哈尔、热河三省日军的投降。

值得注意的是察哈尔省会张家口是中国共产党领导的八路军经过浴血奋战最终从日伪手中收复的，是晋察冀边区的首府所在，但 1946 年 6 月，国民党在国共谈判中却要求共军撤出察哈尔、热河两省，遭到共产党的坚决反对，蒋介石遂派第 12 战区司令长官傅作义部向解放区全面进攻。

冯钦哉协同傅作义参与了对察哈尔省的军事行动。8 月，冯钦哉秘密派遣特务与第 5 专区赤城县黑河川反动地主李殿仕密谋策划，派李潜回赤城。李殿仕勾结反动地主刘世录等公开叛变，将东卯、东万口、黑达营、白草等地村公所及村政府破坏，先后杀死解放区区委书记、区长、武委会多人，黑河川一时成为敌占地。中共察东地委副书记赵振中率部往剿，李匪暴乱月余平息。②

蒋介石对于夺取张家口，可谓竭尽全力，几乎动员了绥、冀、热、察地区能调动的所有国民党军队。重兵压境之下，中共华北军区总司令聂荣臻为了执行"以消灭敌人有生力量为主，不以保守或攻取城市为主，

---

① 中国第二历史档案馆：《中华民国史档案资料汇编·文化（二）》，江苏古籍出版社 1998 年版，第 560—561 页。

② 陈志新：《民国时期察哈尔的都统与主席（1912 年—1949 年）》，《张家口文史资料》第 28—29 辑，1996 年，第 335 页。

保存自己，消灭敌人"的思想，报请中共中央军委主席毛泽东批准后，主动撤离了张家口。①

1946 年 10 月 11 日，国民党军队占领张家口。蒋介石认为整个华北战区有了转机而极为喜悦。为了鼓励和笼络傅作义特于 11 月 15 日升任傅作义为察绥两省的绥靖主任（即张垣绥靖公署主任），同时兼任察哈尔省主席一职。冯钦哉察哈尔省主席的职位遭到罢免，被调任第 11 战区副司令长官兼张垣绥靖公署主任。张垣绥靖公署于 1947 年 12 月被撤销，随后冯钦哉被调任华北"剿总"副司令。以上这些副职，冯钦哉都没有到任过。

在傅作义的光环之下，冯钦哉的境遇更显凄凉，担任流亡政府主席多年，眼看驻地终于复归国民政府，或许仍能在察哈尔省这片热土上有一番作为，但无奈在蒋介石的权谋之下，冯钦哉只是一枚可有可无的棋子。冯钦哉对蒋介石也失望至极，所以 1948 年北平解放前夕，国民党政府高级官员纷往台湾，有人劝冯钦哉离京，而冯却表示："到台湾去也不怎么样，而且有危险，留下来看吧，反正共产党不杀俘虏。"② 之后，冯钦哉为和平解放北平出了一把力。据时任北平市企业公司经理的冯杰宸回忆：

> 当时出城和解放军谈判，大家认为要有一定地位及与中共有关系的人参加，才能达成协议。杜任之（华北文法学院教授，地下党员，与傅作义关系密切）听说邓宝珊很开明，在陕西榆林驻防，来往西安时，路过延安和毛主席会过多次面。杜任之建议刘厚同和傅作义，请邓宝珊将军来参加（邓宝珊当时是傅的副总司令）。但邓当时还在榆林驻防，我便说服傅的另一副总司令冯钦哉（冯和邓都是西北军将领，他们关系很好）带他的女儿冯端林，乘飞机把邓宝珊

---

① 张群生：《解放战争全记录》第二卷《力挽狂澜》，四川人民出版社 2007 年版，第 200 页。

② 陈志新：《民国时期察哈尔的都统与主席（1912 年—1949 年）》，《张家口文史资料》第 28—29 辑，1996 年，第 336 页。

接来，参加谈判。①

冯钦哉将邓宝珊接来后，邓作为傅作义的代表，全权代表傅作义与中共谈判，推动了和平解放北平的进程。应当肯定的是，冯钦哉在其中发挥了一些积极的作用。

（五）评述

"莫道桀骜性不更，抗日坚定拥蒋诚"②，有人曾用这样的诗句描述冯钦哉。诚然，因为蒋介石的猜忌与冷落，使能征善战的冯钦哉空有一腔报国志而终不得重用。或许冯钦哉的内心也有过苦闷和彷徨，但是忠厚的个性注定了他不会背弃蒋介石及其领导的国民政府。在1949年1月北平和平解放后，他下定决心不问政事，拒绝人民政府为他安排工作，而执意要做一个平凡老百姓，在北京家中安心养鸡。1956年，冯钦哉成为民革的一员，担任第一届北京市政协委员。很不幸，他在1958年被错划为右派分子。冯钦哉于1963年1月22日因病在西安逝世，1980年民革北京市委据共产党的政策对其进行平反。

冯钦哉在外地做了近四年的察哈尔空头主席，对察哈尔人民没有做出实质性的贡献，只偶尔处理一些无足轻重的事务。至冯钦哉察省主席被卸任时，察省的流亡政府时期也宣告结束。

1945年9月3日，中国人民经过八年的全面抗战，终于取得了抗日战争的胜利。1945年秋，察哈尔省被共产党从日寇手中拼死夺回，才得以全面解放。11月2日至6日，察哈尔省人民代表大会在宣化召开。大会通过民主选举，产生了中国共产党领导下的第一个省人民政府——察哈尔省政府，省会设在宣化。张苏同志当选为察哈尔省政府主席。张苏作为第一批民主政权的省主席，全面领导了民主政权建设工作。

---

① 中国人民政治协商会议全国委员会文史资料研究委员会编：《文史资料选辑》第23卷第68辑，1986年，第101页。

② 陈捷延：《过客吟：捷延咏史诗存》（下），中国文史出版社2012年版，第2136页。

第二节　解放战争时期

　　抗日战争结束以后，随之而来的国内矛盾以及新中国成立问题又提上日程，面对武器装备、敌我力量悬殊的态势，中国共产党为团结最广大人民群众争取革命胜利，诚意参加重庆谈判，为争取和平做出了最大的努力，赢得了解放区和国统区人民政治认同的最大公约数。但是，最终谈判没能解决和平建国问题，反而使得国民党暴露出它的爪牙，主动挑起内战。

　　国民党反人民的本质彻底暴露出来以后，再加上美国扶蒋反共的政策，中国共产党面临着非常艰难的挑战。尽管如此，中国共产党在正确的战略战术领导下，经过防御、反攻、决战三个阶段，取得了解放战争胜利，国民党政府也由此败退台湾。

一　忠心于党，全心为民——张苏

　　张苏（1901—1988），号希贤，曾名张伯高、张更生，河北省蔚县人。他学识渊博，克己奉公，对待工作兢兢业业，是伟大的无产阶级革命家。张苏在北京三中任教期间加入中国共产党，播种红色教育，惠泽桑梓。1945 年 11 月，张苏担任察哈尔省政府首任主席，在政治、经济、文化和军事方面，进行了一系列整顿，使察哈尔省从长期的战乱状态下得到了暂时恢复。随着蒋介石撕毁停战协议，解放区得而复失，张苏的察哈尔省政府主席的职位也被撤销。张家口第二次解放后，张苏再次担任察哈尔省政府主席的职位，在察哈尔省的重建工作中投入了巨大的努力。张苏一生对党忠诚、公私分明、坚守节操、廉洁公正，为察哈尔的发展做出了重要贡献。

（一）廉洁奉公

　　张苏 1901 年生于河北蔚县。1923 年 8 月，张苏进入北京师范大学学习，并积极参与了学校的各种革命活动。1927 年 1 月，张苏加入了中国共青团，曾担任共青团团支部干事、团书记、共青团北京市委委员等职，9 月（也有说 11 月）由共青团员转为共产党员，坚持党的地下工作。张苏学识渊博，克己奉公，忠于党的事业，生活上节俭朴素。他对待他的工作兢兢业业，公正廉洁，一丝不苟，几十年如一日，一辈子都扎根于人民群众之中。1929 年初，张苏赴任蔚县教育局局长，利用他教育局局长的职务，在当地普及教育，传播马克思主义思想，是河北省蔚县当地传播马克思列宁主义的先驱者。在 1931 年 6 月，张苏因被指认是当时西合营师范学校闹学潮的主谋而被国民党逮捕，在狱中坚守共产党节操，威武不屈。出狱后，张苏还继续进行共产党艰苦卓绝的地下工作。于 1933 年 5 月，张苏奉命到河北省张家口地区参加察哈尔民众抗日同盟军，而后担任张家口地区私立塞北中学的校长，在教师与学生当中宣传马克思列宁主义，发展壮大了中国共产党的组织。在 1937 年，作为陕西省政府秘书，张苏从事西北军的联络工作。抗日战争时期，张苏历任阜平、蔚县、涞源县县长。1938 年 4 月，张苏任边区政府党团书记。1939 年 1 月，张苏担任了晋察冀边区政府的实业处长，并担任财政处长兼党、团书记，这期间他为巩固晋察冀边区地区的抗日政权做出了巨大贡献。张苏于 1942 年，担任了北岳区的党委委员。1944 年 10 月，张苏担任了晋察冀党委委员，并任行署主任。1945 年 11 月，张苏被任命为察哈尔省政府主席，察哈尔政府得到重建。1946 年 6 月，蒋介石撕毁停战协议，并且向解放区发动攻击，张家口沦陷，张苏无奈被迫逃离张家口。张苏在 1947 年 11 月，担任了中国共产党北岳区的党委委员兼财经办事处主任，并任行署主任。在 1948 年 8 月，张苏担任了华北人民政府委员，而后担任河北省张家口地区军事管制委员会主任。经过平津战役，中国人民解放军收复张家口、北京等地。1949 年 1 月，张苏重新被任命为察哈尔省政府主席，河北省省委常委，后来又兼任河北省省政府财经委员会主任。1949 年 10 月 1 日新中国成立后，张苏继续在察哈尔工作，于 1952 年 1 月被调往中央工作，同时免去察哈尔主席一职。1954 年，张苏出任最高人民法院副院长，全国人大常委委员等职。1962 年 11 月，张苏在最高人民监察院担任副检察长、党组副书记等职。在"文化大革命"动荡的十年中，张苏遭到诬陷、迫害和批斗，蒙受不白之冤，直到 1978 年 2 月才被平反，再次担任副检察长一职。张苏是中共第八届中央候补委员，第十二届中顾委委员，全国人大十二届中顾委委员，全国人大第一至三届常委，第五届全国政协常委。1988 年 7 月 22 日，张苏于北京病逝。

(二)　造福几方

张苏从小聪颖努力，勤奋好学，文章书法皆有所长。张苏在青年时期进入北京师范大学学习，在大学深造期间，积极地参与了北师大组织的各种革命活动。在 1927 年 1 月，张苏进入了中国共青团，执行党的地下工作。7 月，张苏大学毕业，到北京三中任教，当时张苏每月工资 85 元，他宁可过着清苦的生活，也要将其中 80 元作为活动经费交给党组织，只给自己留 5 元。[①] 9 月，他正式转为党员，继续在党内工作。

1928 年，张苏的家乡蔚县各界人士想通过教育改变当地的落后局面。于是，他们联名邀请张苏回蔚县任蔚县教育局局长。得到党的批准后，张苏于 1929 年 1 月由陕北榆林回到张家口蔚县工作。他怀着游子之情回到家乡，然而蔚县却是"百里县境不见笑，随处唯闻苦吟声"[②] 的凄凉景象。这眼前的景象使张苏感到不平与痛心。

在蔚县，张苏利用教育局长的公开身份，通过各种形式，宣传马列主义，介绍十月革命，揭露社会黑暗，唤醒人民的爱国意识。他在一定程度上为中国共产党党组在张家口蔚县的创立奠定了坚实的思想基础，为晋察冀南部地区共产党的创立和发展做出了巨大贡献。[③]

张苏担任蔚县教育局长后，大力整顿蔚县的教育现状，还对蔚县教育局内部进行大改组。他大胆任用了一些办事能力强，有威望的人任职。蔚县的文化出现了前所未有的繁荣局面。张苏同志虽然任蔚县教育局长仅一年多时间，但他做的贡献却是蔚县人民永远难以忘怀的：

第一，张苏将八大区的模范小学校，改组为联合小学校，并增设了高级班。这使全县拥有高级小学的学校一跃增加四倍，使得大批青少年有了就学的机会。

第二，1929 年的 3、4 月份，张苏依靠各区教育委员，查清土豪劣绅乘征收捐税之机对广大劳苦百姓敲诈勒索的行为。他以确凿的事实，迫

① 陈志新：《民国时期察哈尔的都统与主席（1912 年—1949 年)》，《张家口文史资料》第 28—29 辑，1996 年，第 343 页。

② 河北省蔚县政协文史资料委员会编：《蔚县文史资料选辑》第 20 辑《蔚州知名人物》，2012 年，第 108 页。

③ 同上。

使当局不得不对这些土豪劣绅做出罚款处理，从而有力地打击了邪恶势力。此举深得民心。

第三，当年5月，张苏同志同当局据理力争，把一部分罚得的钱款用来作为教育图书馆的始建基金。张苏拿着这部分钱款，购买了大量进步书籍和革命书籍，在张家口蔚县县城周边各地区接连建立图书馆、巡回文库等设施。李大钊、陈独秀等进步思想家的马克思列宁主义文章和鲁迅、郭沫若等大家的普罗文学逐渐介绍到蔚县，吸引了一大批年轻的知识分子，在那段时间大家阅读革命书籍的热情非常高涨，这开拓了广大人民群众推翻旧制度、向往新革命的眼界，甚至是十几岁的小学生也开始谈论无神论。张苏为蔚县地区第一批共产主义者的成长起到了启蒙的作用，为我党的革命事业培养和输送了大批优秀人才。

第四，张苏为发现和培养革命人才，将蔚县师范讲习所迁到西合营，这成功地避开了当局的监视，同时将讲习所改制为三年制的蔚县西合营师范学校。另外，学校的教学内容也进行了改编和升级，新设了科学社会主义理论概论、社会发展史、哲学、政治经济学及军事学等课程，使学校的面貌为之焕然一新。①

晋系军阀阎锡山于1929年底向晋、察、绥、冀、热华北5省发行"编遣库券"（一种代金券）。阎锡山恃强凌弱，给经济贫困的察哈尔省分配的数额，按人口平均比山西省多一倍，非常不公平，这严重加重了察哈尔人民的负担。为减免军阀阎锡山征收编遣军队返乡的捐税，张苏联络各县教育局长，进行了不屈不挠的斗争。面对阎锡山的残酷掠夺，张苏征得中共北京市委的同意，联络各县教育局长及开明人士和各界代表，到察哈尔省政府为民请愿。另外，张苏在齐淑荣等人创办的《地球》刊物上，以"塞上客"为名，发表了《编造库券是骗钱苛捐》这篇文章。经过一个多月反对"编遣库券"的说理斗争，在众愤难抑的情势下，察哈尔省主席杨爱源被迫减了三成摊派，为察哈尔人民减轻了一半负担，请愿斗争取得了胜利。② 张苏的革命活动，引得当局痛恨。新任县长孙克

① 中国人民政治协商会议：《蔚县文史资料选辑》第8辑，1999年，第3页。
② 河北省蔚县政协文史资料委员会编：《蔚县文史资料选辑》第20辑《蔚州知名人物》，2012年，第109页。

信故意刁难张苏,限期半个月,让他建立起一定数量的小学校。在广大人民群众的大力支持下,这一批小学在规定期限内建成。

由于张苏在蔚县受到当局的诬陷,中共党组织命令张苏立即离开蔚县到浙江温州第十中学执教。此后,张苏先后到河南焦作道清铁路局、焦作工学院高中等机构工作。

1933 年 5 月,张苏离开焦作,之后参加了察哈尔地区的民众抗日同盟军。同年 8 月,同盟军在国民党和日伪军夹击下,最终失败。张苏之后便留在张家口,在一所私立的塞北中学担任校长。张苏后被调往福建参加当地人民政府创建工作,不过新生的福建人民政府,也以失败告终。张苏复回张家口,再次执教。

1935 年,"何梅协定"后,日本关东军向长城各口大量增兵,华北局势日益严重,平津空气异常紧张。在中国共产党"八一宣言"的号召下,在刘少奇等共产党人的领导下,于 12 月 9 日在北平爆发了学生运动。当"一·二九"学生运动的消息传到宣化时,张苏联合其他同志决定响应北平"一·二九"学生运动组织学生举行罢课游行等活动,并且成立宣化各个中学声援这次学生运动的联合会,用以作为组织形式响应学生运动,还拟制了宣传品《告宣化中等学校同学书》,鼓励学生运动。[①] 本次运动提出"反对华北自治运动""停止内战,一致对外""打倒日本帝国主义"等革命口号。革命的号角响起来了,以"读书会"作为中心,由李维略、冯大为、刘崇录、陈焰、任惠贤、刘一鸣等人各司其职积极做游行示威的准备工作和到外校串联,以及开展罢课、筹备成立宣地进行学联等活动。这些学生活动受到了广大同学的赞同,但也引起各校反动当局的恐慌。反动官员们迅速秘密会谈商议解决办法。在同学们决定进行上街游行的前日夜晚,学校校方"釜底抽薪",辞掉了共产党员老师林枫、张苏和进步教师张伯远之后,进而又向学校全体师生宣读了河北省省教育厅提前结课放假的命令,而且又开除了学生自治会的主席冯大为同学的学籍,取消了陈焰补习生的资格。学生运动因而受到压制,至此,这场学生运动也以失败告终。

---

① 中共张家口地委党史办公室编:《张家口地区党史资料选编》(第一集),1986 年,第223 页。

张苏在离开宣化后，到北平女中执教，党内担任文化总同盟书记，后来先后到北平商业学校、二中执教。直到 1937 年 2 月，中共党组织派张苏到西安担任国民党陕西省政府秘书。至此，张苏结束了他的教育生涯，开始从政。

1937 年 7 月 7 日，卢沟桥事变爆发。张苏在战争爆发后跟随周恩来等人离开西安，前往抗日前线。抗战伊始，1937 年 9 月，张苏任蔚县县长。蔚县再次被日本侵略者占领后去职。随后张苏同志任蔚县、涞源、灵丘、广灵、阳原、易县等 17 县行政委员会的主席。因为敌我斗争的形势发展，张苏再次担任涞源县县长并于 1938 年任边区党团书记。在 1938 年到 1943 年，在主管边区的经济建设工作中，张苏同志做出了巨大贡献。

张苏在蔚县当县长时，积极抗日，引起了日本人的愤恨。在 1938 年 6 月，张家口蔚县伪警备司司令印发了《劝告张希贤书》，劝降、威胁张苏。然而张苏从容不迫，自称"大中华民国抗日战士"。

1945 年秋，察哈尔全省解放。1945 年 11 月 2 日至 6 日，察哈尔省人民代表大会在宣化召开。大会确定了察哈尔省政府之施政纲领。大会通过民主选举，产生了中国共产党领导下的第一个省人民政府——察哈尔省政府，省会设在宣化。大会根据新的选举法选举产生 9 名省政府委员，2 名候补委员。在这次大会中，张苏同志当选为察哈尔省政府主席。① 张苏作为第一批民主政权的省主席，全面领导民主政权建设工作。在大约一年的工作当中，张苏领导着广大政府干部，深入群众，推行土地改革。

以张苏为主席的察哈尔省政府，对发展本省生产，民主政权的建设均取得了重大成绩。② 以张苏同志为主席的察哈尔省委、省政府，在政治、经济、文化和军事方面，进行了一系列整顿。这一系列整顿有利于察哈尔省从长期的战乱状态下得以暂时地恢复。以下为这四个方面的整顿。

---

① 中国人民政治协商会议张家口市委员会文史资料委员会编：《张家口文史资料》第 35 辑《纪念张家口市开展文史工作 20 年》，2000 年。

② 陈志新：《民国时期察哈尔的都统与主席（1912 年—1949 年）》，《张家口文史资料》第 28—29 辑，1996 年，第 343 页。

第一，政治方面的整顿。1946 年 1 月 5 日，中共察哈尔省委，省政府决定，宣化县改为省辖县，宣化设市治，中共宣化市委、市政府正式成立。市委书记白文治，市长刘元士。宣化市与察哈尔省两余万军民于 2 月 14 日热烈庆祝并且举行了和平民主大会。张苏作为省主席也到达集会现场发表讲话，号召全省广大群众保卫和平，尽全力让政治协商会议的决议成功实施。

第二，经济方面的整顿。12 月 3 日颁布了《关于发动群众，贯彻政策的补充指示》。1946 年 1 月 23 日，察哈尔省政府在宣化召开各专员、县长与实业科长会议。会议部署 1946 年全省大生产运动的方针和任务。察哈尔省各县开展的群众性反奸反霸、复仇清算斗争均已转入减租退租，减息增资斗争。宣化、阳原、蔚县、怀安、万全、张北、怀来 7 县 3000 多个村，其中 2673 个村开展了群众运动。广大农民从汉奸恶霸手中得到了土地，粮食和其他生活用品，农民生活普遍得到了初步的改善。[①] 察哈尔省政府于 1946 年 2 月 15 日召开了生产会议，为开展大生产运动提出了具体要求。张苏作为省主席，号召全省人民将农业生产放在第一位，多产工业原料，增加粮食产量，努力让察哈尔省成为全国模范省之一。省政府同时向各专区拨出大量贷粮、贷款。

2 月底，察哈尔省据省内 12 个县的统计显示：农村手工业在"民办公助"的方针指导下，先届建立酿酒、磨面、卷烟、纺织、制粉、做糖、榨油、挖煤、木业、铁业等各种手工业生产合作社 1946 个。张家口市为了发展经济繁荣贸易，公开登报招股建立大众合作社，总集股资 1000 万元。

5 月 14 日，察哈尔省政府召开财政会议。会议确定 1946 年财政工作的重点：加强税收工作；继续清理敌伪物资；开展机关部队生产，减轻人民负担；整理农村财政。为发展察北地区的畜牧业，省政府决定向察北各县发放畜牧贷款 6000 多万元（边币），并颁布严禁杀害耕牛的禁令，奖励繁殖，严防畜疫流行。

察哈尔省政府于 5 月 28 日发布《关于预决算物价标准规定的通知》。规定各级管辖区按所在地的预算，以每月 1 至 20 日的平均物价为计算标

---

① 李海清：《张家口文史资料》第 23 辑《察哈尔纪事特辑（1675—1952）》，1993 年，第 234 页。

准。各地价格务必以公营商会之行情或贸易机关报告为准。

第三，文化方面的整顿。察哈尔省政府设立察哈尔省立干部学校，并且将冀察师范、冀察中学改组合并为察哈尔省立中学与察哈尔省立师范学校。察哈尔省政府又于5月15日成立省文联与省文、音、美、戏四个协会。各协会推选主席，并出版刊物，决定发展会员。

第四，军事方面的整顿。1946年5月10日，察哈尔省政府根据政协决议及整军方案，各专区、县复员委员会成立，首批复员军人万余名。

在这段任职期间，张苏同志关注民族问题，对内蒙古自治运动大力支持。张苏于1945年11月26日在内蒙古自治运动联合会成立大会上发表了讲话，表明了中国共产党人对内蒙古人民实现自治的支持。讲话回顾了内蒙古人民的屈辱历史，指出了内蒙古人民发展只有依据民族平等、民主自治的道路，才有解放的前途。张苏主张内蒙古自治，并鼓励在中国共产党的领导、八路军的带领下，内蒙古人民要联合全国人民，粉碎国民党军队对解放区的进攻，保护内蒙古人民来之不易的胜利成果。张苏对内蒙古自治的开展充满了希望。

蒋介石于1946年6月26日撕毁《停战协定》和政协会议协议，大举进攻解放区，围攻中原地区，挑起反革命内战。张苏不得以撤往涞水。我军于10月10日从张家口、宣化等城市主动战略撤离。察省政府也随我军撤离宣化。1947年11月，晋察冀边委会颁布政令撤销察哈尔省政府，将其与冀晋行政公署合并为北岳行政公署，免去张苏察哈尔省政府主席职，改任北岳行政公署主任。两年以后，平津战役中，张家口于1948年12月24日第二次解放，察哈尔省也顺利地得到了恢复。而省政府主席依旧由张苏同志担任。

伴随着平津战役的开展和察哈尔省的恢复，张家口军管会于1948年12月底成立，张苏任主任委员。在他的领导下，张家口市迅速建立起革命秩序，这有力地支援了平津战役。

察哈尔省恢复以后，察哈尔省政府得以重建。1949年1月，张苏重新担任察哈尔省政府主席、省委常委，后兼省政府财经委员会主任。经过两年多战争的"洗礼"，张家口百废待兴，重建任务十分艰巨。在张苏领导下的省政府，在以下方面，进行了努力。

第一，政治方面的努力。中共察哈尔省委于3月10日成立由张苏任主任的省物资清理委员会。并于 3 月 26 日发布《关于 1950 年组织工作方针和任务的决定》，方针指出在群众运动中要以着重加强党的思想建设为中心，紧紧围绕生产。又于 3 月 31 日，设立植树造林委员会，并设立 15 个分会，由张家口市长孙敬文等二人任副主任，张苏任主任。4 月 8 日，察哈尔省人民代表大会筹备委员成立，张苏担任主任，筹委会根据中央颁布的各级人民代表大会《组织通则》，制定察哈尔省人民代表大会的组织条例。① 察哈尔省于 4 月 18 日成立了第一届各界人民代表会议筹备委员会并在解放饭店的会议大厅举行首次会议，会议选出张苏为主任。张苏于 1951 年 10 月 25 日给察南专署专员郭韫等人发送电报，让其注意在突击秋耕中该专区干部存在的不良作风。中共察哈尔省委又于 11 月 25 日发出指示，要求各级党组要积极吸收非党人士组成整风委员会，并必须坚持党委为核心。省整风委员会应运而生，张苏任主任。

第二，经济方面的努力。根据中央政务院统一财政工作的决定，察哈尔省政府于 1949 年 3 月 11 日建立贸易金库并设立现金管理制度，进行货币回笼，社会游资渐渐减少，在此影响下，物价逐渐回落，省内经济日趋稳定。同月，察哈尔省人民政府为扶助灾区人民春耕生产，拨发救济粮 110 万斤，生产贷粮及优军烈属粮 200 余万斤，令省银行拨给各县供销社贷粮 55 万斤，以购置农具，解决生产问题。1951 年 12 月 1 日，察哈尔省人民政府拨发给察南专区 65 亿元牲畜贷款和铁锅 2000 只、炕席 9000 领、被子 5000 床、棉衣 91200 套，绝大部分已发到老根据地的灾区。鼓励组织私人工商业联营等。

土地改革方面，在基本完成土地改革的基础上，1950 年 5 月 13 日，张苏针对个别地方仍然存在的新问题，发布了察哈尔人民政府命令，指导察哈尔的经济建设工作。以下是此命令：

关于土改发证后发现少数问题处理的规定

各专、市、县人民政府：

我省土地改革已经完成，封建制度已经消灭，广大农民分得了

---

① 李海清：《张家口文史资料》第 23 辑《察哈尔纪事特辑（1675—1952）》，1993 年，第 335 页。

土地，政治上经济上得到了真正翻身，积极劳动发家致富，广大农村呈现了生产建设的新气象。但近据反映个别地方尚有一些新的问题仍未解决，因此作如下规定，希各地参照执行。

（一）土改中烟民二流子所分土地，在其未改造以前，土地证暂不发给，由村公所代为保管，如已发给者应当追还。烟民二流子在土改中所分土地，一律不许出卖，已出卖者，一般的不予承认，由卖主退还买价（以不使买主吃亏为原则）将地赎回自耕。烟民二流子已将地价耗费一部或全部，不能全部收回时，已发地证出卖的土地，应按其退还地价能力，赎回土地一部或全部（如只能退还三分之一之地价，则其余三分之二的土地准其出卖，发给买主地照余类推）。未发地证出卖的土地，卖主须将土地全部赎回，力能退还的地价立即退还买主，确实无力退还的地价，应对买主出具结契，陆续偿还。并教育群众一律不买烟民二流子的土地。

（二）发证中又发现尚有个别侵犯中农利益未予补偿者，中农表示不满。查我区土改已经结束，不能再提纠偏，个别问题则个别解决。老区半老区，在四九年前被侵犯的，其生活不低于一般中农者，经说服动员同意后，一般不再补偿。新区四九年后，土改中被侵犯的，则设法纠正，纠正办法能退还其土地者退还土地，不能退还者，可在贷粮贷款中扶助其生产。

（三）城市独立劳动者，土地在乡村，土改时划错成分其土地被没收，并已分配，应按上项补偿中农原则办理。

（四）土改后还有些逃亡户还乡人员未进行安置，如本村有机动地及其他可安置办法，应即进行安置。如本村无法解决，应由区或县在有条件，有土地村庄设法安置，或可介绍其他职业生产。

（五）有的村庄留有一部土地房屋尚未分配，除留一部备做安置移民或留安置还乡人员外，其余应当分给农民耕种和居住，以免荒芜或倒塌。

（六）逃亡户应尽量设法动员与帮助其归里生产，如在耕种季节仍未归里者，其房屋应由村政府代管，土地找人耕种，谁种谁收谁负担，不得分配。

（七）村干部贪污，群众极不满意，各级领导上应认识这一问题的严重性，采取严肃认真态度处理。有些负责干部浓厚存在着对干部迁就，认为村干部有功，有错误可以原谅些，这种……的想法，应立即纠正，对干部贪污的东西，原则上一律赔偿，贪污严重者除赔偿外还应分别情节轻重，依法议处。但也要防止不分错误大小，一律对待，造成干部恐慌也是不对的。①

第三，其他方面的努力。1949 年 9 月 20 日，察哈尔省委省政府发布《关于加强报纸发行工作的指示》，要求各个农村的自然村、各小学学校和各工矿的车间、坑道务必确定发放报纸，使报纸成为向群众进行宣传教育的媒介。察哈尔省政府又于 1 月 5 日在张家口"五一"广场召开大会，省、市各级机关及所属企业，事业单位的干部和职工共万余人参加大会，大会深入动员"三反"运动。省委主席张苏动员大家光明正大地开展"三反"运动。省政府副主席兼张家口市委书记孙敬文做了《搜山打虎》的报告（时称大贪污分子为老虎）。

张苏于 1949 年 5 月发布禁种令，要求各专署县市政府加强宣传禁烟政策，严令禁止种烟；令各级发动群众检举，并派专人严密检查。然而，由于干部工作不深入，政策难以贯彻，偷种现象并未根治。1949 年春，省政府趁察南各县开展大生产运动之时，再次宣传禁种精神，并将精神贯彻到各区村各户，严令无论在什么情况下，无论何人都一律不许再种大烟。

不仅如此，身为省主席的张苏，非常关心人民群众生活。察哈尔省在 1949 年 9 月遭受大面积灾害。张苏作为省主席及时为灾区调拨了物资，亲自慰问灾区人民，指挥生产自救，赶赴受重灾的崇礼、张北等地视察，鼓舞了广大人民群众战胜灾害的信心和勇气。同时张苏还关怀家乡的建设。1951 年 6 月初，蔚县的南洗冀村遭受水患。7 月初，张苏回到家乡，慰问灾民，检查生产自救工作，并且为家乡的人民出谋划策。②

张苏还十分关心察哈尔的广播电台建设，支持察哈尔人民广播电台（前期为张家口新华广播电台）搞广播发射机。1949 年夏末秋初，张苏代

①　中共大同市委党史研究室：《大同土改》，第 48—50 页。
②　蔚县党史办公室编：《张苏的故事》，1989 年，第 82 页

表政府，拨一笔专款购置收音机。各县从此之后设了专职收音员一职，专职收音员在入职前要去察哈尔人民广播电台接受一段时间的培训，这是全国第一个广播网。在察哈尔人民广播电台工作过的吕朗在后来的回忆录《张苏同志与察哈尔人民广播电台》中写道："张苏同志不仅关心广播电台的建设，还十分重视利用这一现代化的宣传工具。"

张苏于 1952 年 1 月奉中央政府指示，离开察哈尔省主席职务，调到中央工作，由杨耕田同志兼任察哈尔省主席一职。

1952 年，察哈尔省主席杨耕田患病住院。张苏同志经常到医院看望杨耕田，杨耕田同志非常关心。10 月，察哈尔省主席杨耕田因病逝世。

何虎生、李耀东、向常福主编的《中华人民共和国职官志》对张苏和杨耕田的察哈尔省政府主席的任职期与本文的记述有一定的差异：

察哈尔省人民政府主席

张苏（1950 年 9 月—1952 年 4 月）

杨耕田（1952 年 4 月—1952 年 11 月）①

（三）评述

在抗日战争期间，聂荣臻同志对张苏在边区工作很满意，说："张苏同志后来参加了边区政府的领导工作，他工作很认真、很踏实，为巩固边区抗日政权做出了贡献。"②

张苏在任察哈尔省主席期间，为人诚恳生活朴实，坚守党的纪律，保持了一个共产党员应有的节操。左保在《一身正气两袖清风——记张苏同志工作生活片断》一文中说道："'身为省主席，可与一般干部没有两样。'这是原察哈尔省广大干部对张苏同志的评语。"③ 另外还有 1989 年，时任河北省人大常委会副主任的赵振中在《忆张苏同志几件事》中

---

① 何虎生等：《中华人民共和国职官志》，中国社会出版社 1993 年版，第 722 页。

② 左保在：《一身正气两袖清风——记张苏同志工作生活片断》，《聂荣臻回忆录》，解放军出版社 1993 年版，第 722 页。

③ 赵振中：《忆张苏同志几件事》，张家口市政协文史资料委员会编《张家口文史》（第 3 辑），2005 年，第 241 页。

说"'张苏同志是察哈尔省卓越的领导人'这是原察哈尔省的干部和人民对张苏的评价"①。

张苏再任察哈尔省主席时,并没有利用他手中的特权,为他的父亲张善臣安排政府工作。因此张善臣只能从事卖布的行业。"儿当主席父卖布"的故事在张家口一带传为美谈。张苏公私分明,坚守节操的优良品质,可见一斑。

张苏是察哈尔人,为察哈尔的发展做出重要的贡献。他在60多年的革命生涯中,全身心投入为党的事业,为党的事业全心全意奉献自己。张苏常说:"我们这些人年纪大了,不能担负工作了,但并不等于无事可做,最重要的是要保持晚节,不能忘记自己是一个共产党员,不放松对自己的要求。"可见张苏同志克己奉公、忠心于党的优良品质。

张苏不仅注重自己为官的廉洁公正,并且常教诲党内同志要清正廉洁保持晚节。张苏于1987年6月在张家口地区优秀离休干部表彰会上,不顾自己虚弱的身体,发表讲话,真诚地要求老同志们洁身自好。

张苏晚年关心晋察冀老区人民,多次到老区考察。张苏在1987年夏不顾虚弱病情坚持深入河北、山西省考察。由于过度劳累。回到北京后不久,张苏就因身体问题住进了医院,在医院中,仍然经常询问建设工作,不忘关心老区人民的生活。

1988年5月26日,蔚县县委领导赴京看望他。面对他们,已患重病、身体虚弱的张苏,依然坚持长时间谈话——他竟然坚持讲了40多分钟。②

1988年7月22日,张苏因病逝世于北京,终年87岁。党和国家领导人对张苏同志的逝世高度关注,邓小平、李鹏、万里、彭真等送了花圈;全国人大常委会、全国政协、最高人民检察院、中共中央办公厅、以及中共河北省委、河北省人民政府、也为张苏同志敬送了花圈。很多党和国家领导人怀着悲痛的心情参加了张苏同志的遗体告别仪式。8月10日,《人民日报》发表了《张苏同志遗体告别仪式在京举行》的电讯,指

---

①　赵振中:《忆张苏同志几件事》,蔚县党史办公室编《张苏的故事》,1989年,第18页。
②　河北省蔚县政协文史资料委员会编:《蔚县文史资料选辑》第20辑《蔚州知名人物》,2012年,第119—120页。

出："张苏同志是中国共产党优秀党员，忠诚的共产主义战士、无产阶级革命家，我国政法战线的杰出领导人。"① 由此可见，党和国家肯定了张苏同志对党忠诚、重视事业的性格，对张苏同志的一生做出了高度评价。

二 眼中有河山，心中有百姓——傅作义

傅作义（1895—1974），字宜生，山西临猗人。1937 年后历任第 7 集团军总司令，第 8、第 12 战区副司令长官、司令长官兼绥远省主席。1946 年 10 月 15 日国民政府任命傅作义为察哈尔省政府主席。傅作义任职察哈尔期间，时刻关注民生。实行新的土地法，重视农田水利规划建设，从根本上解决衣食问题。此外，用人唯贤，善于选拔管理人才，培养新思想人才用以改善社会问题。文武全才的傅作义，审时度势，不仅作战善于用谋，在经济建设方面也很有成效。傅作义是一个于民族大义前敢于革新之将才，积极学习新思想，积极投身新革命，心中有百姓，眼中有河山，雄才大略，堪称典范。

（一）爱国将领

傅作义是一代爱国将领，曾任国民党军陆军二级上将。1915 年入保定军校第五期步兵科学习。1918 年，毕业后在阎锡山部历任营、团、旅、师、军长。1930 年参加蒋冯阎战争，任阎军第 2 路军总指挥。1931 年任第 35 军军长、绥远省（今并入内蒙古自治区）主席。1933 年兼任第 7 军团总指挥。曾率部参加长城抗战、绥远抗战。1937 年卢沟桥抗战后，先后任第 7 集团军总司令、第 8 战区副司令长官、第 12 战区司令长官，曾率部参加忻口、太原、五原等战役。抗战胜利后，1946 年 10 月 15 日，国民政府任命傅作义为察哈尔省政府主席兼全省保安司令。1947 年 3 月任张垣"绥靖公署"主任和华北"剿总"总司令。1949 年 1 月在中国共产党政策感召下率部起义，对实现北平（今北京）和平解放和推动绥远和平解放做出了重要贡献。中华人民共和国成立后，曾任绥远省军政委员会主席、省军区司令员、中华人民共和

---

① 蔚县地方志编纂委员会：《蔚县志》，中国三峡出版社 1995 年版，第 704—705 页。

国水利电力部部长、中国人民政治协商会议全国委员会副主席等职。1974 年 4 月 19 日卒于北京。

图 16 傅作义

(二) 抗战主将

　　傅作义出生于山西省临猗县安昌村一个贫困家庭,幼年丧母。傅家世代务农,他父亲早期给人当雇工,后来稍有积蓄便开了一家煤矿厂,1900 年八国联军侵华时获利颇丰,成为当地的富户。1901 年傅作义在本县私塾启蒙,1905 年入县立小学堂读书,1908 年升入运城河东中学堂读书,1910 年入太原陆军小学堂,1912 年入清河陆军中学就读,1915 年又以优异的成绩进入保定陆军军官学校学习。1918 年毕业后便回到山西,参加了阎锡山的晋军。因傅作义在晋军表现优异,不久他就由见习军官升至排长、连长、营副、第 10 团少校团副兼技术队队长、第 4 团第 1 营营长。1924 年第二次直奉战争爆发,傅作义在战争中的表现得到嘉奖,升为第 4 旅第 8 团团长;1926 年阎锡山领导的晋军联合直奉讨伐冯玉祥,当时冯玉祥的军队在北京政变后改组为国民军,傅作义在天镇之战中,因固守天镇有功,使宋元哲没有攻下天镇,提升为第 4 师中将师长;1927 年阎锡山看到南方蒋介石集团的日益雄厚,出于政治利益倒戈,接受南京政府的委任，担任"北方国民革命军总司令"，讨伐张作霖，将晋军改编为国民革命军第 3 集团军。1927 年 9 月 29 日阎锡山顺应"北伐"，战略部署为两路讨伐张作霖：一路沿京汉铁路北进；一路沿京绥铁路东进。傅作义则率第 4 师附炮兵团奔袭并占领涿州。因为涿州是北京的屏障，京汉铁路的咽喉，张作霖严令张学良限期收复。在奉军的猛烈围攻下，傅部孤军坚守涿州城 3 个月。虽然最后奉军再次占领了涿州，但这次涿州之战大大牵制了奉军的军事力量，使得奉军在军事上由主动转为被动。傅作义也因此名声大震。寓居天津的著名诗人樊增祥写了一首被广为传颂的七言绝句："新收涿邑七千人，百日燕南立大勋。十六年来千百战，英雄我爱傅将军。"

涿州之战后，傅作义被张学良软禁在保定，1928 年 4 月 25 日傅作义在同乡崔正春等及友人侯少白等的帮助下，骑着自行车潜逃至天津。1928 年 6 月 4 日，北伐取得胜利，南京国民政府特任阎锡山为京津卫戍总司令。8 月，阎任命傅作义为国民革命军第 5 军团总指挥兼天津警备司令。1929 年任晋军第 43 师师长。1930 年 5 月中原大战爆发，傅作义在蒋、冯、阎三方明争暗斗之中被任为晋军第 3 集团军第 10 军军长，负责指挥津浦线北段战事。中原大战最终由于蒋介石有经济基础和英美帝国主义的支持取得胜利。由于傅作义在北伐战事中的表现光彩夺目，因此 1931 年国民政府任命傅作义为绥远省政府代主席兼国民革命军第 35 军军长，同年 8 月又正式任命他为绥远省政府主席。

傅作义的光彩夺目不仅表现在战场上的军事指挥，而且其治国理念紧扣百姓。任绥远省主席期间，主张"官贫民富"的理念，从剿除匪患，整顿金融，整饬吏治，发展生产，兴办教育五方面治理绥远。兴利除弊的结果必然是人民得以安居乐业，社会得以安定繁荣。傅不辞劳苦，始终贯彻"治军、治水并重"的指导思想，大力发展水利。他深知"水利是农业的命脉"，兴修水利能直接为人民造福，首先是为农民谋利益，所以从当绥远省主席到自告奋勇当新中国第一任水利部长，对水利都特别重视。走到哪里，把水利修到哪里。

绥远地处华北和西北之间，具有重要的战略地理位置。日本侵略者希望通过对绥远地区的控制，北可向苏联出击，南可抵华北腹地，东可借道张垣通达京畿。于是日本在 1935 年即制订了以政治谋略和军事进攻两手并用占领绥远的计划。1936 年 11 月，日伪军 5000 余人分 3 路向绥东门户红格尔图镇的中国守军阵地发动猛烈攻击。身兼绥远军政的傅作义时刻紧盯敌情，秘密、快速集结兵力，并亲赴前线指挥作战。经 7 天 7 夜激战，红格尔图守军顽强抵抗，打退了日伪军的进犯，摧毁了日本侵略者田中隆吉和日伪汉奸王英的指挥所。傅作义乘胜追击，先发制人变被动为主动，指挥所部于 11 月 24 日向百灵庙地区守敌发起猛攻，全歼日伪军 1300 余人，一举收复绥北重地百灵庙。12 月 3 日，日伪军 4000 余人重夺百灵庙，傅作义部粉碎了一次次的反扑，再歼敌 700 余人。12 月 9 日，傅作义部又进一步拿下另一战略要地——锡拉木楞庙（即大庙）。傅作义骁勇善战，使得伪军王英部所属两个旅于 12 月 17 日举义反正。最终傅作义部三战三捷，肃清了绥远境内的伪军，挫败了日军西侵绥远、建立"蒙古国"的幻想。[①] 绥远抗战是中国局部抗战的战役，极大地鼓舞了中华民族的民族精神。在战争中展现了中国爱国将士抗击日本侵略必胜的信心和勇气，沉重打击了日本侵略者的嚣张气焰，是中国抗日战争过程中的重要组成部分。傅作义身处绥远抗战的最前线，为其以后收复察哈尔打下坚实基础。

（三）战功卓越

1937 年抗日战争全面爆发后，日军推进于南口、张家口、大同三点一线后，便可重点侵略华北腹地，其中太原首当其冲。阎锡山见日军日益紧逼其大本营太原，便组织山西、绥远部队与日军进行了"忻口会战"，双方形成了僵持局面。战争一触即发，日军猛攻山西东部门户娘子关，终被破关以致晋军侧背受到严重威胁。阎锡山下令忻口守军后撤至太原地区部署防线，加强工事，进行太原保卫战。11 月 2 日，阎锡山召开紧急军事会议，讨论保卫太原的问题。太原城池坚固，三面环山，易守难攻。军事会议上，各军将领谁也不愿承担防守太原的重任，只有傅作义奋勇承担重任。傅作义在他固守太原时的家书中写道："目前战火已烧到太原附近……作义自幼从军，戎马半生，只知为国为民，早置生死

---

① 《中国抗日战争史简明读本》，人民出版社 2015 年版，第 39 页。

于度外，只要一息尚存，誓与日寇血战到底，为国捐躯，义无反顾。"①
11月4日，傅作义被阎锡山正式任命为太原城防司令。傅作义誓与日寇
血战到底，截至8日，守军在已苦战3昼夜的情形下，大部后撤及物资转
移任务也已完成，面对日军突破城垣，部队独力难支，最终在得到蒋介
石"相继撤离"的电令后，傅作义率部于当晚拼死突围。9日太原陷落，
但傅作义在战役中英勇抵抗，拼死鏖战的精神，受到当时国民政府以及
国人的欣赏。

1937年底，傅作义受任第2战区北路军总司令，所部第35军扩编为
二师一旅，移防晋西北柳林镇，驻扎偏关、河曲进行休整，整军经武，
以待再战。傅作义积极拥护统一战线，主动派人与驻守在晋西北岢岚、
五寨一带的八路军第12师贺龙部协商，形成联防阵势。傅作义与贺龙进
行联防期间受益匪浅，深知中共的革命理念与内涵，并受到了很大的启
发。两军互相彼此信任，交换情报。后来，傅作义又在河曲总部邀请了
八路军负责同志程子华、南汉震、罗贵波、续范亭等前来座谈，共同交
流抗战的体会和经验教训。在与共产党人士交往期间，大大地改变了傅
将军的思想认识，同时也使傅将军对今后的整军抗战计划，有了更新、
更深远的认识和思考。傅作义后又邀请八路军选派一批政治干部来加强
所部的政治工作，并接替政治工作，同时接受了毛泽东同志赠送的政治
书籍和论述抗战的著作。通过阅读毛泽东的著作，傅作义自此对八路军
的政治工作制度越来越感兴趣。在这个时期，傅让工作人员参照八路军
的"三大纪律、八项注意"精神，拟定了所谓第35军《十项纪律》，经
他审定，通令全军官兵执行。这十项纪律的主要内容是：说话和气，买
卖公平，借物速还、损物赔偿，不许调戏妇女，不许打人骂人，部队行
军时不准踏坏青苗，部队驻宿后要把院落打扫干净，行军前要缸满院净，
部队煮饭烧柴、马食草料要付钱，不虐待俘房（不搜俘房腰包）。② 傅作
义与共产党相处的经历进一步扩大了傅将军的抗战视野，并为之后指挥
本部的抗战，起到了积极而深远的影响。

1938年12月，南京国民政府看重傅作义作战英勇，任命其为第8战

① 王宏德等：《中国抗日战争60位著名人物》，国防大学出版社2005年版，第460页。
② 全国政协文史和学习委员会：《回忆傅作义》，中国文史出版社2013年版，第81页。

区副司令长官兼第 2 战区北路军总司令，军事补给均由中央直接派发，从此，傅作义脱离了晋系集团。出于傅作义曾在绥远任职的考虑，指派其返回绥远。绥远经过战火百废待兴，改组省政府继续抗战迫在眉睫，于是综合考虑设指挥部于五原，积极整饬军、政，设立"动员委员会"。他还积极培养抗日干部，于 1939 年 5 月在百川堡亲自举办"抗战建国讨论会"（简称"抗建会"），坚定抗战决心。抗建会与会人员范围广泛，诸多有才干的指挥员慕名而来，参加人员有国民党员、共产党员和无党派人士。先后举办 5 期，历时 3 月有余，对促进军政密切配合、壮大抗战力量起了积极作用。

1939 年 12 月，傅作义升任第 8 战区副司令长官兼第 35 军军长，为了配合湘北战役、吸引日本侵略军主力于西北战场、减轻敌人对湘北的进攻压力，率军一举攻克日本侵略者占据的战略要地——包头市，成功吸引敌人的注意力。出于战略要塞的关系，日军立即调集军马在 1940 年初疯狂地向安北县、扒子补隆、五原县、临河县、陕坝镇等地反扑，进行报复。侵略者一路烧杀抢掠，傅作义及其全军上下义愤填膺，同仇敌忾，制订精密的计划，针对当时敌强我弱的特点，拟定了"找胜利，避不利""积小胜为大胜"的作战方针。缩回拳头，避其锋芒，诱敌深入。经过了近百日的持续抵抗，终于于 1940 年 3 月底成功收复了五原。五原大捷创造了国民党战区收复失地的先例，各党派团体、报刊相继称赞这次战争及领导这场战争的傅作义。傅作义也因此获得继蒋介石获第一枚之后的第二枚最高荣誉奖"国光奖章"。但之后傅作义发文称这次大捷的胜利是全体将士的功劳而拒绝。

（四）悬崖勒马

1945 年 8 月 14 日，日本天皇颁诏无条件投降，中国人民取得了抗日战争的伟大胜利。蒋介石为独吞人民抗战胜利果实，下令国民党军队加紧作战，积极推进，抢占战略要点，并进而发动内战。傅作义虽然在抗战时期和八路军有过良好的合作关系，但他作为国民党军的一员部将，还是被蒋介石拴上了反人民内战的"战车"，走了一段曲折的路，多次向解放区发动进攻。1946 年中国共产党和国民党签订了停战协议，不久蒋介石就派傅作义偷袭解放军；同年 9 月，傅作义再次向解放军发动进攻，抢夺地盘；10月8日，傅作义率领部队占领张北地区，不久解放军放弃张家口。傅作义占领张家口后，蒋介石为褒奖他，于10月15日，国民党政府任命傅作义为察哈尔省主席、察哈尔省委，此任持续到1947年12月。

1947年1月16日，傅作义就任"张垣绥靖公署"主任，在就职典礼上讲话称："今后政务，重在稳定人心，二分军事，三分政治，五分经济。经济有办法，一切就有办法。"勉励军政人员要"安定社会，改善民生，保持廉洁作风"。傅作义不仅在绥远省积累了大量行政治理经验和人事协调经验，还因地制宜地规划出适合察哈尔省的管理思想。①

傅作义管理察省等相关地区大政方针离不开可靠可信有能力的人，尤其军阀间派系分歧，傅在人事安排上，任人唯贤。傅作义毕竟是山西人，行伍出身一直在山西摸爬滚打，久而久之其左右亲信及重要干部，免不了有若干同乡，谴者便戏称为"共荣圈"（取自日本人侵占我国及东亚地区号称"东亚共荣圈"）。傅作义早年便跟随阎锡山山西用兵，又在绥远省当都统领导抗战，自然而然所属干部及部队官兵，以此两省籍的人为多。那时代理察哈尔省主席的孙兰峰是山东人，第35军军长郭景云是陕西人，这几个人都是跟他很久的老干部。据说孙兰峰有一次不高兴，就跑到傅总部大喊："我什么都对，就是籍贯错了一个字。"闻者一笑置之，傅也不以为然；郭景云有一次受了委屈，便不告而别，骑马离去，说是要回家务农，傅作义立即派人把他追回，温言慰解，照旧重用。傅作义奖罚分明，不但"同乡"作战勇猛，遇到其他功勋卓著的将才也会培养提拔。他部下有一位甘肃籍的团长慕介福，毕业于军校十六期，毕业后一直服役于傅军团。此人带兵作战，都有异常优越的表现。同比十六期的学员，大多任职少校，当中校的还很少。慕某经常以少胜多，每战常胜。傅作义对他破格提拔，1947年就当了团长。1948年，傅给他少将待遇，对他说："以你的才能战功，现在就可当师长，只是你年轻资浅，还是多经一段磨炼为好。"凡此，均可显示傅作义在用人方面任人唯贤的处事作风。所以他的部队团结精神好，士气高昂。②

---

① 全国政协文史和学习委员会：《回忆傅作义》，中国文史出版社2013年版，第387页。
② 同上书，第245页。

1947年12月，国民党撤销张垣、保定、太原等地的绥靖公署，另立华北剿匪总司令部，由傅作义出任总司令。翌年1月傅作义由张家口移驻北平，原驻张家口绥靖公署人员大部分随迁北平，只有少数留守，并由时任驻张北县城的骑兵总指挥孙兰峰出任察哈尔代主席，接管各类军政事务。当时国共之间的战争已日趋扩大，傅作义已感到国共双方的斗争中的对与错，深知蒋介石集团内部军心涣散、政治无能、经济崩溃，各自为政，对此傅提出了自己的三项主张，即"政治民主，经济平等，言论自由"。傅无法改变国民党政治阶层腐败的现状，所以其一心致力于改善民生社会，意在稳定民生，保障经济，重中之重就是土地问题。傅提出"实行土地法"：没收不在乡的地主的土地；对土地的收租，实行土地法上规定的"二五减租"。意见提出后，傅作义为了更进一步准确到位，便特邀请了北平各大学的名流教授到张家口座谈其对土地的改革及当前的经济情况，如此方能拟定具有惠及民生的"二五减租"。完善无误后声明发出，下令立刻执行，明确"华北总部"下属地区按照国民党公布的土地法，实行"二五减租"。

1948年春夏间，傅作义集结兵力于平张、北宁铁路沿线，以北平、天津、张家口为三大基地，在铁路沿线的主要城市构筑坚固的防御工事，实行所谓"灵活机动、集中优势"的"依城决战"的战略方针，准备与解放军在华北决战。在这三大基地进行防御工事建设不仅是为了抵御进攻，也是为了很好地保护城市，使其避免受到战争的巨大损害。

1948年11月24日，人民解放军发起了平津战役。歼灭了傅作义在华北苦心经营的主要武装力量。傅作义只剩下北平一座孤城。傅作义熟知国民政府腐败不堪，也了解了一些共产主义革命知识，决定在历史的天平上做出正确抉择。在毛泽东等中共领导人的争取下，1949年1月31日，傅作义接受和平改编，北平宣告和平解放。北平的和平解放使城内珍贵的历史建筑和文物完好地保存下来，200万市民的生命和财产免遭兵祸。2月22日和3月25日，毛泽东先后在西柏坡和北平两次接见傅作义，高度赞扬了他为和平解放北平做出的重大贡献。毛泽东曾致信傅作义，对他此举予以充分肯定。①

---

① 曾珺：《毛泽东书信背后的故事》，浙江人民出版社2015年版，第19页。

（五）投身水利

新中国成立后，傅作义被授予上将军衔。曾担任全国水利水电部部长、政协第四届全国委员会副主席、国防委员会副主席、第三届全国人民代表大会代表，为新中国的建设做出了重要的贡献。

新中国成立后，傅作义从出任第一任水利部长起，到逝世前一年请辞被批准，一直工作了 23 年。他踏遍了全国的山山水水，从天山脚下到黄海之滨，从松辽平原到珠江三角洲的水利电力工地，都留下了他的足迹。傅时时刻刻关心着祖国水利建设，从工作报告中就能看出其事无巨细的认真态度①：

> 9 月 18 日水利部部长傅作义在中央人民政府政务院第 186 次政务会议上作关于农田水利的工作报告。报告提出：1953 年及其后的农田水利工作方针，应该是开展群众性的各种小型水利工程，整顿已有水利设施，加强灌溉管理，发挥潜在力量，以扩大灌溉和排涝面积，增加粮食生产。至于新办的较大的灌溉工程，则应采取慎重态度，充分准备，稳步前进，择要举办。

（六）评述

傅作义将军雄才大略，忠于职守，对于军政其态度开明，有一颗投入革命的心。文武兼备，深谋远虑，对于在当时国内混战的局面认识到位，其主政侧重民力恢复与经济发展，这也使其为日后抗战打下了坚实基础。傅作义将军半生戎马，在国家命运和历史进步面前认清自我，重新投身新革命事业，为我国军事、政治、经济与社会做出了不朽政绩。

抗战胜利后，傅作义被带上内战道路，出于国民政府对于战略局势的需要任命其为察哈尔省政府主席，不过碍于华北局势的变化，他逐步接手整个京畿地区内战指挥权，无暇东顾，遂将主席之职交任于孙兰峰。

---

① 黄河水利科学研究院：《黄河引黄灌溉大事记》，黄河水利出版社 2013 年版，第 154 页。

三　浪子回头，效力新政——孙兰峰

孙兰峰（1896—1987），字畹九，山东省滕县人，陆军中将。18 岁开始军旅生涯，曾参加多个著名战役，敢打敢拼、顽强抗日、不畏牺牲。但后来被蒋介石迷惑，误入歧途，在内战中充当了反共反人民的急先锋。1947 年 12 月，傅作义下令孙兰峰代理察哈尔省的省主席，由于正值张家口战役期间，孙兰峰无暇管理民政事务。张家口战役的失败，让孙兰峰认识到了国民党党组织的腐败，政治立场发生了转变，最终选择人民，发动起义。新中国成立后，历任要职，并曾当选多届全国人大代表、全国政协委员及全国政协常委，为新中国的建设付出了自己的一份努力。

图 17　孙兰峰

（一）国民老将

孙兰峰 1895 年出生在山东滕县姜屯镇大彦村，1924 年考入广州黄埔军校第一期。毕业后，孙到山西阎锡山部任排长，后升为连长、营长。1931 年，孙兰峰被调到时任国民革命军第 35 军军长的傅作义部，担任第 73 师第 421 团团长。1933 年 5 月中旬，孙随傅作义参加长城抗战，多次打退敌军的进攻。1936 年，孙兰峰升任第 3 师第 211 旅旅长。这年 5 月，绥远战役拉开战幕。傅作义命令第 211 旅等部进击绥北一带的日军；命令董其武第 218 旅等部进击绥东一带的日军。经 3 日激战，取得红格尔图战斗的胜利。是年 11 月 22 日，第 3 师师长孙和胜和孙兰峰奉令担任前敌正、副指挥，率部奇袭百灵庙的日伪军，歼敌 4000 余人。

1937 年 7 月 7 日，卢沟桥事变爆发。在时任绥远省主席傅作义将军的指挥下，孙兰峰率部相继参加了忻口战役、平型关大战以及太原保卫战等几个著名的战役，1938 年，升任第 35 军第 32 师师长。同年冬天，傅作义脱离了阎锡山，正式依附于蒋介石，并出任了第 8 战区副司令长官，兼第 35 军军长。1940 年，为了缓解湘北战役的压力，孙兰峰奉傅作义将军的命令，带领他的第 31 师连续参加了包头、绥西、五原三次战役，并以顽强拼搏、不畏牺牲的精神取得了这三个战役的胜利。并凭借战功被升为暂编第 3 军军长。抗日战争胜利结束后，傅作义出任第 12 战区司令长官，为了和共产党人抢夺胜利的果实，便指示孙兰峰抢占了军事重镇包头，并夺取了归绥（今呼和浩特），甚至与八路军发生了摩擦、战斗。

（二）浪子回头

1946 年 6 月，蒋介石悍然发动了全面内战。从这年的 9 月起，孙兰峰充当了反共反人民的急先锋，率部先后攻占了集宁、承德、冀东及张家口等战略要地，并与华北人民解放军先后交战数次。1947 年 7 月，由于战争形势的变化，华中、华东两大解放军从战略防御转入了战略进攻。国民党方面为了适应战事形势的需要，在当年的 12 月，在各地成立了"剿匪"司令部，而傅作义被任命为华北"剿匪"总司令，身为傅作义手下的重要将领的孙亦被升为第 11 兵团的中将司令官，并代傅作义行察哈尔省主席职权。

1948年11月底,国共双方的实力对比发生了显著的变化,占据主动地位的解放军先后发起了辽沈、平津、淮海三大战役。随着东北野战军的迅速入关,拉开了平津战役的序幕。随着解放军杨成武部从绥远回师张家口,并在28日、29日这短短两天之内,迅速攻占了怀安、万全及孔家庄等诸多外围据点,使得张家口这一战略要地顿时吃紧。驻守此地的孙兰峰深感局势变得错综复杂,为了能更好地防守张家口,立即主持召开了由各级军政长官参加的紧急军事会议。经过在会上的讨论,做出了如下决定:张家口及其附近区县的所有部队分为两部分:第一部由战斗力较强的正规军第105军的第210师、第259师、第251师,骑兵第5旅、骑兵第11旅、野炮营组成野战部队,由第105军军长袁庆荣指挥,是守军的主力,负责张家的口外围防线;第二部则由战斗力较弱的地方省保安团的第3、4、5各团,侦察总队、铁甲车大队组成城防部队,总指挥是省保安副司令靳书科,负责张家口地方的守卫工作。野战部队中,除了第251师的一个团在张家口市市郊的西南方向赐儿山一线负责警戒任务之外,其余部队都在上、下堡,东山坡、大境门、平门及七里茶坊一带集结待命,以防备解放军的突然袭击。省保安大队的三个团部署在东山坡、飞机场、元宝山一线,和野战部队协同防守。孙兰峰同时还发电请求傅作义的华北"剿总"司令部,任命整编骑兵第12旅旅长鄂友三充任察哈尔北部、绥远东部地区的总指挥,以他手下的骑兵暂2旅和骑兵第2总队为主力,联合当地地方武装力量在张北县以南地区活动,除了保证张家口主力部队的侧翼安全,同时还要负责保卫张家口市到张北县交通线的畅通。为了保证各部的及时联系和通信通畅,孙兰峰还派出了他的高级参谋阎家玛常驻到张北县,担任联络官这一重要职务。与此同时,为了保证张家口地区的万无一失和战役的胜利,还电请他的老长官傅作义派大部队前来增援。傅作义在得知这一情况后,当即命令手下悍将郭景云带领自己的主力部队第35军赶去支援。同时还命令驻守在北京附近的第101师和第267师从丰台、长辛店乘坐汽车昼夜兼程地赶赴张家口,支援作战。为了增加己方的胜算,傅作义还命令第104军第258师从怀来乘坐火车昼夜兼程的赶往张家口,归郭景云军长指挥。企图通过集结主力部队,利用地形和武器装备的优势,在张家口地区捕捉战机,通过一场大的会战来歼灭我华北和东北解放军的有生力量，为自己增加政治筹码。郭景云的第 35 军于 11 月 30 日下午开抵张家口后，随即命令冯梓的第 101 师向占据万全县城的解放军发起攻击。为了保存实力，解放军暂时避其锋芒，不与之正面接触，主动放弃了万全县县城。翌日，位于张家口东南的要塞宁远堡又被解放军围攻，郭景云指挥温汉民的第 267 师前往解围。由于不熟悉敌情，解放军没有恋战，放弃了对宁远堡的围困。总之，在张家口战役的初期阶段，孙兰峰暂时稳住了局势，并取得了一些局部的胜利。

1948 年 12 月 2 日，傅作义及其随员刘庸笙等飞抵张家口，指挥作战。到达当日就在第 11 兵团司令部召开了军事会议。兵团司令官孙兰峰，第 35 军长郭景云，第 105 军军长袁庆荣、副军长杨维垣，兵团参谋长贾璜，军参谋长成於念、田士吉和军团下属所有的师、旅长，再加上省保安副司令靳书科等将领均参加了此次军事会议。傅首先听取了当前形势的汇报，然后就在张家口撤、守的问题让大家进行讨论。大家都沉默不语，只有第 210 师师长李思温在会上发言，向傅作义提出了他的想法。他建议主力部队应该出敌不意，在当前条件允许的情况下迅即撤往北平，加强北平地区的防御，保存实力。同时为了服从战略的需要，他愿带领他的部队，作为留守，死守张家口，或者相继撤往绥远。傅听了很高兴，大力夸赞李思温师长，但不置可否。会议结束后，傅作义又把孙兰峰和袁庆荣，以及民政厅的厅长周钧，省政府秘书长曾厚载和保安副司令靳书科等人留下，开了一个秘密会议。傅作义表示张家口已无坚守的价值，要在此实行"荣誉交代"。在张家口撤退之时，除了军用物资和机密档案要全部带走之外，国家仓库里面的物资、其他财产物件，要造具清册，留下专人向中共进行交接。但是目前要秘密进行此事，以免动摇军心。

靳书科在其《一九四八年张家口战役亲历记》一书中有这样两段话，里面交代了傅作义和孙兰峰之间的细微关系：

> 傅作义在 12 月 4 日由张市返回北平之前，除了对张家口如何进
> 行防守，下达了一些更加具体的指示之外，同时还宣布了一项人事
> 任命。即察哈尔省的省主席由军团司令孙兰峰代理，而军事方面则

由原一〇五军的袁庆荣军长负责。当时傅的口头命令是这样下的："察省主席由畹九（孙兰峰的字）代理，军事由欣然（袁庆荣的字）负责。"① 在傅看来，这样军权政务分开负责，可以有效地发挥两个人的长处，提高各个方面的办事效率，对日后张家口的防守工作会起到一些积极的作用。此外，让孙兰峰做代理主席，以后可以成为正式的省主席，让袁庆荣暂时负责军事，将来可以做第十一兵团的司令，虽然自己远在北平，但是察哈尔省的军政大权还是掌握在自己的手里，另外他们两人肯定会认真负责地做好各自的工作。可惜事与愿违，甚至为日后的张家口埋下了祸种。因为傅作义在人事任免问题上，爱搞一言堂，不管什么职务，大多是他说了算。一般都是在口头上先任免，正式命令到了事后或者过很长时间才宣布，在战争时期更加是如此。甚至有时在口头宣布之后，就不再下文字命令。孙兰峰跟随傅作义时间很长，熟悉他的这位老长官的脾气秉性，虽然只是口头让他代理主席，但是日后有极大的可能性会做正式主席。为了一个省主席，却把第十一兵团司令的军权丢掉了，这让长期带兵的孙兰峰，大为光火。而袁庆荣虽负责军事，但也因为这个口头命令，而没有有正式文件，所以也感到很不顺手。孙兰峰在接任代理主席后，首先遇到的难题是人事上面的安排。因为傅作义在就任华北总司令之后，军务繁忙，无暇顾及政务上的事情，察哈尔省政府的日常工作（重大事务例外），其实是由跟随傅多年的省政府秘书长曾厚载安排处理的。而曾厚载早年在绥远省担任秘书长时，孙兰峰就是傅部的团长了，论资历曾比孙老许多，孙兰峰在就任了代理主席后，曾为了面子，遂即请了病假，而空缺出来的职务孙兰峰只好令秘书主任曾士先暂时充任。

另一方面，袁庆荣军长在负责军事后，为了增强自己部队的力量，特电请傅总司令，要求给他的部队补充士兵1000名。12月9日上午傅作义在给孙兰峰、袁庆荣和靳书科三人的急电中，下令在张家口本地自卫队中征集1000名士兵，补充暂四军的缺额。孙兰峰立

---

① 全国政协文史和学习委员会：《平津战役亲历记　原国民党将领的回忆》，中国文史出版社2012年版。

即召集靳书科和袁庆军来研究如何具体实行。靳书科因为在本年春天发动张市的自卫队员参加保安团四、五团的时候，曾经向张家口市的各界民众保证过，只要自卫队员参加了这次保安团以后，绝对不会从张市再征兵。所以现在靳书科不太好意思再提此事，于是就想从逃到城内的宣化、万全等县的地方民团中，抽调一部分，但是各县的县长都不同意这个方案，所以这个事情就没法进行下去。袁庆荣于是要求从张家口市的两个保安团内各调一个营给他，负责保安团的靳书科也没有同意。没有办法的孙兰峰只能下令由省会警察局强制将全市的自卫队员集中在察哈尔干部训练团大操场上，由暂四军派人从中挑选一千人。虽然已经对老百姓说明了由民政厅厅长周钧负责发给参加兵役的队员，每人家中发放小米两石，棉布 1 丈 5 尺，作为安家费用，但是在选拔的时候，自卫队员的家属还是闻讯赶来围着要人，父要子，妻要夫，子要父，各种哭骂声不绝于耳。①

12 月 22 日，郭景云的第 35 军调离张家口后在新保安被解放军围歼，郭景云自杀。此事导致张家口城内的国民党方面的人员人心惶惶，孙兰峰更是高度紧张，害怕解放军突然打过来。就在当天下午，孙兰峰等人接到了傅作义发来的急电："郭军在新保安被歼，希即研究可否及时突围，经察北、绥东与董其武军靠拢。"②随后，孙兰峰在办公室召集了负责军事的袁庆荣、兵团参谋长贾璜和第 105 军的参谋长成於念来讨论研究此事。最后，几人经过商议做出决定，打算于 23 日凌晨，开始全军突围，向商都县转移。12 月 23 日这一天，孙兰峰前往先期突围的第 105 军指挥部所在的朝天洼。然而，解放军早已占据了朝天洼两侧的高地，依托地形，对国民党军形成了强力阻击。致使国民党步、骑、炮兵共五万多人挤在这一个小小的山沟里，动弹不得。在这样的恶劣形势下，国民党军的大部分士兵已经毫无斗志，无心再战。军队士气的低落和严峻的形势让孙兰峰大为生气，但是他也已经无可奈何了。下午时分，天空中

---

① 中国人民政治协商会议张家口市委员会文史资料委员会编：《张家口文史资料》第14辑，1988 年版，第 214 页。

② 张社卿、李涛：《解放战争经典战例》，中国文史出版社 2015 年版。

更是飘起了雪花，加速了国民党军队的灭亡。而国民党残军在包围圈中饥寒交迫，缺衣少食，虽然组织了多次突围，但是也只能是造成更多的伤亡而已。国民党的失败，剩下的只是时间问题了。

在将近黄昏时，为了保命的孙兰峰下令跟随他的一个骑兵连向附近的陶赖庙山口去增援，而他自己身边仅留一个年轻的警卫员作随身护卫，以免暴露自己的身份。在漫天的风雪中，孙兰峰只穿着一件旧老羊皮草绿色的大衣，头戴一顶半旧军帽，这样的打扮，完全没人能认出这是一位国民党中将、兵团司令官。他自知无法逃脱，就趁着这茫茫夜色，混到国民党军的俘虏队伍当中，随着他们住到了一个老百姓家里。在这里，他受到了押解战俘的解放军战士的热情对待。不仅没听见解放军一句呵斥国民党战俘的声音，没看见解放军战士有一点作为胜利者的骄横，而且还为他们这些俘虏们提供饭食和热水。孙兰峰不禁在心里一面称赞人民解放军政治觉悟之高，素质之好，是真正的仁义之师，觉得胜利应当属于他们；一面又觉得作为一个国军将领，怎能如此轻易地当了共产党的俘虏呢？经过内心的一番挣扎之后，他决定趁着夜色出逃。就在当天晚上的十一点，他带领他的警卫员，没有受到任何阻碍的情况下，轻易地逃出了村庄，走过一条冰封的小河，摸到了张北公路。然后，在当地一个老乡的帮助之下，孙兰峰沿着崎岖曲折的山路，冒着漫天的大雪，通过长城线的神威台，向商都方向走去。

由于手脚都被冻伤了，孙兰峰走路都变得极为艰难，一直到了12月30日，他才走到商都附近的四台房子村。在那里，一位与孙兰峰相识的农民把他带到家中，孙兰峰这才能好好地休息一下。这位农民还打算给孙兰峰骡车送他西行，但是在这个时候，却有一个逃跑的国民党散兵游勇纠缠住了这位老乡，非要用自己的劣马换取这匹已经套车驾辕准备好的骡子，在老乡不同意的情况下，还用假的部队番号来吓唬老乡。孙兰峰听出来这个人说话前后不通，破绽百出，肯定不是追击他们的解放军，立即把他给叫过来。当这个散兵看见眼前的人是他们的老长官孙兰峰后，吓得面色苍白，浑身哆嗦，赶忙敬军礼喊道："孙司令官好！"孙兰峰严厉地斥责了他的这种恶劣行为，还十分气愤地说："该杀！该杀！"

当国民党方面的人找到这个村子，见到孙兰峰的时候，这位身经百战的老将，身居高位的国民党要员，曾经的兵团司令和省主席，已经是手脚皆是冻伤，由于不能休息好而面容憔悴，早已没有了往日的那种风采。他对着前来的国民党众人边流泪边骂道："国民党军不听指挥，目无纪律，就是一群兵骄将悍的乌合之众""此兵不败，实无天理"。

孙兰峰在四台房子一带，收拢了鄂友三、察北专员白震所率的各县保安团队、省保安团曹凯和李维业等部，以及从张家口突围出来的张汉三、楚云龙等部。经过整合之后，撤到了绥远省的武川、固阳一带和在那里驻守的董其武部会合。

解放军经过此次张家口战役，全歼国民党华北"剿总"第11兵团所属第105军四个步兵师，两个骑兵旅以及其他部队共记五万余人，沉重打击了国民党在华北地区的统治。

国民党在新保安、张家口战役中的失败，使得傅作义嫡系部队丧失殆尽，剩下的中央军又不听他的号令，平绥线又全部被解放军控制，傅作义在北平已经岌岌可危。

12月26日，共产党的《人民日报》发表社论，热烈庆祝张家口获得了解放。社论指出，1946年10月，当人民解放军从张家口撤退的时候，曾郑重宣布："我们是为了集中优势兵力去消灭敌人的有生力量，越快的消灭他的有生力量，就回来得越快，我们一定要回来跟张家口的人民团聚，现在是实现了自己的诺言了。"张家口的收复，傅作义嫡系部队的被歼，"这仅仅是平津战役的开始，彻底歼灭蒋傅军队的战争正在进行着，平津地区的蒋傅匪军如果不投降，就只有等待着全部被消灭！"①

（三）评述

纵观孙兰峰的一生，虽然在察哈尔省主席任期仅一年，并且权力名存实亡，但是于察哈尔省而言，孙兰峰是一个旧时代的结束，这点的意义大于他的这段任职履历。

当然，张家口在他政治立场的转变中起到了极其重要的作用。正是在张家口战役期间，让孙兰峰实实在在地认识到了国民党军队的无能，国民党党组织的腐败；也看到了人民解放军较高的政治觉悟，共产党一心为民的做法。即使在孙兰峰逃到绥远，重新整起国民部队，暂时喘息

---

① 姚有志、李庆山：《大决战　平津战役》，白山出版社2007年版，第167页。

之后，他也曾多次思考，为什么在抗日战争时期那英勇善战的部队，到了现在的"戡乱"时期，变得如此不堪？为什么在内战初期国民党拥有如此大的优势之下，仍然让共产党做大做强了呢？最后，他清晰地认识到胜利终究属于人民解放军这支真正的仁义之师。所以在1949年9月19日，孙兰峰和绥远省主席董其武率部起义。

孙兰峰在1949年进行的九一九绥远起义，其中最重要的原因是毛主席伟大战略思想的胜利，但是傅作义对孙兰峰的影响，也是十分巨大的。因为孙兰峰从投身晋军起，就一直跟随着傅作义，所以他对傅作义有着很深的感情。当他在绥远穷途末路，内心彷徨之时，傅作义的三次到访使孙兰峰打消了与共产党对抗的念头，最后成功地发动九一九绥远起义。关于绥远起义的具体细节和内容，孙兰峰在他的回忆录中，曾作过以下陈述：

> 九月十日傅作义先生到了包头，用商讨的口气问我对北平和平解放有什么看法。我说：共产党人在北平同我们的和平协议商量的很好，但有的就是没执行，协议上规定有的被俘和在押人员也没被释放，尤其听说在北平他们还把你给软禁了起来。如果是这样的结局，我怎么能参加这个协议？傅先生听了我的话后对我说："真实的并不是如你所说的那样。首先从我来说，我并没有被软禁过，那完全是特务们的造谣。我不但非常自由，还可以随便活动，而且还乘飞机到石家庄去见过毛主席和周副主席，并受到极为热情的接待。你说的一些情况，毛主席和周副主席有的已经知道了，问题很快就会改正过来。在张家口扣押的人已通知当地让他们赶快释放，这一点你可以放心，不必再有所顾虑。"听了傅先生的这段解释，我仍不大相信，因为有人告诉我说：共产党的手段是先甜后辣。所以，我又说：傅先生说的是暂时现象，日子一长，就会变样子的。傅先生听后说：那就等着以后用事实来证明吧。
>
> 第二次傅先生同我谈话又较前深入了一步。傅先生说：共产党是以人民的利益为基础，一切全是为了人民，因而得到人民的拥护，所以能够成功。事实证明我们起义是做对啦！共产党的起义政策是既往不咎的宽大政策，只要跟着共产党走，个人的前途都是光明的。

傅先生又针对我提出的绥远和北平应该有区别的问题对我解释说：绥远起义和北平和平解放不一样，毛主席指示：绥远起义是另一种方式，叫作"绥远方式"。绥远部队不改编，人员不遣散，起义前是什么级别，起义后仍是什么级别待遇。这些条件比你要求的还要好得多，你还有什么可顾虑的呢？我说，如果真的能够像傅先生所说的那样，我就再没有什么意见可说了。第二次谈话就这样结束了。

第三次谈话是在徐永昌走后，傅先生用郑重的口吻对我说：徐次宸（徐永昌的字）来想说服我，我没有听他的话，这你大概也知道了吧！起义的通电已经写好了，别人都签了字，唯有你还没有签字。你是不是还有顾虑？如果你不相信我的话，不愿意同大家一道起义，打算离开我们，断绝我们几十年的交情，那就随你的便吧！你看谁愿意跟你走，你就带谁走；哪个部队愿意跟你去，你就带哪个部队。但是我要告诉你，仗是绝对不能再打下去了。傅先生的这番话，彻底拨开了我思想上的迷雾。自从我和傅先生相识以来，我们之间的任何一次谈话，都没有像这次谈话那样激动人的感情。我情不自禁地流下了眼泪，一时万感交集，有多少话一时说不尽，我只简单地说了句：我和傅先生相处了几十年，情同手足，谊如师生，我怎么能离开你单独行动呢？当年涿州战役和议离散，我都没有离开过你，今天更不能离开你！你是毛主席派来的，我听你的话，马上签字。①

在这个回忆录中，我们可以看出，孙兰峰的起义，一是在以毛泽东同志为首的党中央确立的正确政策，感召了孙兰峰及其属下官兵；二是傅作义及其旧日好友的努力争取之下，更加坚定了孙兰峰脱离国民党统治集团，奔向人民怀抱的想法。一开始在相当长的时间里，孙兰峰出于对共产党的不信任和对国民党抱有幻想，对和平解放绥远有很大的抵触情绪。但后来，由于国民党的垮台，和进一步了解了共产党对以前国民党战俘的做法以及对起义部队的政策之后，思想上逐渐有了转变。再加

---

① 政协文史资料会《平津战役亲历记》编审组：《平津战役亲历记　原国民党将领的回忆》，中国文史出版社 1989 年版，第 470 页。

上其部下的厌战和以前旧时长官好友的劝阻，最后，在 1949 年的 9 月 9 日，孙兰峰发动起义，绥远地区得以和平解放，人民的财产安全得到了保障。

　　起义之后，孙兰峰被邀请参加了中华人民共和国第一届政协会议，并出席了开国大典。此后历任绥远省军政委员会的副主席、绥远省人民政府副主席，及内蒙古自治区人民政府副主席等职。并在第五、六届内蒙古人大常委会上当选为副主任，是第四、五届的全国人大代表，第一、二、三、四届的全国政协委员，第五、六届全国政协常委会委员，为新中国的建设付出了自己的一份努力。1987 年，孙兰峰因病逝世，享年 92 岁。

附录一

民国察哈尔行政长官年表

人名	任职时间	离任时间	备注
察哈尔特别行政区			
何宗莲	1912 年 10 月	1915 年 8 月 26 日	
段芝贵	1912 年 12 月 22		未到任，由何宗莲署理
张怀芝	1915 年 8 月 26 日	1916 年 5 月 30 日	
田中玉	1916 年 6 月 9 日	1917 年 10 月 18 日	
张敬尧	1917 年 10 月 18 日	1918 年 3 月 27 日	未到任
田中玉	1918 年 3 月 29 日	1919 年 12 月 26 日	因张敬尧未到任，1916 年 6 月至 1919 年 12 月，察哈尔实权一直在田中玉手中
王廷桢	1919 年 12 月 26 日	1920 年 9 月 21 日	
张景惠	1920 年 9 月 21 日	1922 年 5 月 15 日	
谭庆林	1922 年 5 月 15 日	1922 年 5 月 29 日	
张锡元	1922 年 5 月 29 日	1924 年 12 月 18 日	
张之江	1924 年 12 月 18 日	1926 年 3 月 23 日	
郑金声	1926 年 4 月 5 日		未到任
鹿钟麟	1926 年 4 月 29 日	1926 年 8 月 27 日	
高维岳	1926 年 8 月 27 日	1928 年 5 月 25 日	
商震	1928 年 5 月 25 日		未到任
张砺生	1928 年 5 月 25 日	1928 年 6 月？日	到任与否不可考
赵戴文	1928 年 6 月？日	1928 年 10 月 20 日	
察哈尔省			
赵戴文	1928 年 10 月 20 日	1928 年 11 月 27 日	
李培基	1928 年 11 月		未到任

续表

人名	任职时间	离任时间	备注
杨爱源	1928 年 11 月 27 日	1931 年 1 月 14 日	
刘翼飞	1931 年 1 月 14 日	1932 年 8 月 18 日	
宋哲元	1932 年 8 月 18 日	1933 年 5 月	
佟麟阁	1933 年 5 月 26 日	1933 年 8 月 29 日	
宋哲元	1933 年 8 月 29 日	1935 年 6 月 19 日	
秦德纯	1935 年 6 月 19 日	1935 年 11 月 8 日	
萧振瀛	1935 年 11 月 8 日	1935 年 12 月 12 日	未到任
张自忠	1935 年 11 月 8 日	1936 年 6 月 26 日	
刘汝明	1936 年 6 月 26 日	1939 年 1 月 14 日	七七事变后，日军于 8 月 27 日侵占张家口，察哈尔省政府被迫撤出张家口，成为流亡政府，先后流亡陕西、河南、绥远等地，所以，此五人均为流亡政府主席，1945 年 8 月 23 日，中国共产党领导的八路军收复张家口
张砺生	1938 年 10 月 6 日	1939 年 1 月 14 日	
石友三	1939 年 1 月 14 日	1940 年？	
毕泽宇	1940 年 12 月 20 日	1941 年 8 月 26 日	
冯钦哉	1941 年 8 月 26 日	1946 年 10 月 15 日	
张苏	1945 年 11 月	1947 年 11 月	张家口第一次解放时由中共委任的省政府主席
傅作义	1946 年 10 月 15 日	1947 年 12 月	1946 年，解放战争爆发，傅被蒋任命
孙兰峰	1947 年 12 月	1948 年 12 月	

附录二

忆父亲张之江在抗日战争中①

在纪念抗战胜利50周年之际，这里想对父亲在抗日前和抗日期间所做的几件事进行片段的回忆，从他身上可见一位爱国军人的情怀，对国家民族的一片忠贞之情，国而忘家，公而忘私的精神。

1. "九一八"事变后，他通电全国力主抵抗日本侵略

1931年日本发动了"九一八"事变，由于张学良接受了蒋介石的密令："不许抵抗"，于是几十万东北军不战而退入关内，东北三省很快沦入敌手，东北三省大好河山被日寇铁蹄践踏，老百姓过着亡国奴的悲惨日子。

政府当局忍受妥协的不抵抗行为激起了全国各阶层人民的极大义愤，与中国共产党积极主张停止内战一致抗日的同时，国民党民主人士纷纷主张抗日。我父亲时为江苏绥靖督办，驻节扬州。他毅然发出通电，接见记者发表谈话，呼吁全民团结，抗日救国，支持学生的爱国救亡运动，形成了强大的舆论导向，当时各大报纸均予登载，产生了极大影响。

2. 携冯玉祥之亲笔信赴平津会晤宋哲元、张自忠，敦促抗日

日本帝国主义于1931年、1932年连续发动了"九一八"事变及"一·二八"事变，占领了东北三省，发动淞沪战争进攻上海，全国人民极为愤慨，既忧日寇狼子野心，又虑当时国民政府寄希望于国联调停并不断执行"攘外必先安内"大打内战的不得人心之举。

我父亲是冯玉祥将军多年的革命同志兼最为倚重的高级将领。当强

① 陈志新:《民国时期察哈尔的都统与主席(1912年—1949年)》,《张家口文史资料》第28—29辑,1996年,第398页。

敌深入占领我国土日甚一日时，他们经常见面谈论国家大事，是坚决的抵抗派。东北沦陷后，华北又告急。那时，原西北军高级将领，一位是宋哲元将军，任华北最高军政长官，冀察政务委员长；另一位是张自忠将军，任天津市市长。他们身居要职，拥有兵权。实际上是非嫡系部队属于被蒋介石排挤之列，日本帝国主义也极想利用矛盾拉拢这二位将军，不断派出代表谈判，用政治分化配合军事侵略达到灭我中国之目的。因此这二位将军是举足轻重影响时局的关键人物。当着战争风云日紧，大有一触即发之势的时刻，蒋介石欲派人去北平会见宋哲元将军，传达他的旨意，即"争取和平解决，尽可能不发生军事冲突，静待国联调停。"因宋系西北军系统，他便征求冯玉祥意见，派谁去能说动宋更为合适。冯玉祥推荐了我父亲："张之江和宋哲元、张自忠个人的交情都很好，不论是从公谊还是从私情看，派张之江去都最合适。"冯玉祥想的和蒋不一样，他考虑只有张之江去能和宋、张二将军推心置腹谈真语，动员二位做好一切应战准备。于是在1936年9月，我父亲便受命前往。

父亲和这二位将军共事多年，肝胆相照义结金兰，彼此相知甚深。临行时，冯玉祥写了两封信，厚厚的，要我父亲面交宋、张二将军。现摘录冯将军致宋将军亲笔信的始末如下：

> 明轩我弟如晤：鉴三兄北行，曾带一函，想已登记在案，兹张之岷（之江）兄北上，再书数言，请作参考！
>
> 列举抵抗日军侵略之准备、办法、做法等十六条……，余请之江兄详谈可也。此请军祺
>
> 小兄
>
> 冯玉祥二十五．九．十八

于是，父母亲带着哥和我一家乘火车北上，幼小的我们并不知这一切内情，只知去北方探亲随父亲拜望二位叔叔。当火车缓缓抵达天津时，天津市市长张自忠亲临车站欢迎，军乐队鼓乐齐鸣，军号响亮，车站的两旁排列着整齐的卫兵，雄壮威武，这是怎么回事？我和哥哥惊呆了，问母亲，母亲笑着回答："孩子们，这是欢迎你爸爸的，吹的是接官号，你们向来没见过，大惊小怪，以前你爸爸在西北时，这是很平常的事。"

后来到北平时，宋哲元将军亦以隆重仪式迎接了我父亲。下车后，他还陪同父亲检阅了仪仗队，然后用专车送我们到下榻之处。在天津，我们被安排住进了曹家花园；在北平被安置住进了中南海。在天津和北平时，两位叔叔都招待我们全家。举行欢宴，这也称得上我小时印象特别深刻的事件，至今难以忘记。

抵津后次日，我们全家被邀请到张将军的公馆，父亲逐一介绍我们兄妹拜见叔叔和婶婶，我们规规矩矩向他们鞠躬行礼，随后张叔叔热情地将我们母子交由他的夫人和女眷们接待，便和父亲进入了他的小客厅谈话。记得他对父亲执礼甚恭，父亲叫他荩忱弟，谈了很久才出来，天色已晚，张叔叔便请我们全家入席，孩子们是坐在另一桌旁，有大人照顾。当时我有种严肃神秘感，觉得这位叔叔是个大人物，父亲和他定是谈什么重要的事，以至于我们在张府玩得很小心，不大声说话，连走路也轻轻的。

接着我们去了北平，宋将军接我们全家至中南海居住，有专人陪同母亲及我们游览了清朝帝后的宫殿，室内摆设、古玩玉器、龙床、龙椅等，参观得很仔细。父亲则和宋叔叔会谈，他同时将蒋、冯二人的意见向他交底，包括父亲个人的意见也畅谈无遗，先后和宋叔叔密谈了两次。临别，宋叔叔送至车站，任举行了盛大的欢送仪式。告别时，父亲双手握着他的手，含有深意地说："明轩弟，为国珍重，多多珍重。"宋叔叔恳请地看着父亲回答："大哥请放心，但放宽心。"于是火车缓缓移动，离开了北平车站。

当卢沟桥事变响起了抗日的第一枪的消息传来时，父亲急匆匆从外面走进家门，说："明轩弟到底不负众望，和日本鬼子干上了。"接着他又郑重其事向我们宣布："小日本欺辱我们，想灭亡中国，是中国人就要懂得打日本鬼子，你宋叔叔是好样的，他的军队和日本鬼子开火了!"这使我们激动，我们也知道中国军队和日本侵略军正式打仗了，这是一件大事。

在促成实现卢沟桥事变奋起抗日这一伟大历史事件中，我的父亲尽了他的一份力量，这是我日后逐渐认识到的。

3. 被李宗仁将军接去徐州，任第五战区高等军事顾问

"八·一三"事变后，抗日战争终于全面爆发了。当日寇凶焰万丈，

节节进攻时，父亲把母亲和我们送到了上海，在法租界贝当路租了一处房子住下，他仍留在南京。据知，他在请缨杀敌，要到抗日战争的第一线去，但是迟迟等不到命令。

1937 年 11 月，日本侵略军逼近南京，上海的上空亦常有日本的飞机在盘旋，我们全家焦急万分，仍不知父亲的消息。突然有一天，父亲乘小汽车自公路来到上海，我们高兴地围着爸爸转，他一来我们的胆子也壮了，增添了不少信心和勇气，我多么希望爸爸留在上海和我们在一起。可事实上，他只在上海待了一天，吃了晚饭，为避空袭，连夜赶回南京去了。从此无音讯，直到后来，我们从南京逃出来的亲戚口中才知道了一切。

南京沦陷前数日，父亲还在枕戈待旦，痴心等待着报国的机会，南京的大员们早已走得一个不剩了。在徐州任第五战区司令长官的李宗仁将军得知我父亲此时仍留南京时，他即刻派了火车头专程开往南京迎接我的父亲，送去了一纸委任状，任命我父亲为第五战区高等军事顾问，父亲欣然从命，认为军人为国效力此其时矣，于是他带了一批国术馆、国体专校的学生们到了徐州。李宗仁将军对我父亲的抗日主张和爱国精神是敬佩的，同时他在第五战区所率领部队的重要将领多是原来西北军一班高级将领，有张自忠、张汝明、孙连仲、冯治安、韩复榘、池奉城等，他们都是父亲的旧部，感情至深，互相尊重、信任、了解。李宗仁认为将父亲请至徐州对襄赞军机、凝聚军心、鼓舞士气必将起到很好的作用。

在徐州，父亲和阔别已久的西北军老兄弟们重新聚集一起，在军事会议桌上，畅抒己见，研究军事部署，为士兵们演讲抗日救国的道理，随同前去的武术表演队经常见缝插针，教练士兵们一些如何在战场上运用中国的拳击技术，克敌制胜，很受李宗仁和将领们欢迎。如孙连仲、池奉城等就向父亲要了几位国术队员去当他们部队里的教官，战争发生他们又成为伤病员救护队。父亲将抗日与强种救国很自然地结合在一起了。

有一次，冯玉祥将军也去了徐州，他以军事委员会副委员长的身份去检阅这支部队，他和父亲及西北军诸将领见了面，大家情绪振奋得到很大鼓舞。那次主要检阅长官是冯、李和父亲，他们整整检阅了二日，队列操练、实战演习、白刃拼刺刀和大刀队的训练。冯玉祥为全军演讲，将士们的士气高涨。那次检阅留给父亲极深的印象，他经常提起那激动人心的场面。

但是，作为一个统军作战的老将军，父亲总想亲赴前线指挥。在台儿庄大战期间，他忍不住只带了一骑赴前方考察敌我双方兵力部署的阵势。李宗仁将军听说，急忙派左右将父亲从前方追了回来。当他见到我父亲，急切地握着他的手说："之江先生，你太让我担心了，要知道你是个要人，我得对你的安全负责，保护好你啊！"就这样，台儿庄大战后，李宗仁和他一块转移至广西桂林，父亲一直被待为上宾，离开桂林时李将军送他一辆大卡车帮助他转移途中运输之用。以后，当提起这次的经历时，父亲无限怀念而又感慨地说："在徐州时，德邻先生把我保护起来了；我到最前线去，他派人把我追了回来，让我在会议室和他一起研究军事部署，研究战争全局，规划战术。德邻先生尊重我，很能倾听意见，也堪称是位知己啊！"

父亲就是这样的一个人，当时他在徐州，整个身心关注着台儿庄战役，置家人于不顾。近一年的时间，我们在上海没有得到他一点消息。

4. 在重庆山洞时，我家曾寄存过八路军的枪支弹药医疗用品

1941—1942 年，我父亲奉命进入山洞的陆军大学将官班特五期学习，同时任国民参政会的参政员，参政员也包括中共方面的周恩来、邓颖超、董必武等以及各方面的代表人士。

因为父亲在陆军大学学习之故，他创办的国术馆和国体专校也从云南昆明迁至四川北碚。我们全家则从昆明迁至重庆，再到山洞居住了一年多。一去山洞，母亲便买下了一处草房，是抗日期间为避日本空袭而建筑于半山腰的一处房子，虽简易可是间数不少，有客堂间，东西厢房为卧室，后面还有三四间房，我们一家人加上亲眷随从，住得还比较宽敞。

一日，孔祥熙手下一位叫刘鸿庆的教官来到我家（他系我父亲学生，由我父推荐去孔府的），他对我母亲说，他有一位堂弟在做生意，贩卖了一批肥皂，无处堆放，要求堆放在我家的后房。他在重庆参政会期间见过老师，此要求已蒙老师允准，请师母多多费心，给腾出个空间来，母亲当然也表示同意。不几天，他带来这位堂弟，还有两个人搬来一批木

箱，箱子上印着肥皂商标，全部堆放在我家后房，母亲特地上了锁，以免人家存放的货物有失。这样过了几天又有人搬走了。在我记忆中，寄存肥皂不止一次。当时我只是小学六年级学生，读书玩耍，唱唱救亡歌曲，向来没多想过这件事。

1955 年夏季，周总理派了他身边一位秘书刘义山同志来到上海我家看望父亲，对我父亲当年在山洞曾为八路军寄存过弹药医疗用品提供场所表示谢忱。这时，我们才知道那时所说的肥皂箱子里装的是什么。

这件事，父亲一直没提起过。真相揭晓已是十四年后了，他自己认为微不足道，只是为了中国抗日将士做了一件应做的事。

现在想想有意思，谁能想到，共产党八路军的枪支弹药竟会存放在一位国民党正在陆军大学将官班学习的将军家中呢？

张润苏

写于 1995 年 7 月

附录三

张之江简史①

　　窃之江籍隶河北省盐山县城北留老人庄，家世贫农，自幼稚时随先祖父韵泉公侍读，课余之暇，常听受讲解班超投笔、木兰从军与太平天国故事，以及甲午中日战役丧师辱国事迹，并亲身经历、目睹庚子年八国联军对于中国之侵凌侮辱，以致割地赔款种种不平等条约之产生，因之熏陶感触，刺激甚深，革命情绪油然发生，不可遏止。

　　（一）毅然投笔从戎，矢志武装革命

　　1901 年志愿应募于北洋常备军右镇充当骑兵。庚戌年入国民党籍，毕生实行孙中山先生主义与政策。之江在已往武装革命过程中，履行孙中山先生主张自始至终与共产党为并肩革命之友党。

　　（二）参加辛亥革命誓师于滦州，响应武汉起义

　　1911 年由孙文先生之主张策动张绍曾、吴禄祯、冯玉祥同志等之领导发难于京东滦州，斯役之江任北洋军政府滦州方面军骑兵总指挥，因该方面处于满清政府肘腋之下，一经发觉，即倾其全力多方围攻，革命军虽经前仆后继之浴血苦战，结果卒被数倍于我之清兵围歼，革命军全部牺牲殉难，诸先烈如王金铭、施从云、白雅雨、戴钖九、张振甲、孙谏声同志等暨主要干部约百人，死事之惨烈不亚于黄花岗七十二烈士，之江侥幸身免，在满清军严密捕缉中逃亡沪滨，参加北伐，多方策进，卒至推翻满清，完成共和初步。

　　（三）参加云南起义，讨伐洪宪帝制

　　1914 年，复与冯玉祥同志同工，充其部属，翊赞相辅有年。次年，

---

　　① 张润苏：《张之江传略》，学林出版社 1994 年版，第 93—97 页。

参加云南起义，斯役之江曾任护国军四川讨逆挺进军狙击兵团司令，驰援蔡锷、李烈钧同志等于败军之际。"在川南纳溪宜宾之线"与蔡锷同志晤面于大州驿（纳溪县以南）之际，后方已两星期失却联系，因弹药缺乏，火线多用纸炮恐吓敌人，情况至为恶劣。冯玉祥同志所部强悍善战著称，万人起义加入，影响甚为巨大，因而致革命军全局士气大振，转危为安，积极促成四川独立，彻底击破袁逆数倍于我之精锐，元凶毙命，帝制推翻，结果再造共和得以顺利完成。

（四）北京廊坊起义，讨伐张勋复辟

1917 年，张勋背叛共和图谋复辟，利用军阀余孽势力盘踞北京，召集督军团会议，假名君主立宪，拥戴废帝溥仪。冯玉祥同志因权奸忌嫉，已先期调任离职，驻居正定。之江闻悉政变，当即邀集主要干部同志等开一紧急会议，全体共同决议如次：

1. 通电反对复辟，誓师讨伐叛逆；

2. 派遣代表赴正定，迎冯玉祥同志迅速回任；

3. 立即部署作战，出兵讨逆。

之江任讨逆军第一路前敌总指挥，在京津间的铁路线万庄附近接触后痛歼逆军，连战皆捷，直捣燕京，结果为复辟而召集之督军团作鸟兽散，张勋连同废帝溥仪相率逃亡，遂告终结。

（五）为完成北伐战争，彻底肃清封建势力，孤军辗转奋斗，铲除军阀余孽

1. 1922 年河南郑州之役，讨伐河南督军赵倜，赵为袁世凯政府所漏网之余孽，当时联络张作霖希图巩固自己地位；斯役系依照北伐原定计划，兼应河南全省人民之请，适在同时，尤须分兵北向，迎击东北军张作霖之侵袭，以致郑州防务兵力单薄，竟为赵倜所乘，倾其数倍于我之军力夜袭郑州。我军竭尽全力迎头痛击，浴血苦战，势已难支，幸有陕西省胡笠僧、邓宝珊同志等友军之增援，前仆后继，鏖战兼旬，我军约期举行总攻击，结果将赵倜军全部击溃，跟踪追剿，歼灭殆尽，豫省全境，彻底肃清。

2. 1924 年天津杨村之役，讨伐吴佩孚。会师于京津间之杨村，鏖战兼旬。痛歼其主力，结果伊之作战大部队携械投诚来归，余多溃散逃逸。

3. 1925 年津沽杨村之役，讨伐张作霖、李景林等，斯役张李等动员

河北山东各省军队及东北军之主要部队，如李景林、张宗昌、褚玉璞等所部，倾其全力来犯，会师于津沽，大战于杨村，鏖战月余，卒将军阀联军大部击破，溃不成军，残余概向山东省及榆关方面逃窜。

服务以上各役，之江俱任西北军前敌总指挥。

4. 1926年北京南口之役，对抗张作霖、阎锡山、吴佩孚、李景林等。斯役之江任西北军总司令兼国民军第一军军长，布防于察绥边区，大战于南口要塞，以寡敌众，鏖战半载，再接再厉，苦战连年，迭次痛歼张、阎、吴、李等之联合军，卒因敌众我寡，兼以粮弹缺乏，难以久持，迫不得已而放弃察绥，转进秦陇。

（六）解除军职，提倡民族体育及创立禁烟委员会

1. 1928年创立中央国术馆"社会教育机构"，因鉴于中国人民一般体魄之衰弱，愈趋愈下，尤其是近代以来积极低落，最显著者为我国选手参加世界历届运动大会成绩之低落，引为全民族之奇耻大辱，爰本兴亡有责之义，亟思借此有以补救之。

2. 1928年创立禁烟委员会。因鉴于英帝国主义在满清时代曾对于中国施行毒化侵略而引起之鸦片战争，招致不平等条约之丧权辱国与不良嗜好之流毒社会，势非认真拒毒彻底禁绝不可，故联合全国拒毒会罗运炎同志等创立禁烟委员会，并拟定6月3日为追颂首义焚烧英帝运来的大宗鸦片林则徐先进之纪念日。

3. 1933年创立国术体育专科学校。在提倡民族体育的过程中，基于教学经验，感觉得：欲期养成社会群众自卫卫国之技能，非仅化除武术宗派界域，尤需力谋中西学术之沟通，缔造中华民族体育之新纪元，企图全人民生理之改善，倡导文化武化并驾齐驱之增进。

附注：目前家景及生活状况

解放之后，常以未能即时为国家人民服务引为歉疚，盖以之江个人非仅年迈衰朽，且有宿疾缠绵，以致志愿未逮，憾莫大焉。

但子侄辈俱受人民政府教育训练，培植任用，大小先后均皆献身国家，服务人民。

润宗侄服务于第二野战军第四兵团第十五军四十四师一百三十二团充任指导员。

润庭侄现在北京中央人民政府方面服务电机工程。

润萍侄现在服务于东北辽阳纺织厂。

润常儿现在任职于中央建筑工程部服务于东北工区。

润苏儿现在任职于中央教育部，服务于辽东省本溪市师范学校，生活经济状况：

平素生活所赖以供给维持者，全靠南京住宅（游府西街 16 号）余屋及上海住宅（四川北路多伦路东方村 9 号）余屋所得之租金勉维现状。自南京住宅发生问题后，近年以来专恃上海余屋（宅基面积约一亩四分许，房屋十余间）所得租金百余单位。全家大小七口食用外，连同应缴纳之房捐地税等支用，深感所入不敷支出，不得已陆续变卖旧有之物品，藉资挹注，在经济艰窘状况下，惟有尽量俭省极度节约，艰苦撑持，所铭感无既者，幸蒙我政府垂念照顾，屡承派员慰问，并赐于馈赠，得以勉维现状。

张之江　一九五二年于上海

附录四

宋哲元对卢沟桥抗战的作用[①]

宋哲元与中国共产党的历史渊源

关于宋哲元与中国共产党的历史渊源，应该追溯到 1925 年李大钊到西北军之时，后来冯玉祥将军又由苏联带回了苏共党员乌斯马诺夫和中共党员刘伯坚，在西北军中普遍设立了政治部，宋哲元所领导的第四方面军政治部主任吴玉玺、秘书刘贯一都是中共党员。还有一批刚由苏联回来的如邓希贤（小平）等不少中共党员都在西北军中工作。著名的宁都起义领导人董振堂就是宋哲元的亲密战友，虽然人各有志，董振堂投奔了红军，但和宋哲元私交未断。宋仍重用其弟董升堂为旅长。第一次国内革命战争失败后，冯玉祥奉蒋介石之命清党，大批公开的共产党员离开西北军，宋哲元亲自送邓小平等一批中共党员去了武汉。但仍有一批未公开的共产党员留了下来。在后来西北军改编的第 29 军中担任上层领导工作。例如第 29 军副参谋长张克侠、参谋处的肖明、情报处长靖任秋。军训团的大队长冯洪国（冯玉祥长子）和朱大鹏、尹心田、周茂兰、过家芳等共产党员都是宋哲元部队中的基本骨干。

中国共产党抗日民族统一战线的确立

1931 年"九一八"事变东三省失陷，面对中华民族的空前危机和全

---

① 李慧兰：《毛泽东致宋哲元："共组北方联合阵线"》，参见陈志新《民国时期察哈尔的都统与主席（1912 年—1949 年）》，《张家口文史资料》第 28—29 辑，1996 年，第 403—406 页；收入本书时标题有改动。

国人民各阶级阶层的抗日要求，以毛泽东为首的党中央于 1935 年 8 月 1 日发表了《为抗日救国告全体同胞书》，呼吁全国各阶层、各党派、各军队团结起来，停止内战，以便集中一切国力去为抗日救国的神圣事业而奋斗。同年 11 月 28 日，中央工农民主政府、中国工农红军革命军事委员会，发表了《抗日救国宣言》，再次号召全国人民广泛联合起来进行抗日斗争。同年 12 月 25 日，中共中央政治局在瓦窑堡会议，通过了《关于目前形势与党的任务》决议，毛泽东同志根据会议决议精神写了《论反对日本帝国主义策略》的报告，批判了党内"左"倾关门主义错误，从理论和实践上系统地解决了党的政治策略问题，标志着党的抗日民族统一战线的确立。瓦窑堡会议后党中央领导人毛泽东、朱德、周恩来等为促进抗日民族统一战线的实现，亲自参与了对东北军、西北军的"共商国是"以及"西安事变"的和平解决。

宋哲元的处境与华北危机

宋哲元是西北军的五虎上将，曾率领过 9 个军 18 个师战斗于大江南北。1930 年冯（玉祥）阎（锡山）联合反蒋失败，宋哲元接受张学良改编而成为第 29 军军长。暂时避居山西一隅。当蒋介石企图将这一支能征善战的军队南调攻打红军时，宋哲元公开喊出了"枪口不对内，中国人不打中国人"的口号。拒绝了第 29 军南调，成为没有和红军打过仗的极少数国民党军队之一。1931 年"九一八"事变，东三省沦陷后不久，日本扶植傀儡政权"满洲国"，随后又以 128 个骑兵占领了热河省，进而图谋华北。当时宋哲元率第 29 军驻于对日前哨的察哈尔省。1933 年面对企图下丰润，占唐山，夺取平津的日本兵，以大刀片，手榴弹浴血战斗，而夺回了长城要塞喜峰口。他所喊出的"宁为战死鬼，不做亡国奴"的口号不仅成为第 29 军战士的座右铭，亦激励了广大中国人民的爱国心。但由于宋哲元的抗日与蒋介石的"攘外必先安内"政策不符，蒋政府一方面和日本签了"塘沽协定""何梅协定"，一方面将锋芒外露的抗日名将宋哲元撤了察哈尔省主席的职。后来，由于汉奸白坚武在北平丰台及永定门制造了叛乱事件，北平防务空虚，蒋介石不得已才将宋哲元及其第 29 军调至平津以资震慑。宋哲元被任命为平津卫戍司令，成为跻身于平津地区的实权人物，他面临三种力量，一是日本侵华军和甘心认贼作父的汉奸走狗；二是国民党蒋介石中央政府；三是中国共产党及其领导下的民主爱国进步群众（包括平津的大中学生）。1935年何应钦亲至北京和日本商谈成立冀察政务委员会并确定了人选。宋哲元就任冀察政务委员会委员长之时正是华北风云瞬变，社会处于大变动的前夜。他以"不说硬话、不做软事"告诫自己，躲过了日本特务机关长土肥原贤二的"华北自治"阴谋，又拒绝了日本驻屯军司令多田骏以军事援助和经济支持为诱饵的在华北建立一个"中日两国人民共存共荣的乐园"计划。按宋哲元的性格他应拍案而起，但蒋介石经秦德纯、王式九、葛定远带给他的亲笔信却是再三嘱咐"忍辱负重、维持二三年"。他只好又指示部下"表面亲善，实际敷衍，决不屈服"。面对咄咄逼人荷枪实弹的日本兵和离开书桌走上街头大声疾呼奋起抗日的爱国学生，他苦闷彷徨矛盾。此时，想到了老朋友——中国共产党，而中国共产党在瓦窑堡会议之后，也决定对宋哲元伸出援助之手。

共组北方联合阵线

1936年春，刘少奇奉命来津，担任中共中央驻北方代表兼中共北方局书记，发表了《中共中央北方局为抗日救国宣言》。这篇党的抗日民族统一战线的宣言通过一些杂志报纸将精神传达到第29军上下各级军官士兵之中，少奇同志和北方局对宋哲元及冀缘政务委员会做了专门的研究分析，并指出了把斗争矛头指向宋哲元及第29军是错误应改为拥护"宋哲元委员长抗日"。1936年8月宋哲元派刘子青为联络代表，到延安向毛泽东同志表达第29军及本人对抗日的激情，希望能得到共产党的理解和支持。8月14日毛泽东亲笔给宋哲元写了一封回信，信中饱含了中国共产党对他的关注、希望和鼓励之情。"红军愿以全力为先生及29军助，全匡民众及一切抗日力量均将拥护先生及贵军全体为真正之抗日英雄。"最后毛泽东提出和鲁韩（复榘）绥傅（作义）晋阎（锡山）和宋哲元"共组北方联合战线"。毛泽东的信，坚定了宋哲元抗日的决心。他着手做了几件事，首先清除了冀察政委会中的亲日分子，如政训处长潘毓桂（代之以杨兆庚）和中日混血儿的外交主任陈中孚（代之的是贾德耀），并任命第29军参谋长张维藩为平绥铁路局长，以和汉奸陈觉生的北宁铁路局长相抗衡。随后在冀察绥靖主任公署法政字2619号训令签了字，释放了由 1931 年被军阀张宗昌逮捕一直由蒋孝先的宪兵三团所看管关押在北平军人反省分院（即草岚子监狱）的薄一波、安子文、刘澜涛、杨献珍、李楚离、刘昭等 61 位中共党员，使这一批党的骨干立即投入抗日救亡领导工作中。第三件事就是接纳中共中央所派代表张经武（今吾）驻北平（张经武的公开身份是绥靖公署主任宋哲元秘书，穿少校军服），负责中共中央和第 29 军的联络工作。第四件事就是在第 29 军设立高中毕业生参加的军士训练团。军士训练团吸收了大批共产党员和大学生参加，聘请进步教授张友渔等进行爱国主义教育（刘昭由草岚子监狱出来，党又派他到了军士训练团）。抗日战争爆发后军训团的一大批青年到了晋察冀边区，1940 年留在第 29 军中的共产党员朱大鹏（即海军学院院长朱军）和过家芳等，将一大批刚领到的新式武器运给了李先念，武装了他的一个团。

1940 年 4 月 5 日，宋哲元病逝于四川绵阳，第 29 军的两位师长（赵登禹、张自忠）、一位副军长（佟麟阁）牺牲于抗日战场。在解放战争中共产党员何基沣、张克侠领导了贾汪起义，彻底摧毁了南京政府的最后一道防线，水流千遭归大海，这一支抗日队伍最后终于回到了党的怀抱。

1981 年 6 月，中共中央十一届六中全会决议定宋哲元为抗日爱国将领，他的两个铜像，分别放在北京军事博物馆和卢沟桥抗日纪念馆中。

注：1. 宋哲元与邓小平的友谊见刘贯一致李惠兰的信

2. 毛泽东致宋哲元的信刊于毛泽东书信集

3. 宋哲元签字释放 61 名中共党员事详见中共中央

1978 年 74 号文件

（李惠兰同志为天津市政协委员、津沽进修学院院长、教授）

参考文献

一、相关报刊

《政府公报》

《北洋政府公报》

《国闻周报》

《申报》

《新华日报》

二、档案记录

《张家口文史资料》

《张家口文史》

《文史资料选辑》

察哈尔全区垦务总局：《垦政辑览》第十卷。

河北省张家口市宣化区委员会文史资料研究委员会：《宣化文史资料》。

辽宁省档案馆编：《辽宁省档案馆指南》，中国档案出版社 1994年版。

临清市政协文史资料研究会：《民族英烈——纪念张自忠将军诞辰一百周年》。

全国政协文史资料委员会：《文史资料存稿选编》，中国文史出版社2002 年版。

全国政协文史和学习委员会：《从九一八到七七事变亲历记》，中国文史出版社 2015 年版。

河北省蔚县政协文史资料委员会编：《蔚县文史资料选辑》。

政协沽源县委员会文史资料征集科：《沽源文史》。

中共张家口地委党史办公室编：《张家口地区党史资料选编》。

河北省政协文史资料委员会，《河北文史集粹》（政治卷），河北人民出版社 1992 年版。

河北省政协文史资料委员会、河北省档案局：《毛泽东与河北》，河北人民出版社 2006 年版。

河北省政协文史资料委员会：《政治军事卷》（下册），河北人民出版社 1997 年版。

河北省广播电视厅史志编委会：《河北省解放区广播史料》之二《张家口、晋察冀新华广播电台回忆录》。

《准格尔旗志》编纂委员会编：《准格尔旗志》，内蒙古人民出版社 1993 年版。

山东省政协文史资料委员会：《山东抗日殉国将士》，中国文史出版社 1995 年版。

内蒙古自治区文史研究馆编：《内蒙古文史资料》。

中国第二历史档案馆：《中华民国史档案资料汇编》，江苏古籍出版社 1991 年版。

中国人民政治协商会议河北省保定市委员会文史资料研究委员会：《保定文史资料选辑》。

中国人民政治协商会议辽宁省锦县委员会文史资料委员会编：《锦县文史资料》。

中国社会科学院近代史研究所中华民国史研究室：《中华民国史资料丛稿·大事记》第 8 辑，中华书局 1979 年版。

中央档案馆、中国第二历史档案馆：《日本帝国主义侵华档案资料选编·华北事变》，中华书局 2000 年版。

三、相关著作及期刊

察哈尔都统署：《察哈尔政务辑要》，远方出版社 2012 年版。

沉度：《国民党高级将领传略》，华文出版社 2005 年版。

陈捷延：《过客吟：捷延咏史诗存》，中国文史出版社 2012 年版。

陈世松主编:《宋哲元研究》,四川省社会科学院出版社 1987 年版。

陈世松:《宋哲元传》,吉林文史出版社 1992 年版。

曹永年主编:《内蒙古通史》,内蒙古大学出版社 2007 年版。

陈志新:《民国时期察哈尔的都统与主席(1912 年—1949 年)》,《张家口文史资料》第 28—29 辑,1996 年版。

戴守义、秦德纯:《七七事变》,中国文史出版社 2015 年版。

戴逸、史全生:《中国近代史通鉴 1840—1949》第 8《南京国民政府时期》,红旗出版社 1997 年版。

冯健、李峰:《通讯名作 100 篇》,新华出版社 2009 年版。

复旦大学历史系中国近代史教研组:《中国近代对外关系史资料选辑(1840—1949)》下卷第 1 分册,上海人民出版社 1977 年版。

敷文社:《最近官绅履历汇编》,《近代中国史料丛刊》第 45 辑,文海出版社 1970 年版。

《冯玉祥自述》,江苏文艺出版社 2012 年版。

耿立:《晚清民国那些人》(二),现代出版社 2015 年版。

宫淑燕、刘晓军:《历史丰碑》(3),西北工业大学出版社 2012 年版。

郭雪飞、陈小龙:《守卫河山寸土不让的赵登禹与佟麟阁》,吉林人民出版社 2011 年版。

何代水、周沁园:《百年铜元:中国近代机制币珍赏》,上海科学技术出版社 2012 年版。

何虎生等:《中华人民共和国职官志》,中国社会出版社 1993 年版。

黄河水利科学研究院:《黄河引黄灌溉大事记》,黄河水利出版社 2013 年版。

黄仁宇:《从大历史角度读蒋介石日记》,九州出版社 2011 年版。

黄耀奎:《保定抗战史话》,新华出版社 2015 年版。

金恩辉、胡述兆:《中国地方志总目提要》,汉美图书有限公司 1996 年版。

贾逸君:《中华民国政治史》(下卷),上海书店出版社 1990 年版。

刘春明:《洪流滚滚:大革命时期的济南共产党组织》,济南出版社 2006 年版。

路联逵修，任守恭纂：民国《万全县志》卷 12《大事记·兵灾》，《中国地方志集成·河北府县志辑 15》。

卢明辉：《巴布扎布史料选编》，中国蒙古史学会 1979 年版。

来新夏：《河北方志提要》，天津大学出版社 1992 年版。

吕一燃：《北洋政府时期的蒙古地区历史资料》，黑龙江教育出版社 2014 年版。

李惠兰：《七七事变的前前后后》，天津人民出版社 1997 年版。

李影等：《抗战实录——纪念抗日战争胜利四十五周年》，海洋出版社 1991 年版。

罗元铮：《中华民国实录》，吉林人民出版社 1999 年版。

毛德富：《百年记忆：河南文史资料大系　政治卷·卷三》，中州古籍出版社 2014 年版。

秦德纯：《七七卢沟桥事变经过》，《七七事变亲历记》，中国文史出版社 2015 年版。

秦国经：《中国第一历史档案馆藏清代官员履历档案全编》（第八卷），华东师范大学出版社 1997 年版。

全国政协文史和学习委员会：《回忆傅作义》，中国文史出版社 2013 年版。

全国政协文史和学习委员会：《平津战役亲历记　原国民党将领的回忆》，中国文史出版社 2012 年版。

万安中：《中国监狱史》，中国政法大学出版社 2015 年版。

万乐刚：《张之江将军传》，团结出版社 2015 年版。

王成斌等主编：《民国高级将领列传》（第二集），解放军出版社 1999 年版。

王宏德等：《中国抗日战争 60 位著名人物》，国防大学出版社 2005 年版。

王志民：《山东重要历史人物》（第五卷），山东人民出版社 2009 年版。

孙丰华：《大刀将军赵登禹》，山东友谊出版社 2007 年版。

宋国熹：《中国长城史》，延庆延昆印刷厂 2006 年版。

宋希濂、董其武等：《九一八事变》，中国文史出版社 2015 年版。

宋哲元：《察哈尔省通志》卷 25《政事编之一监所》，1935 年铅印本。

熊先煜、张承钧：《佟麟阁将军》，北京出版社 1990 年版。

阎兴华：《沧州名人传·刘增祥》，河北人民出版社 2005 年版。

姚有志、李庆山：《大决战　平津战役》，白山出版社 2007 年版。

余子道：《长城风云录——从榆关事变到七七抗战》，上海书店 1993 年版。

张成业：《蒙古族全史军事卷下》，内蒙古大学出版社 2013 年版。

《中国抗日战争史简明读本》，人民出版社 2015 年版。

曾珺：《毛泽东书信背后的故事》，浙江人民出版社 2015 年版。

张群生：《解放战争全记录》第二卷《力挽狂澜》，四川人民出版社 2007 年版。

张润苏：《张之江传略》，学林出版社 1994 年版。

张社卿、李涛：《解放战争经典战例》，中国文史出版社 2015 年版。

张侠等：《北洋陆军史料（1912—1916）》，天津人民出版社 1987 年版。

蔚县地方志编纂委员会：《蔚县志》，中国三峡出版社 1995 年版。

张喜海：《大张人诗词集——国民党抗日将领颂》，三秦出版社 2013 年版。

政协文史资料会《平津战役亲历记》编审组：《平津战役亲历记 原国民党将领的回忆》，中国文史出版社 1989 年版。

掀揭风尘，触感沧桑
（代后记）

察哈尔已是历史概念了，所以我们不忍它被现代记忆忘却的同时，再渐渐淡出历史的范畴。于我们这些生长于此的人而言，察哈尔如同一位百岁老人，垂老但却厚重，还有着数不尽的记忆和讲不完的故事。与其说我们在书中的每一笔行文是在记录，倒不如理解为我们正在小心翼翼地掀开它满是尘埃的页片，因为每一页都写满了海田沧桑的历史，教人触碰即生敬畏。民国的察哈尔，黎明前夜的喧嚣与躁动中包含了太多的争锋激变，甚至闪动着几许历史的荒诞，但这仍是真实的察哈尔，也正是其耐人寻味之处。

察哈尔的民国历史是有厚度的，历任行政长官的更迭就像是符号一样注释着这种城府养成的每一个过程。以时间为线索梳理民国察哈尔行政长官，既是还原史实之意，也多有探究因果之虑，所以书中言语不免词句斟酌，甚为谨慎。

书稿的完成也主要归功于我们在序中提到的张晓光、赵宇鹏、王媛媛、刘艳、王梦迎、杨超几位察哈尔项目的工作者。其中，书稿列传中张自忠、何宗莲、干廷桢、高维岳、宋哲元五位人物的撰写由张晓光先生执笔，田中玉、张景惠、鹿钟麟、张砺生四位人物的撰写由赵宇鹏女士完成，谭庆林、张锡元、张之江、赵戴文得益于王媛媛女士，秦德纯、刘汝明、石友三、孙兰峰由刘艳女士援笔，张怀芝、杨爱源、张苏三位人物的撰写由王梦迎女士握管，其余的四位人物刘翼飞、佟麟阁、冯钦哉、傅作义则来自杨超先生。毋庸置疑，最终能够编辑成书，一定是群力群策的结果。

正如前文所说，察哈尔地区像一位年纪过百的老者，不张扬、不外露，正因如此，我们很少有人驻足去倾听它的声音，作为察哈尔方志史料工作者，我们有责任、有义务，让它的历史被正视；同时，我们也愿意接力传承察哈尔文化以示后人。为此，我们在今后的工作中，会将察哈尔历史从生涩繁杂的史料中剥离出来，尽可能生动地反映更加鲜活的察哈尔，以增强历史的可读性。

本书为作者吕建新 2016 年承担的河北省社会科学基金项目，项目编号：HB16TQ004。

吕建新

2018 年 7 月